本书得到云南财经大学博士学术基金全额资助出版

云 南 财 经 大 学 前 沿 研 究 丛 书

城市化红利

分配失衡及纠正机制探索

Urbanization Dividend:
Distribution Imbalance and
Correcting Mechanism

李 帆／著

社会科学文献出版社
SOCIAL SCIENCES ACADEMIC PRESS (CHINA)

摘　要

　　在资源城乡流动的背景下，要素向收益递增空间集聚产生的积极后果称为城市化红利。城市化红利可正可负。城市化红利推动城市化进程。一个完整的城市化进程依次经历顺红利的"有益的失衡期"、顺红利的"有害的失衡期"、逆红利的"有益的失衡期"、逆红利的"有害的失衡期"，循环往复直至城市化红利消亡，整个城市化过程才算结束。

　　本书以城市化红利、红利分配现状和新城市化阶段论为背景，以土地、资本、政策与城市化红利的关系为逻辑起点，紧紧围绕城市化红利，构建红利的测度及配置模型，并在此基础上进行实证分析，考查当前城市化红利分配现状，以协调城乡发展、缩小城市化红利分配失衡为目的，探索城市化红利的返利路径体系。

　　"城市化红利"和"分配失衡"是本书最重要的关键词，也是本书成立的基础和核心。第一章探讨了城市化定义的变迁历程，对城市化做了再定义，同时定义了城市化红利，讨论了红利的时间变化、红利的方向与城市化阶段，定义了红利分配的"平衡"与"失衡"，讨论了新城市化阶段论及其重要意义。第二章是理论综述部分，围绕城乡差距、土地与城市化、金融与城市化以及动态随机一般均衡的相关文献做了回顾和评述。第三章是本书的现状描述部分，分析了我国城市化发展历程、特点，阐述了城乡在投资、收入和消费方面的差距，根据城乡差距判断城市化红利是否失衡，根据城乡投资、收入和消费三个指标的时间变化，判断我国当前的城市化阶段，得出有关城市化红利的现实结论。第四章是本书的逻辑起点，构建了土地产权结构与土地红利、金融市场资本非均衡流动与城乡经济增长、城市倾向政策与城乡经济增长的关系框架，为在中国特殊土地产权结构、金融市场城乡分割、政策城市倾向的条件下测度城市化红利、探讨分配现状和探索纠正机制奠定基础。第五章和第六章是本书的理论模型部分，分别构建了两个单部门模型和一个两部门模型，根据资源在城乡可否自由流动测度城市化带来的红利大小，并且判断红利的具体配置情况。第七章是本书的实证研究部分，根据已经构建的单部门模型和两部门模型，通过数值模拟方法回答本书的核心问题：城市化是否产生红利？红利有多少？产生的红利在城乡之间又是如何分配的？其配置是不是失衡？第八章是本书的政策研究部分，围绕"增长失衡"和"流动失衡"，分别从城市和农村内部寻找城市化红利分配失衡的原因，在此基础上探索了纠正路径，第九章为总结和展望。

本书从现实数据中得出的结论是：城市化红利分配是失衡的，而且当前的城市化位于"有益的失衡期"。通过理论模型的数据模拟得出的结论是：城市化带来了非常可观的红利，城市化处于"有益的失衡期"。现实结论和理论结论一致。

根据城市化红利分配失衡的现实，本书提出了单一措施建议和组合措施建议。单一措施建议包括：提高农村资本产出弹性，降低农村资本楔，调整农村的税收和转移支付政策。这三项措施单独实施，都可以实现促进经济增长、改善当前红利分配的格局。组合措施建议包括：（1）适当提高土地红利，降低农村资本楔，降低农村的税收或提高农村转移支付比例；（2）适当提高土地红利，降低农村资本楔，适当降低城市的税收或提高城市的转移支付比例，同时降低农村税收，提高农村转移支付比例，使农村成为财政资金净流入地区；（3）提高农村资本产出弹性，提高土地红利，降低农村资本楔，适当降低农村和城市的税收，或提高农村和城市的转移支付比例。

目　录

第一章　绪论

1.1　研究的问题及意义

1.1.1　研究的问题

人类社会正经历着历史上最快的城市化时期。20世纪80年代以后，中国也自发地进入城市人口增长、城市规模迅速扩张的新阶段，成为全世界城市化率增速最快的国家之一，城市化运动大张旗鼓、轰轰烈烈、热火朝天。1978年城市人口占总人口的比重仅为17.9%，到了2013年这个指标迅速增长为53.7%。伴随城市快速扩张和人口急剧增加，土地、资金等资源在城乡非均衡配给、政策在城乡非均衡配置等现象陆续显现，城乡差距不断扩大。

2012年5月，美国经济学家伊斯特林（R. Easterlin）在《美国国家科学院院刊》（PNAS）上领衔发表了一篇题为《中国的生活满意度：1990~2010》（"China's Life Satisfaction，1990–2010"）的文章。文章对1990~2010年6次大型问卷调查做分析，指出在过去20年里，中国普通百姓尤其是农村百姓的生活满意度呈急剧下滑的趋势。这20年间虽然人均国民生产总值增长了5.2倍，但是城镇居民可支配收入只增长了 3.8 倍，而农村居民纯收入仅增长了 2.1 倍。① 20 余年间，过半国民成为城市居民，但是普通百姓的生活满意度不升反降。我们不得不反思中国过去 20 年快速城市化进程中城乡分配领域的得与失。

城市化"重数量、轻质量""得表面而失内涵"（陆大道，2007；邹德慈，2010）。一方面政府对城市化战略选择和对城市化率数量指标方面的过度干预，致使部分经济基础和工业基础不成熟的大城市和小城镇超前发展，城市化虚有其表；另一方面伴随人口城市化，城乡经济差距、收入差距日益增大，城市和农村在"大蛋糕"的分配格局中越发失衡。中央政府高度重视城市化及其失衡问题。党的十八大报告提及城市化多达七次，重点指出："必须以改善需求结构、优化产业结构、促进区域协调发展、推进城镇化为重点，着力解决制约经济持续健康发展的重大结构性问题。"古语有云"有国有家者，不患寡而患不均"，城乡发展失衡严重制约了经济的可持续发展。

围绕城乡差距，本书试图提出并回答的问题是：城市化是一个怎样的过程？城市化的原因是什么？城市化的分配结构是否合理？如何调整分配结构才能缩小城乡差距？

1.1.2 研究的意义

近年来，与快速城市化相伴而生的城乡差距不断拉大引起了高度重视，但当前国内外对城乡差距的解读往往仅着眼差距本身，忽视了我国当前所处的经济发展阶段。因此，本书从经济发展阶段与

---

① 《中国统计年鉴 2013》，按照 1978 年不变价计算。

城乡差距的匹配性入手，讨论城市化进程中产生的城市化红利以及红利的城乡分配，具有重要的理论意义和现实意义。

（1）明确城市化的阶段性和各阶段的特征，对于理解城市化进程中的城乡差距具有重要的理论意义。城市化红利是城市化的动因，城乡差距是城市化本身固有的现象。伴随城市化的推进，城市化红利时而大、时而小，时而顺、时而逆，城乡差距也呈现时大时小的特点。本书从理论上证明了城市化红利的存在性，解释了城市化红利的波动特征，阐述了红利分配失衡可能出现的结果以及纠正路径应该遵循的规律。这有利于建立城市化红利理论，认识城市化的动力机制和发展阶段。

（2）以城市化红利为主线，在土地产权结构、金融市场资金和政策城乡非平衡配置基础上，构建城市化红利的测度体系和城乡分配的衡量方法，并从实际出发探索纠正分配失衡路径，具有重要的学术价值。尽管相关研究早已开始关注城乡差距问题，但大多在既定的经济发展条件下探讨城乡经济和消费差距的统计原因，而忽视了土地、资金和政策在城乡之间的非平衡配置，忽视了经济素质和政策倾向差异下城乡增长空间差异，同时也缺乏对非平衡配置原因的深入分析。本书将在一般均衡视角下，构建包含土地、资金和政策非平衡供给的两部门 DSGE 模型，从动态视角测度城市化红利的规模和分配现状，并从实际出发探索红利分配失衡的纠正路径。这有利于从理论上建立和拓展城市化红利理论。

（3）我国当前正处于高速城市化时期，研究城市化红利问题，对于实现我国城乡协调发展具有重要的应用价值。伴随我国城市化快速推进，城乡在经济、收入和消费上的绝对和相对差距不断拉大，城乡在"大蛋糕"的分配格局中越发失衡，城市化"得表面而失内涵"。当前，中央政府也高度重视城乡差距，提出着力解决制约经济持续健康发展的重大结构性问题。本书从一般均衡视角测度城市化进程中红利分配失衡的现状并提出纠正路径，不仅有利于合理推进城市化，更重要的是能够在城市化进程中协调城乡发展，通过改善城乡的经济、收入结构来实现可持续的城市化。

1.2　研究的基础及核心

"城市化红利"和"分配失衡"是本书最重要的关键词，也是本书论点成立的基础和核心。因此本节将详细探讨"城市化红利"和"分配失衡"，包括城市化的再定义、城市化红利及红利的时间变化、红利的方向与城市化阶段、红利分配失衡、新城市化阶段论的重要意义和纠正路径。

1.2.1　城市化

刘志军（2004）曾在《论城市化定义的嬗变与分歧》一文中，对城市化的定义做了梳理，他总结城市化定义有清晰的发展过程，呈现"传统型—现代型—后现代型"的发展轨迹。传统型的城市化概念认为，城市化是指随着产业经济向城市集中而发生的农村人口向城市转移的过程。[①] 依据这个定义，城市人口占总人口的比重是城市化最重要的指标，而且国内外大多用这个指标来衡量城市化水

---

① 库兹涅茨在《现代经济增长》中把城市化定义为"城市和乡村之间人口分布方式的变化，即城市化的过程"。

平。现代型的城市化定义在强调人口转移、职业变迁、产业集中、土地和地域空间变化的同时，突出生活方式和都市文明的扩散过程。后现代型的城市化定义并非简单地强调人口向城市的集中，而强调城乡人口共同创造和分享经济增长的利益，是"城市与非城市地区之间的往来和相互联系日益增多的这种过程"。①

比较这三种定义可以发现，随着学者对城市化的相关研究逐渐深入，他们对城市化的理解也从表面深入到本质。马克思的城乡关系论指出，城市和农村的关系经历了"孕育城市—城乡分离—城乡融合"的过程。在城乡分离的过程中（本书称其为"正城市化"过程），市场在资本、劳动等资源配置中起主要作用，由于城乡要素报酬有差异，农村的各类资源不断向收益递增的空间聚集，其表现就是各种资源向城市转移，产业向城市集中。随着城市资源不断扩张，要素边际生产率递减，城市里低于边际生产率的可流动要素再次流动，寻找收益更高的空间，城市化阶段开始进入城乡融合的过程。在这个时期，各种要素和产业向农村转移，这就是统计上的"逆城市化"阶段。第二次世界大战以后，英、美、德、法等发达国家都陆续出现了"逆城市化"现象。

本书参照城市化的后现代型定义，对城市化做了再定义：城市化是城乡壁垒被打破后，各项要素自发或者非自发地向收益递增的空间不断积聚的过程。为了更加清晰地解释"正城市化"过程和"逆城市化"过程，本书以"城市化红利"来描述城市化的原因、方向和结果。

---

① 周大鸣、郭正林：《中国乡村都市化》，广东人民出版社，1996。

1.2.2 城市化红利

城市化红利就是在资源城乡流动的背景下，要素向收益递增空间积聚产生的积极后果。城市化红利是伴随城市化的历史现象。城乡两部门资源无法自由流动时，两个封闭的单部门各自经历"生产—分配—交换—消费"的社会过程，各自实现投资、生产、消费、储蓄的均衡；资源可以在城乡之间自由流动时，两部门的生产要素自发或者非自发地从收益较低的部门流向收益较高的部门，城乡两个开放部门共同经历"生产—分配—交换—消费"的社会过程，共同实现投资、生产、消费、储蓄的均衡。

为了说明城市化红利的存在，这里建立劳动力要素的两部门模型（见图 1-1），横轴表示劳动力投入情况，城乡劳动力总和为 QQ′，其中 QO 分布于城市，OQ′ 分布于农村；纵轴表示要素的边际生产率；曲线 MP_1 是城市部门的劳动边际生产曲线，MP_2 是

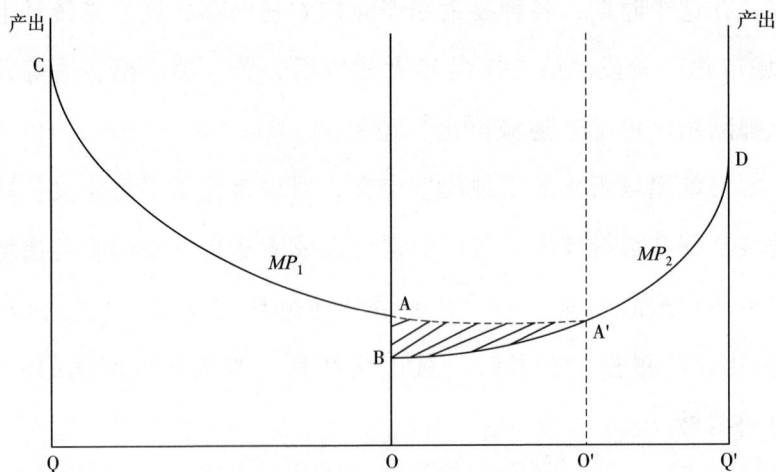

图 1-1 城市化红利

农村部门的劳动边际生产曲线。现在我们考虑两种情况。情况一，两部门劳动力不能自由流动，均衡时城市劳动力投入量为QO，农村劳动力投入量为OQ′；情况二，两部门劳动力可自由流动，均衡时城市劳动力投入量为QO′，农村的劳动力投入量为O′Q′。显然，情况二中两部门的总产出要高于情况一，如图1-1中阴影所示。在人口总量不变的前提下，情况二中两部门的人均产出之和也一定高于情况一，即城市化的确产生了积极的经济后果。

简单来说，城市化红利就是要素可流动与不可流动产生的经济结果之差。要判断城市化红利，首先得到要素不可自由流动情况下的经济结果（QOAC/城市人口＋BOQ′D/农村人口），然后获得要素可自由流动情况下的经济结果（QO′A′C/城市人口＋A′O′Q′D/农村人口），二者之差就是城市化红利。这里用图示模型简单地证明了城市化红利的存在，第五章、第六章、第七章将通过严密的理论推导和数值模拟，证明城市化红利的存在。

城市化红利是伴随城市化进程的历史现象，是推动城市化进程的利益激励。正是因为要素流动能够产生红利，要素才会向收益递增的空间流动，才会在新的空间产生新的集聚，形成更高的产出。"新的空间"既可以是城市部门，也可以是农村部门，红利的产生可能伴随正城市化过程（顺红利），也可能伴随逆城市化过程（逆红利）。在城市化红利产生的进程中，红利经历着"产生—正向扩大—缩小—逆向扩大—缩小"并循环往复直至消亡的过程（见图1-2），也有可能只经历其中的几个阶段，就进入消亡，城市化过程结束。

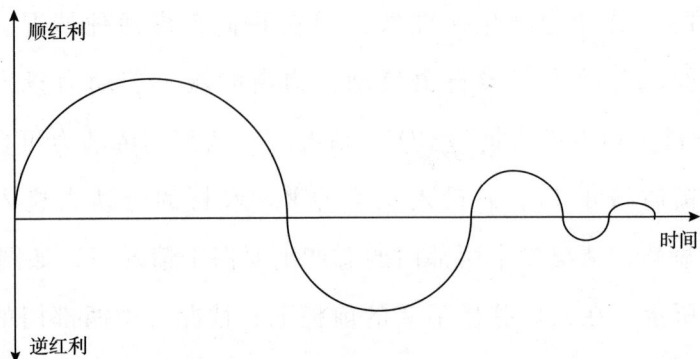

图 1 - 2 城市化红利的时间变化

1.2.3 顺红利和逆红利

如果城市化红利较多地分配于城市（顺红利），即城市的人均产出高于农村（见图 1 - 3），那么各种要素就会自发地从农村流向城市，经济发展经历"正城市化"阶段；如果城市化红利较多分配于农村（逆红利），即农村人均产出高于城市（见图 1 - 4），那么各种要素就会自发地从城市流向农村，经济发展经历"逆城市化"阶段。

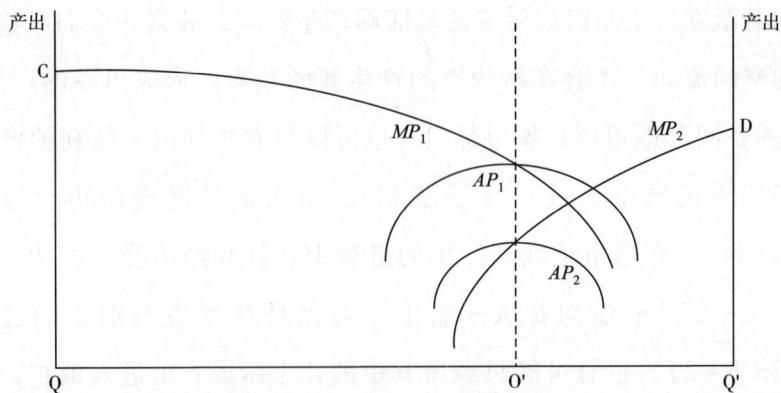

图 1 - 3 顺红利与正城市化阶段

在图 1 - 3 中，城市部门劳动力的边际产出为曲线 MP_1，劳动力平均产出为 AP_1，也即人均产出；农村部门劳动力的边际产出为曲线 MP_2，劳动力平均产出为 AP_2，也即人均产出。[①] 正城市化阶段时，城市人均产出高于农村，在图中就是资源分界线上，AP_1 与垂直线 O′ 的交点高于 AP_2。同理，逆城市化阶段，农村人均产出高于城市，在图 1 - 4 中，AP_2 与垂直线 O′ 的交点高于 AP_1。

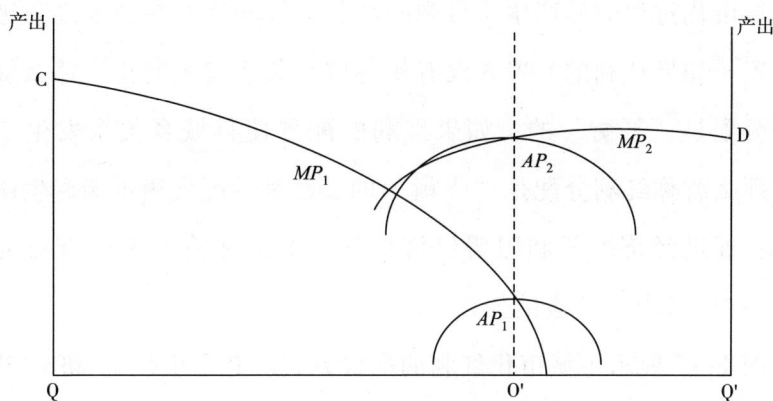

图 1 - 4 逆红利与逆城市化阶段

中国和广大的发展中国家都正在经历正城市化阶段，城市人均产出高于农村，人口、资本、技术等各项要素均向城市聚集，其表现就是城市化水平（城市人口占总人口比重）不断提高，城市规模日益扩大。美国、英国、德国等发达国家正经历逆城市化阶段，农村人均产出高于城市，人口、资本、技术等要素逐渐向农村聚集，其表现就是城市化水平不断下降，城市规模逐渐缩小。

———————

① 不论处于哪个阶段，边际生产曲线 MP 与曲线 AP 一定交于 AP 的最高点，但是该交点不一定在垂直线 O′ 上。

众多发达国家虽然正在经历逆红利时期，不过它们都曾经历过完整的顺红利时期，但是许多第三世界的拉美国家，未经历或未完整经历顺红利时期，就进入逆红利时期，没能充分享受城市化带来的快速发展和高增长，以致陷入"贫困的陷阱"。

1.2.4 红利分配失衡

城市化过程的确产生了可观的红利，红利确实在城乡之间进行了配置。如果红利的配置并没有使得城乡关系发生变化，那么就称红利分配是"平衡"的；如果红利的配置使得城乡关系发生了变化，那么就称红利分配是"失衡"的。红利分配失衡可能产生两种后果：促进经济增长和阻碍经济增长，本书称前者为"有益的失衡"，称后者为"有害的失衡"。

图 1-5 展示了城市化红利的配置方式。其中虚线 y_U 和 y_R 分别为城市化前城乡的人均产出，实线 y_U' 和 y_R' 分别为城市化后城乡的人均产出。从图中可以看出，城市化前后的城乡差距分别为 L_1 和

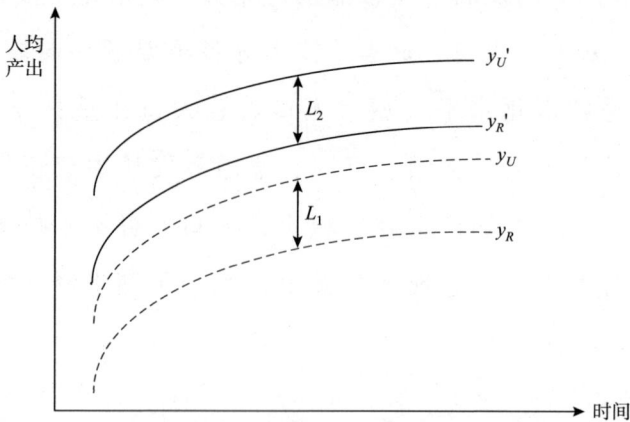

图 1-5　城市化红利的配置方式

L_2。当 $L_1 = L_2$ 时，我们称红利配置是平衡的；当 $L_1 \neq L_2$ 时，我们称红利配置是失衡的。

图 1-6 展示了"有益的失衡"。城市化以后，城乡劳动力在 O′处配置，此时城市劳动力投入量为 QO′，人均产出为 O′A；农村劳动力投入量为 O′Q′，人均产出为 O′B。显然，城市的劳动力边际产出高于农村，吸引劳动力从农村流向城市，新的配置点在 O″处。由于城市边际产出曲线 MP_1 和平均产出曲线 AP_1 的交点（AP_1 的最高点）位于 O′处垂直线以右，对城市来说，增加劳动力投入能增加平均产出；农村边际产出曲线 MP_2 和平均产出曲线 AP_2 的交点也位于 O′处垂直线以右，那么对农村来说，减少劳动投入能增加平均产出。因此，当新的劳动配置点位于 O″（在 O′以右）时，城市的人均产出增加为 O″A′，农村的人均产出增加为 O″B′。虽然此时的红利分配是失衡的，城乡差距从 AB 扩大为 A′B′，但是这种失衡的背后是城乡人均产出同时增加，故而是"有益的失衡"。

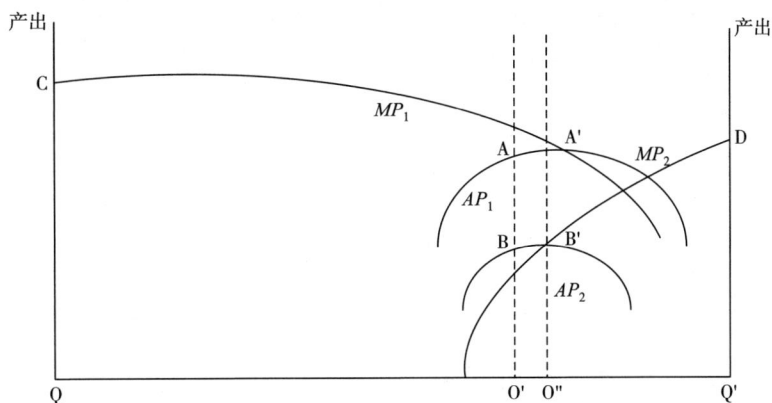

图 1-6　红利分配"有益的失衡"

图 1 - 7 展示了"有害的失衡"。城市化以后，城乡劳动力在 O′处配置，此时城市劳动力投入量为 QO′，人均产出为 O′A；农村劳动力投入量为 O′Q′，人均产出为 O′B。显然，城市的劳动力边际产出高于农村，吸引劳动力从农村流向城市，新的配置点在 O″处。由于城市边际产出曲线 MP_1 和平均产出曲线 AP_1 的交点（AP_1 的最高点）位于 O′处垂直线以左，对城市来说，增加劳动力投入会降低平均产出；农村边际产出曲线 MP_2 和平均产出曲线 AP_2 的交点也位于 O′处垂直线以左，那么对农村来说，减少劳动投入也会降低平均产出。因此，当新的劳动配置点位于 O″（在 O′以右）时，城市的人均产出减少为 O″A′，农村的人均产出减少为 O″B′。此时的红利分配也是失衡的，城乡差距从 AB 扩大为 A′B′，但是这种失衡的背后是城乡人均产出同时减少，故而是"有害的失衡"。

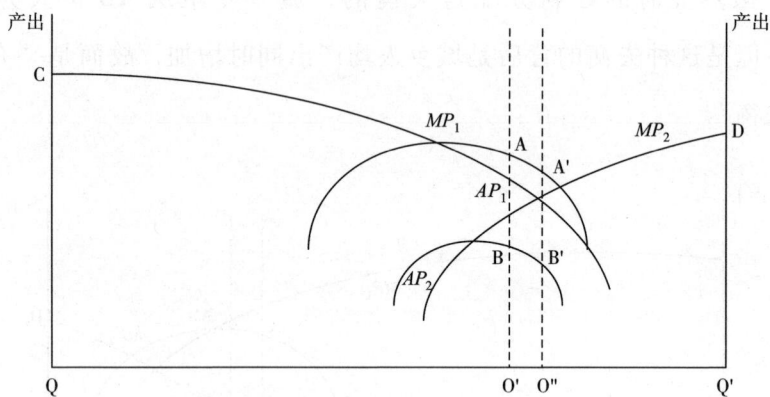

图 1 - 7 红利分配"有害的失衡"

1.2.5 新城市化阶段论

通过以上分析可知，在顺红利阶段可能出现"有益的失衡"，此时伴随城市化的推进，城乡的人均产出都是增加的，城市化红利也是增加的；也有可能出现"有害的失衡"，此时伴随城市化的推进，城乡人均产出都是减少的，城市化红利也是减少的。也就是说，"有益的失衡"出现在顺红利的扩大期，"有害的失衡"出现在顺红利的缩小期。同理，在逆红利时期，也存在红利分配的"有益的失衡"和"有害的失衡"。

这就是新城市化阶段论（见图1-8）。城市化红利推动城市化进程，一个完整的城市化进程依次经历顺红利的"有益的失衡期"，顺红利的"有害的失衡期"，逆红利的"有益的失衡期"，逆红利的"有害的失衡期"，循环往复直至城市化红利消亡，整个城市化过程才算结束。

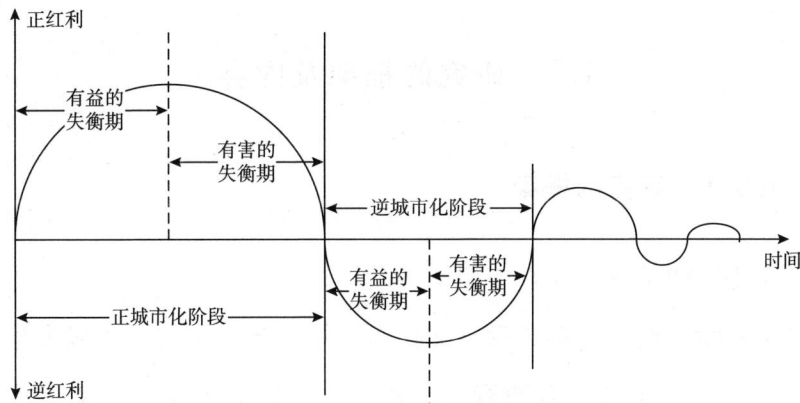

图 1-8　新城市化阶段论

当然，并不是所有的国家和地区都会经历完整的城市化阶段，有的地区可能只经历了其中某几个阶段，城市化红利消失，城市化进程就结束了。一个国家或地区的城市化进程一旦进入"有害的失衡期"，就要考虑减少经济对城市化的依赖，寻找其他源泉替代城市化战略，转移经济增长的重点。因此，测度城市化红利和红利的变化趋势对国家发展来说意义重大。

1.2.6 纠正路径

本文讨论的红利分配失衡是基于上述逻辑的，后面讨论的纠正路径也是基于上述逻辑的。虽然在顺红利的"有益的失衡期"，城乡差距越大，越有利于吸引资源从农村流向城市，但是城乡差距过大会导致社会产生不稳定情绪，对社会发展是有害的。因此，本书讨论的纠正路径，在"有益的失衡期"，就是在促进城乡人均产出增加的同时缩小城乡差距的机制；在"有害的失衡期"，纠正路径就是在阻止城乡人均产出下降的同时缩小城乡差距的机制。

1.3 研究的框架及内容

1.3.1 研究的框架

本书共包括九章，具体如下。

第一章，绪论；第二章，文献回顾与评述；第三章，城市化进程和红利分配现状；第四章，土地、金融和城市倾向政策；第五章，城市化前：单部门 DSGE 模型；第六章，城市化后：两部门 DSGE 模型；第七章，城市化红利与红利分配失衡；第八章，纠正路径探索：敏感性分析；第九章，总结与展望。

其中，第一章是绪论，总领全文，介绍本书的问题、研究的意义、研究的核心和基础、框架和内容、方法和创新之处；第二章回顾和评述已有的中外文献，阐述本书研究在内容和方法上的必要性；第三章讨论我国当前的城市化进程和城乡差距现状，提出理论分析的必要性；第四章讨论土地、资本、政策与城市化红利的内在机制；第五章是理论模型一，构建描述资源流动前状况的理论模型；第六章是理论模型二，构建描述资源流动后状况的理论模型；第七章是数值模拟，测度城市化红利、分析红利分配现状，判断我国当前所处的城市化阶段；第八章是路径设计，根据当前的城市化阶段和参数敏感性，提出单一措施和组合措施，纠正红利分配的失衡。

1.3.2 研究的内容

本书以城市化红利、红利分配现状和新城市化阶段论为背景，以土地、资本、政策与城市化红利的关系为逻辑起点，紧紧围绕城市化红利，构建红利的测度及红利分配模型，并在此基础上进行实证分析，考查当前城市化红利分配现状和所处的城市化阶段，最后，以协调城乡发展、纠正红利分配失衡为目的，探索城市化红利分配的返利路径体系。

1. 现状描述：中国城市化进程及城乡差距的现状

该部分是本书研究的背景，分析了我国城市化发展历程、特点；阐述了城乡在投资、收入和消费方面的差距，根据城乡差距的大小判断城市化红利是否失衡；根据城乡投资、收入和消费三个指标的时间变化，从现实出发，判断我国当前的城市化阶段。

2. 逻辑起点：土地、资本、政策与城市化红利的内在机制

该部分是本书研究的逻辑起点，在城市化背景下构建土地产权

结构与土地红利、金融市场资金非均衡流动与经济增长、城市倾向政策与经济增长的关系框架，为在中国式特殊土地产权结构、金融市场城乡分割和城市倾向政策的条件下测度城市化红利、探讨分配现状和探索纠正路径奠定基础。

首先，研究土地产权结构与土地红利的内在机制。从土地权能视角出发，在局部均衡范畴内讨论土地产权制度安排对土地红利及红利分配的影响。主要结论为：当前的征地补偿制度不符合福利经济学的公平定义，而是一种权能和收益不对等的补偿，直接导致失地农民没有足额的资本参与城市化进程，更无法分享城市化红利。

其次，研究金融市场资金城乡非平衡流动与经济增长的内在机制。从金融抑制的角度出发，讨论不同抑制手段对城乡经济增长的影响。主要结论为：政府对金融市场抑制作用越大，资本楔就越大，生产资金供给缺口就越大，社会产出也就越小；同时实行多个金融抑制手段所产生的资金缺口高于单独实行某个金融抑制手段产生资金缺口之和；城市金融市场的抑制程度低于农村金融市场。

最后，研究城市倾向政策与城乡经济增长的内在机制。从社会福利最大化的角度，讨论城市倾向政策对城乡产出的具体影响。结论是：城市倾向政策越明显，城乡经济差距越大，城市化红利分配就越趋向失衡。

3. 理论模型：城市化红利测度及城乡分配

该部分是测度当前城市化红利和判断红利分配状况的首要步骤，根据资源在城乡可否自由流动测度城市化红利，并依据资源自由流动时的城乡经济发展程度测度城市化红利的具体配置情况。

首先，构建包含土地红利、资本楔和城市倾向政策的两个封闭单部门 DSGE 模型。探讨城市化三大主体消费者、厂商和政府的具体行为目标和行为约束，得到动态的欧拉方程和简化的约束条件，讨论模型的解、解的存在性和解变化的可能原因。

其次，构建资源城乡自由流动背景下，包含土地红利、资本楔和城市倾向政策的两部门 DSGE 模型。探讨消费者、厂商和政府的具体行为目标和行为约束，得到动态的欧拉方程和简化的约束条件，讨论模型的最优路径、迭代均衡和稳态解，讨论城市化红利分配的动态化。

4. 实证研究：测度城市化红利，分析红利分配现状，判断当前所处的城市化阶段

该部分是测度城市化红利、判断红利分配是否失衡的关键环节。按照已经构建的两个单部门模型和一个两部门模型，通过数值模拟方法回答本书的核心问题：城市化是否产生红利？红利有多少？产生的红利在城市之间又是如何配置的？配置形式是否失衡？

首先，阐述 DSGE 模型的数值模拟方法——GSSA 方法的原理。

其次，用 GSSA 方法模拟城市化前两个封闭部门的经济形态。

再次，用 GSSA 方法模拟城市化后两个开放部门的经济形态，并确定城市化红利的存在。

最后，讨论城市化红利分配是否失衡，判断当前我国所处的城市化阶段。

5. 路径设计：纠正路径探索

该部分是协调城市化红利分配的重要环节。围绕"增长失衡"和"流动失衡"，分别从城市和农村内部寻找城市化红利分配失衡的原因，在此基础上提出改变红利分配格局的单一措施和组合措施。

首先，对红利分配失衡机制做两个可能的假设："增长失衡"和"流动失衡"。

其次，讨论农村和城市两部门参数的敏感性，寻找红利分配失衡的原因，同时验证两个假设。

最后，提出改变红利分配格局的单一措施和组合措施建议。

1.4 研究的方法及创新

1.4.1 研究的方法

主要借鉴制度经济学、新制度经济学、凯恩斯主义、新凯恩斯主义等理论，以及数学分析、计算机仿真等方法，进行理论与实证研究。

第一，文献研究。整理国内外有关城乡差距、城市化和动态一般均衡模型的已有研究，厘清已有观点和 DSGE 模型的应用技术。

第二，理论分析。从制度经济学的角度，运用级差地租理论，构建土地红利的局部均衡理论；从制度经济学的角度，运用供求价格理论，构建城乡资本非平衡流动的局部均衡理论；从新凯恩斯主义的角度，构建城市倾向政策的产品市场局部均衡理论。

第三，数理模型。构建包含土地红利、金融市场城乡抑制异质和城市倾向政策的两部门动态随机一般均衡模型，分析模型的局部均衡条件和一般均衡条件。

第四，统计处理。拟合现实经济，对动态随机一般均衡模型中的参数做数值校准。在校准的过程中，涉及经济、社会数据的收集、整理和统计分析。

第五，实证研究。根据构建的两个单部门模型和一个两部门模型，编写 matlab 程序，模拟模型的一般均衡及变化。

1.4.2　研究的创新之处

1. 选题创新

在我国快速城市化和城乡差距不断扩大的背景下，研究城市化红利分配问题，测度红利分配失衡现状，判断当前城市化所处的阶段，探索纠正路径，并以此实现城乡协调发展和城市化的可持续发展。

2. 理论创新

根据新古典经济学理论，构建城市化红利理论和新城市化阶段论；以制度经济学和新凯恩斯主义为基础，构建符合我国国情的地权安排下的土地红利局部均衡模型，城乡资金非均衡流动的金融市场局部均衡模型，以及城市倾向政策的产品市场局部均衡模型，并在此基础上构建城乡异质的两部门动态随机一般均衡模型。

第二章　文献回顾与评述

2.1　城市化中的差距

历史上，城市化一直被看作经济发展过程中的一个重要因素（Bairoch et al.，1988）。以刘易斯为代表的发展经济学派最早研究城市化与经济增长的关系，他们指出随着人口由农村向城市、由农业向工业的迁移，人均产出将不断提高，城市化成为反贫困最好的方式（万广华，2008）。大量研究指出，经济增长与城市化水平之间的确具有正相关性（Henderson，2000；陈彦光，2011；吕健，2011；徐小钦、袁凯华，2013）。也有很多文献提到城市在国家收入和产品中所占比重明显超过其面积及人口所占比重（Ciccolla，1999；Petersen，1991；Polèse，2005；Prud'Homme，1997；World Bank，1995）。城市化过程中的城乡差距似乎是不可回避的问题。

对于城乡差距的研究主要沿着两个方向发展：一是测度城乡差距的程度，并预测进一步的发展；二是研究城乡差距的成因。本部分的文献回顾也主要围绕这两个方面展开。

2.1.1　城乡差距和城市化

进入 20 世纪 90 年代以后，中国经济增长的轴心已经发生变化，形成了以城市化推动经济增长的模式（章振华，1995）。中国城市化进程的不断推进，能够有效促进城乡间劳动力的流动，为中国带来巨大的经济利益（胡鞍钢，2004），1978～1997 年的 20 年，农村工业化和城市化使得经济增速提高了 3～4 个百分点（王小鲁，2002）。然而，随着城市化水平的逐步深化，并没有出现 Todaro（1969）提及的城乡差距缩小，随着城市化进程的推进，城乡差距反而呈现越来越大的趋势。

蔡昉（2003）、Chaudhuri 和 Ravallion（2006）、Chotikapanich 等（2007）、陈宗胜和周云波（2002）、Fang 等，（2002）、Khan 和 Riskin（2001）、Ravallion 和 Chen（2007）、宋洪远等（2003）、宋洪远和马永良（2004）、Wade（2004）、Wan 等（2006，2007）等学者一致认同 20 世纪 90 年代以后我国城乡差距快速扩大的事实。回顾国内外学者对城市化与城乡差距的研究，主要有三种不同的观点。

1. 城市化缩小了城乡差距

Lewis（1954）的二元结构模型分析了经济发展的三个阶段，第三阶段讨论了不存在剩余劳动力的情况。在劳动力供给不足时，农业部门的性质和生产方式会发生显著改变，传统部门的特征消失，逐渐变身为现代经济部门，在这个过程中，城乡差距不断缩小，直至完全消失。这是城市化缩小城乡差距的理论解释。

我国的很多学者以实证方法证明了城市化对城乡差距的负向影

响。陆铭、陈钊（2004）在用1989～2001年省级面板数据研究城市化、城市倾向政策和城乡收入差距时发现，城市化对降低统计上的城乡收入差距具有显著作用。曹裕等（2010）基于1987～2006年的省级面板数据研究城市化、城乡差距和经济增长的关系时发现，城市化对缩小城乡收入差距的作用显著。姚耀军（2005）基于中国1978～2002年的金融发展、城市化与城乡收入差距的关系做实证研究，发现城市化水平与城乡收入差距负相关，并且城市化水平是城乡收入差距大的格兰杰（Granger）原因。毛其淋（2011）基于1995～2008的省级面板数据，采用系统广义矩方法分析了经济开放、城市化水平对城乡收入差距的影响，结果表明城市化水平是城乡收入差距缩小的重要影响因素。

2. 城市化扩大了城乡差距

Fujita和Krugman（1999）的中心－外围模型有一个最核心的结论：中心市场具有放大效应，会吸引人口和企业向该区域集中，从而扩大中心城市和外围农村的差距。这是城市化扩大城乡差距的理论解释。

我国的很多学者在实证上证明了城市化对城乡差距的正向影响。陈迅、童华建（2007）认为陆铭、陈钊（2004）在用省级面板数据研究城市化、城市倾向政策和城乡收入差距时，并没有采用各省份的统计城市化率，而用非农业人口占比来度量城市化水平，这会导致城市化水平与城乡收入差距两组数据统计口径不一致，从而错误地得到城市化会缩小城乡差距的结论，因而他们对1985～2003年的全国数据做了再估计，得出城市化扩大了城乡差距的结论。程开明、李金昌（2007）基于1978～2004年的全国数据研究了城市倾向政策、城市化和城乡收入差距的关系，他们发现城市化和城市倾向政策是城乡收入差距扩大的原因。Liu 和 Zou（2011）引进城乡劳动力技能差异、人口规模的改变和消费价格指数来分析经济转型框架内的收入差距演变，指出城市化进程中，城市部门快速的技术进步和经济发展造成了更大的城乡收入差距。肖卫（2010）通过数理模型证明了城市化进程会产生城乡差距，并且会拉大城乡差距，他运用1978～2008年的时序数据证明了城乡二元结构因素导致城乡差距扩大化。王子敏（2011）用空间计量模型检验了2000～2008年的省级面板数据，他发现城市化每提高1个百分点，城乡收入差距就拉大0.39个百分点。张启良等（2010）检验了影响城乡收入差距的六个因素，他们发现城市化水平每提高1万元，城乡收入差距就扩大0.37万元，而且城乡差距还将在一定时期内持续扩大，只有在我国城市区域外延扩张进入稳定阶段后，城市化才可能缩小城乡差距。

3. 城市化与城乡差距非线性相关

城市化对城乡差距的影响除了单向的扩大和缩小两方面外，还有非线性的影响。很多学者利用两部门模型从理论上证明了城市化与城乡收入差距的"倒U型"关系（Robinson，1976；Glomm，1992；Rauch，1993；Anand，1993；陈宗胜，1994、2000；周云波，2009）。在城市化进程中，农村里少部分具有专业技能和资本的人迁移进入城市的工业部门中，使得收入差距不断扩大。此后，随着更多农村人口进入城市，农业劳动力的稀缺性不断提高，农业部门的报酬增加，从而缩小了城乡间的收入差距。因此，随着城市化的推进，城乡收入差距逐渐由扩大转为缩小，呈现"倒U型"的变动趋势。

Robinson（1976）从数理上证明了"倒 U 型"曲线的合理性。如果城市部门收入不平等程度大于农村部门，可以证明总收入不平等程度是城市人口比重的二次函数，且随着城市人口比重上升逐渐扩大，当城市人口比重达到 50% 之后，总体收入不平等程度才会下降。

我国很多学者在实证上证明了城乡差距与城市化的非线性关系。王小鲁、樊纲（2005）通过省级面板数据检验城乡收入差距的库兹涅茨特征，他们发现城乡收入差距变动曲线只近似具有上升阶段的特征，无法确认下降阶段，即我国的城乡收入差距并不必然随着经济发展水平提高而无条件下降。郭军华（2009）对城市化和城乡收入差距 1978～2007 年的省级面板数据做检验和估计，他发现城市化对城乡收入差距的影响存在单一阈值效应，城市化对城乡收入差距的作用并非简单地促进或者抑制，其效应还取决于城乡收入差距本身的水平，当城乡收入差距水平较高（即城乡居民收入比大于 2.54）时，城市化将扩大城乡收入差距；当城乡收入差距水平较低时（即城乡居民收入比小于或者等于 2.54），城市化能有效地缩小城乡收入差距。周云波（2009）使用 1979～2007 年的时序数据检验城市化、城乡差距和全国居民总体收入差距的关系，结果表明，城市化使得人口流动导致的城乡收入差距在 1979～2001 年呈现扩大趋势，在 2001 年以后呈现缩小趋势。周少甫等（2010）采用门槛面板数据模型基于 1993～2007 年的省级面板数据检验城市化与城乡收入差距的关系，结果表明，城市化水平对城乡收入差距具有显著的门槛效应，当城市化水平低于 0.456 时，城市化对收入差距的作用并不显著，而一旦超过这个水平，城市化的提高会显著地缩小城乡收入差距。

2.1.2 城乡差距的成因

国内外对城乡差距成因的分析主要围绕两大理论展开：第一类是围绕经典的两部门理论，分析城市化中各种制度安排对城乡差距的解释；第二类是围绕新古典经济学的模型，分析除制度外的生产要素对城乡差距的解释。

1. 两部门理论

国内外学者沿着 Lewis（1954）、Jorgenson（1961）和 Todaro（1969）的传统，运用经典的两部门理论，关注城市化对城乡收入差距的解释。陈宗胜（2005）认为中国在经济上面临双重过渡，除了二元经济结构向一元经济结构过渡外，还面临由计划经济向市场经济的过渡，因此，城乡收入差距不断扩大不仅源自城市化，还源自市场化。蔡昉和杨涛（2000）认为改革开放前户籍、农产品统购统销和人民公社等制度的影响需要相当长的时间才能消化，这是城乡差距长期存在的原因，蔡昉（2000、2001、2002）尤其强调户籍制度和劳动力流动对城乡差距的影响。Ahluwalia 等（1999）在分析发展中国家的贫困与增长问题时发现，城乡经济二元分割造成农村地区受教育机会远不如城市，人力资本的差异、对人口流动的限制、持续的城市倾向政策等是城乡收入差距扩大的原因。陆铭和陈钊（2004）、林毅夫和刘培林（2003）、马光荣和杨恩艳（2010）、曾颖敏和王华（2007）等都对城市倾向政策和城乡收入差距的关系做了深入的讨论。

2. 新古典经济学

也有学者沿着新古典经济理论脉络，用城乡之间要素差异来解释城乡之间的收入差距。随着市场化的推进，价格越来越发挥基础的分配作用，在城市化进程中，物质资本、人力资本和技术越来越多地替代制度因素，成为城乡收入差距变化的主要原因。学者在这方面的研究也不断增多。Lucas（1988）提出城乡的二元分割限制了城乡间和地区间的劳动力流动，限制了人力资本外部效应的发挥，而且城乡收入差距扩大会使得农村面临信贷约束，从而降低其物质资本和人力资本的投资，进一步扩大城乡差距。Knight 和 Song（1999）研究认为，在中国，教育在城乡居民的收入方面扮演着重要的角色，由此带来的人力资本差异拉大了城乡收入差距。Lu（2002）根据 1990～1999 年的省级面板数据探讨户籍和资源对城乡收入差距的影响，他发现户籍限制和城乡资源的分布结构是城乡收入差距形成的原因。国内方面，李志军和奚君羊（2012）、姚耀军（2005）、袁其刚和刘斌（2010）、张立军和湛泳（2006）关注城乡金融发展对城乡收入差距扩大的影响；郭健雄（2005）、杨新铭和罗润东（2008）、田新民等（2009）关注城乡之间人力资本积累、技术进步与生产效率差异对城乡收入差距的影响。

2.1.3 评述

根据国内外学者对城乡差距和城市化的研究可知，理论上，城市化对城乡差距的影响方向和程度尚未形成统一的认识，两部门模型、中心－外围模型和"倒 U 型"曲线分别从理论上解释了扩大化、缩小化和非线性化。根据中国学者的实证检验结果可知，城市化对城乡差距的影响也没有统一的统计表现。绝大多数的学者通过省级面板数据检验得到城市化进程会加大城乡差距的结论；也有学者通过检验全国的时序数据得出城市化会缩小城乡差距的结论；只有一位学者对省级面板数据运用空间计量的方法也得到了城乡差距缩小的结论。不过近年来，随着统计方法和计量工具的发展，非线性化结论基本成为主流，我国目前仍处于差距扩大化阶段。学者们对于城市化与城乡差距的认识不一致说明在理论上关于两者关系的论述存在空白。本书第一章关于城市化、城市化红利和不同红利期的论述，弥补了这一空白：从理论上证明了，在红利分配的"有益的失衡期"，随着城市化推进，城乡差距会进一步扩大；在红利分配的"有害的失衡期"，随着城市化推进，城乡差距会逐渐缩小。

根据国内外学者对城乡差距原因的研究可知，城市化通过要素集聚、产业集聚、资本积累等形式对经济发展产生巨大的推动力，制度、物质资本、人力资本、技术等要素成为影响机制中的关键因素。不过生产要素的城乡差异导致城乡差距，这种差距在任何发展中国家都无法避免，我国亦如是。国内学者通过理论分析、数理推导和计量检验，也证明了制度、物质资本、人力资本和技术是城乡差距形成的可能原因。不过学者所做的理论分析大多基于宏观层面，忽视了微观主体的行为选择，另外，分析的角度大多从局部均衡视角出发，理论分析的结果也只适用于短期。

大量的研究表明，目前的城市化不一定能让中国农民走上富裕之路。因此，我国在快速城市化进程中，必须要考虑城市化的红利期和红利的城乡分配问题，城市化不能仅有数量的成绩，更应该有质量的成绩。这一问题也成为本书研究的逻辑起点。本书将从一般均衡的视角出发，将微观主体的行为选择和宏观经济的效应结合起来，在各生产要素城乡差异的基础上，描述城市和农村经济长期的动态运行情况。在此过程中，本书会着重描述城乡在土地、金融市场等方面的差异，因此，下面对城市化进程中土地和金融市场的相关研究也做回顾和评述。

2.2 土地与城市化

2.2.1 参与主体

在经济快速发展和城市化加速的过程中，大量农地被征收变为非农用地。中国特殊的土地管理制度和产权制度使得国家是土地市场上唯一的出让者，农地必须通过土地储备中心变成国家所有才能进入土地市场流通。在这个农地流转的过程中，各个不同利益集团的行为和决策都会影响福利的分割和变化。鉴于我国土地产权的特殊性和农地流转的独特性，国外学者针对这方面的研究比较少，这里只对国内研究做综述。国内学者对农地非农流转利益主体的划分有所差别，但大体上可以分为两大类。第一类，依据产权的缔约过程。车裕斌、张安录（2004）将利益集团分为基层管理者、政治家和官僚；王培刚（2007）将利益主体分为地方政府（主要是县乡两级政府）、土地开发商、村干部和村民；吴群、李永乐（2008）将利益参与者分为农村集体经济组织、国家和开发商。第二类，依据土地流转的决策过程。孙海兵（2006）将决策主体界定为中央政府、地方政府、开发商、农民四大类；黄烈佳（2006）在此基础上做了扩展，加入了村干部决策主体。

2.2.2 土地流转的影响测度

在土地流转的相关测度中，学者主要关注价格的福利和流转产生的效用。对于价格福利的变化一般采用供给价格弹性和需求价格弹性分析，而对效用变化多采用调查法。Ervin 和 Dicks（1988）用价格弹性估算了美国农地转用计划中生产者剩余和消费者剩余的改变，从而分析各主体和总体的福利变化。Nelson（1992）、Beasley（1986）、Halstead（1984）用竞价法、Bergstrom 等（1985）用邮件调查法、Roe 等（2004）用关联分析法测量了美国不同州的县或者社区农地流转中的效用变化。一般认为卡尔多–希克斯标准、潜在帕累托改进、对微观主体福利征收总量税或补偿等机制可以实现社会效用最优化（Gowdy，2004；Swait et al.，2004）。Lopez 等（1994）对美国马萨诸塞州、阿拉斯加等 3 个社区农地的边际舒适效益、农地边际生产效率、市地边际生产效益和社会边际效益估算发现，农地转移使得农地租赁者的福利增加 373301 美元/年，补贴政策使得农地所有者的福利增加 748396 美元/年，土地专门用途分区管制政策使得农地发展权被限制，农地所有者福利减少 390019 美元/年。美国农地信托公司（ATF，1994）对缅因州和俄亥俄州农地城市流转中的地方政府福利变化（土地收益和税收）做了研究，发现在农地向住宅用地流转中，增加福利和所耗成本之比为 1:1.02～1:1.54，在农地向商业和工业用地流转中，增加福利和所耗成本之比为：1:0.19～1:0.79，在农地保护政策下，增加福利和所耗成本之比为 1：0.27～1：0.77。

虽然国内对于农地城市流转中福利变化测量、福利均衡和非均衡分析还较为欠缺，但是也有相关学者分别从理论和实证上做了研究。学者通过实证分析得出的土地流转对农户福利影响不一。高进云等（2007）构建农民福利的功能性活动指标，使用模糊评判方法对农地城市流转前后的农民福利变化进行了衡量，发现农地城市流转导致农户总体福利水平下降；陈莹、张安录（2007）通过对武汉市的实地调查，发现征地后农民的经济福利和社会福利都下降了；冯应斌等（2008）结合实地调研的资料，通过实证分析得出农地流转是增加农户收入的有效措施的结论；胡动刚等（2013）通过对武汉市的追踪调研，运用改进的庇古福利效应测算方法对失地农民失地前后的福利变化进行定量测度，结果表明短期内农地城市流转微观福利效应值为正，长期内农地城市流转微观福利效应值为负。

2.2.3 农地流转的收益分配

我国的农地流转主要通过农地征收实现。政府具有唯一的土地征收权，在征地过程中先支付征地补偿费，或由用地者先行垫付征地补偿费，然后通过土地储备中心强制性地将集体农地转为国有土地，再按照建设用地规划许可的土地用途予以统一供应。在此过程中，农民获得征地补偿费，政府取得农地转用过程中的土地增值收益。很多学者对农地转用中的土地收益分配关系进行了研究。林瑞瑞等（2013）将土地的增值收益分为三个部分，其中，增值收益Ⅰ归集体（农民）所有，增值收益Ⅱ归政府所有，增值收益Ⅲ归开发商所有，在此基础上他们对2010年全国各省农地城市流转的收益分配做了测量，发现增值收益的 3.7% 归集体（农民），22.32% 归政府，73.98% 归开发商。杨文杰（2005）对西部 K 市 8 年间农地非农化的土地价格收益分配的调查表明，中央政府通过耕地占用税取得了土地收益的 8.4‰，省级政府分配了土地收益的 4.7%，市和镇级政府获得了土地收益的 38.2%；农村集体和农民通过征地补偿只获得了价格收益中的 22.1% 和 26.7%。诸培新、曲福田（2006）对江苏某市 2001～2003 年土地征用出让全过程进行跟踪，发现 3 年间政府仅出让了征用土地的 18.12%，并且在出让的土地收益中，中央政府分配了 1.55%，省级政府分配了 1.21%，市级政府分配了 56.33%，区级政府分配了 0.14%，农村集体分配了 14.35%，农民分配了 26.41%。这种分配不公的原因在于集体土地产权的缺失无法限制政府征地的强制介入，使得集体（农民）在与政府的博弈中处于弱势地位，两者产权关系的不对等造成经济关系的不对等（林瑞瑞等，2013）。长期以来，强大的行政权力取代了土地发展权的权效，不仅造成土地流转无序，而且造成土地收益分配不公平（吴郁玲等，2006）。

2.2.4　评述

根据国内外的研究可知，土地流转的确是城市化进程中非常重要的环节，土地在流转中的确使得农民、农村集体、各级政府等直接参与者的利益发生改变，那么土地流转对城市居民、城市生产厂商等间接参与者的影响又如何？流转的农地直接参与了城市化进程，那么未流转的城市土地和农村土地有没有受到城市化的影响呢？如果有影响，这些影响又是通过何种方式表现的？

国内外的研究在理论、方法和手段上存在一定的差异。国外学者比较关注农地城市流转中福利变化的测量、福利均衡和非均衡分析，国内学者在分析农地流转时运用的理论主要涉及需求价格模型（钱忠好，2004）、可行能力理论（高进云等，2007；胡动刚等，2013）、系统动力学（冯应斌等，2008）、福利经济学（彭开丽等，2009）、制度经济学（沈飞等，2004）等，运用的方法主要是问卷调查和追踪调查。理论工具和分析方法的选择的确制约了学者在土地问题上更多地做局部均衡分析。在此背景下，本书将制度经济学与新凯恩斯主义结合起来，从土地权能视角出发，在局部均衡范畴内讨论土地产权制度安排对土地红利及红利分配的影响；通过动态随机一般均衡模型，分析土地红利变化对一般均衡的影响。不仅可以分析农地流转对农民福利的影响，还可以分析农地流转对城市居民福利的影响、城市土地受城市化进程的影响以及农地流转对农民和城市居民的福利影响。

2.3　金融与城市化

2.3.1　金融二元化和经济增长

金融发展和经济增长一直以来都是经济领域讨论的热点（Goldsmith，1969；McKinnon，1973；Shaw，1973）。Mckinnon（1973）和Shaw（1973）分别研究了发展中国家的金融问题，他们都认同发展中国家存在严重的金融约束和金融压抑现象，并分别从"金融抑制"与"金融深化"两个角度，将货币金融理论与发展理论结合起来，全面论证了货币金融与经济发展的辩证关系。McKinnon（1973）称其为"金融抑制"，即经济中的某些部门"预先占用存款银行有限的放款资源"致使"经济中其他部门的融资必须由放债人、当铺老板和合作社的不足资金来补足"。[①] 金融体系的约束和压抑削弱了金融系统聚集资源的能力，造成了融资渠道不畅和资金成本扭曲，助长了二元经济结构的出现。Galbis（1977，1994）在McKinnon（1973）研究基础上，建立了欠发达地区的两部门金融发展模型，讨论了金融在欠发达地区的传统部门和现代部门中的作用，详细地解释了金融抑制对二元经济增长的具体影响。然而金融发展对经济的不平衡影响却被忽视，直到1990年Greenwood和Jovanovic（1990）首次利用内生增长模型分析了经济发展、金融发展和不平等发展之间的关系（GJ模型），提出金融二元化是经济发展过程中"倒U型"曲线存在的内在机制。Banerjee和Newsman（1998）、Banerjee（2001）从信息经济学的角度，研究了金融发展与二元经济转换的关系，他们认为随着经济增长和金融发展，二元经济会自动向一元经济转型。除了理论研究外，金融二元化理论还积累了大量的实证研究文献（Goldsmith，1969；Greenwood and Sanchez，2013；Hermes and Lensink，2013；King and Levine，1993；King and Levine，1994；Levine，1997；Levine，1999；Ram，1999；Rajan and Zingales，1998）。

城乡金融二元化是任何发展中国家都存在的经济现象，即使是

---

① 〔美〕R. I. 麦金农：《经济发展中的货币与资本》，卢骢译，上海人民出版社，1997，第77页。

完成城市化的发达国家，这一现象也曾经在特定范围内长期存在。不过发达国家的经验表明，金融二元化伴随经济深化有向金融统筹转型的必然趋势（Banerjee and Newsman，1998；Banerjee，2001）。然而在中国的经济市场化进程中，农村地区经济基础脆弱，市场机制并没有产生基础配置作用。农村地区不仅外部金融资源规模小、配置效率低下，而且内源融资能力也十分有限，还面临日益严重的金融资源外流（王永龙，2009）。很多学者也从实证上验证了上述结论。鲁钊阳（2013）运用基尼系数、对数离差均值和泰尔指数对 1978～2010 年省际城乡金融非均衡发展水平、东部、中西部城乡金融非均衡发展水平和八大经济区城乡金融非均衡发展水平进行了全面测度，并运用 R/S 分析方法对我国区域城乡金融非均衡发展的长期变动趋势进行了预测，他们发现，城乡金融非均衡发展问题在省际、东部、中西部和八大经济区都表现得极为明显，而且在未来一段时期内，这种非均衡状态还会继续存在。姚耀军、刘华华（2005）用协整检验法和边限检验法证明中国的城乡经济发展差距与金融非均衡之间的协整关系，金融非均衡是城乡差距的格兰杰原因。

2.3.2　金融二元化和收入差距

国外学者除了研究金融二元化与经济差距的关系外，对金融二元化与收入差距的关系也非常有兴趣。Greenwood 和 Jovanovic（1990）用 GJ 模型分析了金融发展和收入分配之间的关系，他们认为金融二元化导致收入分配也呈现"倒 U 型"；Aghion 和 Bolton（1997）等分别通过对资本市场和信贷市场"涓流效应"（Trickle

Down Effects）的分析得出了相同的结论；Townsend 和 Ueda（2003、2006、2010）通过对 GJ 模型的动态化改造，证实金融发展与收入差距之间的关系遵循库兹涅茨曲线。当然，也有相当多的学者并不赞同上述学者的观点。比如，Beck 等（2004、2007、2009）、Beck 和 Demirgüç – Kunt（2008）、Dollar 和 Kraay（2002）、Honohan 和 Yoder（2011）、Jalilian 和 Kirkpatrick（2002、2005、2007）等认为金融发展与收入差距之间并不存在"倒 U 型"关系，而存在一种单向的关系，即金融发展要么扩大收入差距，要么缩小收入差距。

国内学者更多地从实证角度检验金融二元化对收入差距的影响，主要得出了三类结论：扩大化、影响不大和"倒 U 型"。章奇等（2003）将银行信贷占 GDP 的比重作为金融发展水平的测度依据，对各省1978～1998 年的金融发展水平和城乡收入差距进行分析，发现金融发展显著拉大了城乡收入差距，而且金融机构在向农村和农业配置资金方面缺乏效率。姚耀军、刘华华（2005）对中国1978～2002 年金融发展与城乡收入差距的关系做实证分析，他们发现金融发展与城乡收入差距存在一种长期均衡关系；金融发展规模与城乡收入差距正相关且两者具有双向格兰杰因果关系；金融发展效率与城乡收入差距负相关且两者也具有双向格兰杰因果关系。马草原（2009）探讨了金融歧视通过金融市场"双重门槛"影响金融资源配置的作用路径，以及由此引致的金融差距与收入差距的双向反馈机制，通过对1952～2007 年城乡金融差距和居民收入差距做 VAR 动态检验发现，城乡金融差距与居民收入差距具有明显的双向正效应，城市化并不会缩小中国的城乡差距。张鹏、梁辉

（2011）通过统计描述得出农村金融资源严重匮乏的结论，经计量分析认为农村金融资源未能有效促进农民收入增长，城乡金融资源非均衡配置导致我国城乡收入差距不断扩大。

陆铭、陈钊（2004）是"影响不大"结论的代表，他们在对于1987～2001年省级面板数据做估计的过程中发现，控制了其他因素以后，金融发展的相关指标对城乡收入差距的影响不显著。

"倒U型"结论的代表是刘敏楼（2006）和胡宗义、刘亦文（2010）。刘敏楼（2006）用2001年中国地区的截面数据分析得出金融发展对城乡收入差距的影响，他认为两者的关系呈"倒U型"，但无法确认金融贡献率对城乡收入的具体影响；胡宗义和刘亦文（2010）认为我国的金融资源在分配上表现出明显的城市化倾向，农村抑制严重，农村储蓄流向城市是造成城乡收入差距扩大的内在机制。他们采用2007年的县级截面数据验证金融发展对城乡收入差距的影响并指出，在金融发展的初期（0～20%），金融深度与城乡收入差距呈正相关关系；在中期（20%～60%），金融深度与城乡收入差距的相关关系不显著；在高级阶段（60%以上），两者表现出负相关关系。

2.3.3 金融二元化和消费差距

国外学者关于金融发展程度和消费关系的研究始于 Hall（1978）的永久收入假说（PIH），随后 Blundell - Wingnall 和 Browne（1991）、Bayoumi（1993）、Girardin 等（2000）、Aron 和 Muellbaur（2000）、Barrell 和 Davis（2001）都对金融发展和消费之间的关系做了讨论。Ang（2011）认为在一个稳定的宏观环境和发育良好的金融市场背景下，金融自由化会降低消费对当期收入变化的敏感程度。Bitten-court 等（2014）通过对 Malawi 地区的时序数据做实证检验发现，金融改革的确影响了消费，换言之金融发展程度对消费有显著影响。

国内学者从金融角度探讨城乡居民消费差距的研究还比较少。少数研究者如李锐、朱喜（2007），徐璋勇、王红莉（2009），周英（2009）等从金融抑制的角度对农村消费需求不足的原因进行了理论和实证分析。由于我国的金融系统在资源分配上表现出明显的城市化倾向，学者们普遍认同金融二元化对城乡消费差距有正向影响。刘志仁、黎翠梅（2007）通过协整检验和建立误差修正模型对 1981~2005 年金融非均衡发展与城乡消费差距之间的长期和短期关系进行了实证研究，结果表明，从长期来看城乡金融非均衡发展对城乡实际消费差距具有正向影响，短期金融非均衡发展对城乡消费差距的影响具有滞后性。鲁钊阳、黄津（2012）对 1992~2010 年省级面板数据做实证检验发现，在控制城乡收入差距、人口负担比、居民人均医疗支出、居民人均教育支出、通货膨胀率、利息率等的前提下，城乡金融发展非均衡化与城乡居民消费差距显著正相关。

2.3.4　评述

金融抑制论和金融深化论打破了货币领域被"货币中性论"主导的局面，为研究金融和经济的关系提供了新的理论思路。根据国外学者的研究可知，金融抑制和金融发展不平衡是任何发展中国家都存在的经济现象，众多国内学者通过理论和实证的研究也证明的确存在金融二元化现象。在城乡金融研究内容方面，国内学者侧重从农村金融制度缺陷的角度开展研究，国外学者则侧重从正规金融与非正规金融、现代部门与传统部门的角度开展研究，国内外学者在研究城乡金融问题时更多将农村金融与城市（城镇）金融割裂开来进行研究。在此背景下，本书从金融抑制角度，统筹分析城乡要素报酬差异引致资金供需城乡非平衡配置下的金融市场异质性问题，并在此基础上构建动态随机一般均衡模型，分析异质性金融抑制的动态化影响。

2.4　动态随机一般均衡

动态随机一般均衡模型（Dynamic Stochastic General Equilibrium，简称 DSGE 模型、SDGE 模型或 DGE 模型）是一般均衡理论的分支，是近 30 年来在宏观经济研究领域中非常流行的最优化基本模型，也是经济建模的一个新视窗，许多学者致力于此方面的研究。DSGE 模型的宏观理论源自微观经济学，是微观与宏观经济分析的完美结合，通过描述经济主体的决策行为，采用适当的加总技术可以得到经济总量满足的行为方程，刻画经济增长、经济周期、货币政策和财政政策等宏观经济现象的长期均衡状态和短期动态调整过程。

2.4.1　DSGE 模型的优点

新古典宏观经济学对凯恩斯主义理论展开过激烈的批判，以卢卡斯为主要代表。卢卡斯认为传统的政策分析没有充分考虑政策变动对人们预期的影响，因而基于宏观历史数据的预期并不适用于微观经济学理论。因此传统的宏观经济预期模型并不能抵受卢卡斯批判，但是基于微观经济学理论的 DSGE 模型则完全可以（Woodford and Walsh，2005；Tovar，2009）。而且，由于微观经济学是以消费者偏好为决策依据的，故而 DSGE 模型提供了一个非常好的方法来衡量政策变化产生的福利效应。

DSGE 模型通过分析各个宏观经济参与主体的决策来分析经济整体的表现，一般来说，参与主体包括消费者、厂商，有时候还有政府或者中央银行，参与主体的决策包括消费、储蓄、投资、劳动供给、劳动需求、货币供给等。不同于瓦尔拉斯一般均衡理论、应用一般均衡模型和可计算一般均衡模型等考虑的是静态均衡，DSGE 模型考虑的是动态均衡，考虑经济体在受到诸如技术变化、价格变化、宏观政策变化等随机因素冲击时的具体表现。在清晰描述消费者偏好、厂商的技术及其相互作用机制的前提下，DSGE 模型可以解决不同冲击下的动态生产、交易、消费、投资等问题，而且可以预测作用机制改变时这些变量将如何变化。正是因为 DSGE 模型有如此多的优点和可操作性，因而其成为当前经济学理论的主流方法。

2.4.2　DSGE 模型的缺点

虽然 DSGE 模型优点众多，但是近年来也有很多学者对其本身和应用性提出质疑。Buiter（2009）承认 DSGE 模型是当前最先进的宏观经济学理论，但是它的理论假设之一是市场完全出清，描述的经济波动一般符合一阶马尔科夫过程，所以无法描述非线性动态化的经济冲击。Woodford（2009）认为虽然 DSGE 模型被很多国家中央银行使用，并且也强烈地影响着如 Ben Bemanke 这样的政策制定者，但是 DSGE 模型得到的结论和传统的凯恩斯理论并无区别。Kocherlakota（2010）认为 DSGE 模型在分析 2007～2010 年的经济危机时并不是很实用，它的使用条件太高了，必须同时考虑价格黏性和金融市场摩擦两个因素。Robert Solow（2010）在题为 "Building a Science of Economics for the Real World" 的演讲中也提到 DSGE 模型无法预测 2007～2010 年的经济危机。Smith（2014）指出，DSGE 模型在市场应用中是失败的。他说金融市场的建模者不会用 DSGE 模型，因而他建议不要将 DSGE 模型用于宏观经济预测。

2.4.3　DSGE 模型的国外研究

DSGE 模型相较于传统的凯恩斯模型在消费者异质性、随机冲击和制度框架（预算约束）三个方面做了拓展。针对研究问题的不同，学者对消费者异质性做了很多研究。譬如，在讨论税收政策尤其是所得税政策的具体影响时，就会考虑不同消费者具有不同的劳动供给（Acemoglu et al., 2011；Chia - Hui Lu, 2013）。但是García - Peñlosa 和 Turnovsky（2008）对消费同质提出质疑，他们认为如果理性消费者意识到在均衡处每个人的消费都是一致的，那么很多外部效应会消失，之后陆续有学者开始研究异质消费对经济体的影响（Mino and Nakamoto, 2008, 2009；Barbar, 2010）。其实无限期限存活的消费者不仅有不同的劳动供给和瞬时效用方程，而且不同消费者的贴现因子也不同，研究上有时将他们简单分为有耐心的消费者和无耐心的消费者（Sorger，2002；Bosi and Seegmuller，2008），有时候认为他们具有动态贴现因子（Uzawa，1968；Kamihigashi，2002）。在这样的假设前提下，学者们就经济现象得到了很多新的解释，譬如，破解了货币超中性（Obstfeld，1981），解释了"贫困陷阱"（Becker and Mulligan，1997）。

Bewley（1977，1983）在消费者异质性的基础上提出了不完全市场模型，打破了市场完全出清的假设，该模型在消费和储蓄理论、财产不平等、宏观经济政策福利分析以及包括房地产的宏观经济研究等领域实现了重大进展。在他之后，这类模型的具体设定越来越复杂化和细致化。Aiyagari（1994）引入内生增长模型，Krusell 和 Smith（1998）讨论技术冲击，Cagetti 和 Nardi（2006）在原模型的基础上探讨职业选择问题，Hryshko 等（2010）又讨论了资产多样化条件下房价的影响。

沿着单部门模型的思路，很多学者对两部门和多部门模型也做了研究（Lucas，1990；Jones et al.，1993，1997；Jha et al.，2002）。Obstfeld 和 Rogoff（1995）在 DSGE 模型的基础上开了"新开放经济宏观经济学"（NOEM）的先河，提出了 Redux 模型，随后在多篇文章中进行了扩展（Obstfeld and Rogoff，1996，1998，2000，2002），逐渐将模型随机化和一般化，并广泛地运用于国际经济分析中。采用这种方法分析一国外部经济失衡的文献一般会构建一个两国或多国模型，以研究产生于本国（或外国）的某种冲击对其外部失衡的影响（Corsetti，Pensiti，2001；Cavallo and Ghironi，2002；Bergin，2006）。尤其是在 2008 年金融危机以后，出现了大量探讨危机及其传导机制的研究。

2.4.4 DSGE 模型的国内研究

国内学者对 DSGE 模型的研究可以追溯到徐高（2008）的博士论文《基于动态随机一般均衡模型的中国经济波动数量分析》，随后，逐渐有学者进行 DSGE 模型运用和扩展的研究。国内对该模型的研究方法不外乎两类：第一类构建 DSGE 模型，然后用数值模拟做实证，一般来说模拟方法是用贝叶斯估计对参数做调整；第二类是先构建 DSGE 模型，然后用计量方法做实证，一般做时间序列的数据计量，或做面板数据的计量。

刘尧成和徐晓萍（2010）运用 DSGE 模型讨论我国经济外部失衡问题，探讨不同消费替代弹性下以技术冲击为代表的供给冲击和以货币冲击为代表的需求冲击对我国经济外部失衡的具体影响。刘尧成（2010）运用包含垄断竞争和黏性价格的 DSGE 模型，讨论以技术冲击为代表的供给冲击和以货币冲击为代表的需求冲击对汇率的影响，拟合人民币汇率的具体波动情况。李成等（2009）构建了一个开放经济条件下多部门的 DSGE 模型，识别和分析了影响中国宏观经济波动的六种可能冲击（通胀预期偏差冲击、技术增长率冲击、政府购买力冲击、劳动力供给冲击、国际贸易冲击以及货币政策冲击），重点研究了通货膨胀预期偏差冲击对宏观经济波动的影响。李成等（2010）构建了一个包含消费惯性和金融加速器的动态随机一般均衡模型，探讨在不同货币政策工具的调控下，通胀预期偏差在短期和长期对宏观经济稳定的影响。陈彦斌等（2013）在居民资产差异和消费结构差异的基础上，构建一个两部门两产品的 Bewley 模型来研究中国通货膨胀对不同阶层人士财产的不平等影响。他们在文献中都使用了数值模拟的方法做实证，并且都使用了贝叶斯估计方法对参数进行调整。赵先立（2013）基于 NOEM 框架确定了实际汇率波动的三类基本影响因素，引入了我国二元人口和产业结构两类因素，并运用 VAR 模型进行实证分析。

2.4.5 评述

国外学者对 DSGE 模型的应用非常广泛，他们在单部门的一般均衡范畴内分析易耗消费品、耐用品、投资品、中间商品等产品价格变化对产出的影响，也可以分析各种金融行为如资产定价、投机、银行监管、货币发行等对产出的影响，还可以分析劳动市场匹配、劳动者供给异质等问题对产出的影响。2007 年金融危机以后，多部门 DSGE 模型更被广泛应用于研究国际危机及其传染问题。不过在多部门研究中，并没有学者研究城乡问题，而且对国家间异质性问题的研究也比较少。

相比于传统的计量经济模型，DSGE 模型具有坚实的微观经济基础、理论上的一致性和显性的建模框架等优点。但 DSGE 模型同样具有一些缺点，比如分析框架较大，且多是非线性的，在实证分析中使用起来较为复杂；此外，估计 DSGE 模型结构参数需要采用极大似然估计和贝叶斯估计等较为复杂的方法，需要的技术手段具有一定的难度。因此，DSGE 模型在国内应用并不是很广。国内学者在使用 DSGE 模型时，更多会仿照国外学者的思路，进行单部门内冲击影响、外部经济失衡等方面的研究。

DSGE 模型既可以应用于单部门问题，也可以应用于多部门问题，国内外学者都忽视了该模型天然地可以解释城市化过程中资源自由流动产生的一系列问题。DSGE 模型描述经济基于人均投资、人均产出、人均消费等变量，又天然地适用于本书的城市化红利研究。基于此，本书构建了两个封闭的单部门模型和一个两部门模型，分析城市化红利的存在及其在城乡间的配置和时间变化。由于城乡间在生产要素上存在很大的差异，本书模型中的两个部门异质性较强。在数值模拟时，本书并未采用极大似然估计或贝叶斯估计，而采用 Judd（2011）推广的 GSSA 方法，该方法在数值模拟时更加简单和方便。

第三章　城市化进程和红利分配现状

本章阐述了本书研究的背景，分析了我国城市化发展历程、特点；分析了城乡在投资、收入和消费方面的差距，根据城乡差距是否扩大判断城市化红利是否失衡；根据城乡投资、收入和消费三个指标的时间变化，从现实出发，判断我国当前的城市化阶段。

3.1　城市化进程分析方法

中国学者对城市化阶段的划分以数值比较与拟合法和时代背景与政策法为主。数值比较与拟合法通常从城市化率本身出发，有时使用模型拟合，以此区分城市化的不同阶段。时代背景与政策法主要联系同时期的政策背景和实际情况，以经济和政策的变化区分城市化发展的不同阶段。

3.1.1　数值比较与拟合法

陆大道、姚士谋等（2007）以城市化的增长速度为标准，将1949～2005年的城市化进程划分为第一次正常阶段（1949～1957年，年均增长 0.6%）、第一次过渡阶段（1958～1960年，年均增长

1.45%）、反城市化阶段（1961～1963 年，年均增长为负值）、停滞阶段
（1964～1978 年）、第二次正常阶段（1979～1995 年，年均增长 0.63%）
和第二次过渡阶段（1996～2005 年，年均增长 1.4%）六个阶段。

联合国使用 logistic 模型来预测并公布各个国家的城市化率。根
据 logistic 曲线特征（见图 3－1），城市化发展的 logistic 曲线有三个特
征点，即城市化加速度最大点 D_1（加速度最大，但速度不是很大；三
阶导数为零，二阶导数为正值）、速度最大点 D_m（速度最大，加速度
为零；二阶导数为零，拐点）和加速度最小点 D_2（水平值较高，速度
的减量最大；三阶导数为零，二阶导数为负值）。那么 O～D_1 为初期，
D_1～D_m 为加速递增期，D_m～D_2 为减速递增期，D_2～饱和值为后期。

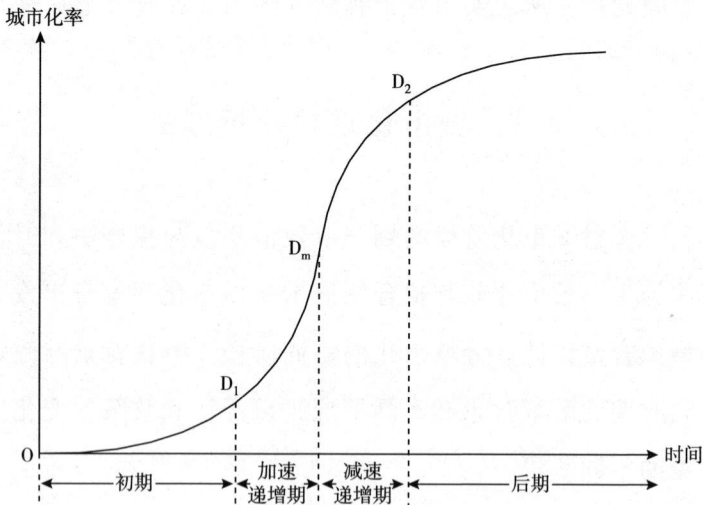

图 3－1　城市化的 logistic 曲线

陈彦光、周一星（2005）在饱和城市化率为 100% 的前提下，
结合 Northman 修正法划分中国 1949～2000 年的城市化阶段。他们
认为，城市化率在 0～27.48% 为初期，27.48%～72.52% 为加速阶

段，72.52%～100%为后期，其中城市化率为27.48%～50%时加速递增，城市化率为50%～72.52%时减速递增。

完全饱和的城市化似乎不可实现，为更符合实际情况，陈彦光、罗静（2006）将饱和城市化率调整为79.38%，他们将1970年以后的城市化进程分为四个阶段，0～16.8%为第一阶段，即初始阶段；16.8%～62.6%为第二阶段，即加速阶段；62.6%～80%为第三阶段，即减速发展阶段；80%以上会出现逆城市化倾向。他们通过估计发现中国城市化进程的拐点出现在2004年，2030年以后可能出现逆城市化倾向。

3.1.2 时代背景与政策法

Liu等（2003）将城市化进程与时代背景结合起来，把1949～1999年划分为第一次快速城市化浪潮（1949～1957年）、第一次过度城市化时期（1958～1960年）、第一次逆城市化时期（1961～1965年）、第二次逆城市化时期（1966～1977年）和第二次快速城市化时期（1978～1999年）五个阶段。

陈锋（2008）将城市化进程与政策背景相结合进行分析，根据城市化的不同动力来源把1978年至今的城市化进程划分为农村改革推动（1978～1984年）、城市改革推动（1984～1992年）、市场化改革推动（1992～2003年）、中国特色形成（2003年至今）四个阶段。

3.2 本书的城市化进程

图3-2展示了1949～2012年的城市化率。由于无法获得1970

年前连续年度常住城镇人口比重数据，用可得数据（1949 年、1950 年、1955 年、1960 年、1965 年和 1970 年）的二阶移动平均值进行插值估计 1949～1970 年的具体值，图中用虚线表示。《世界概况》（*The World Factbook*）① 用城市化人口来表示城市化率，即居住在城市区域的人口占总人口的比例。因此本书也用常住城镇人口比重来表示城市化率。考虑到数据的准确性，虽已得到 1970 年前时间序列数据，但依然搜集了相应年份的户籍城镇人口比重来做印证。尽管 1960 年前户籍城镇人口比重较高，1960 年后常住城镇人口比重较高，但两者变化趋势大体一致，平均差值估计较为可靠。下文的分析均以此为基础。

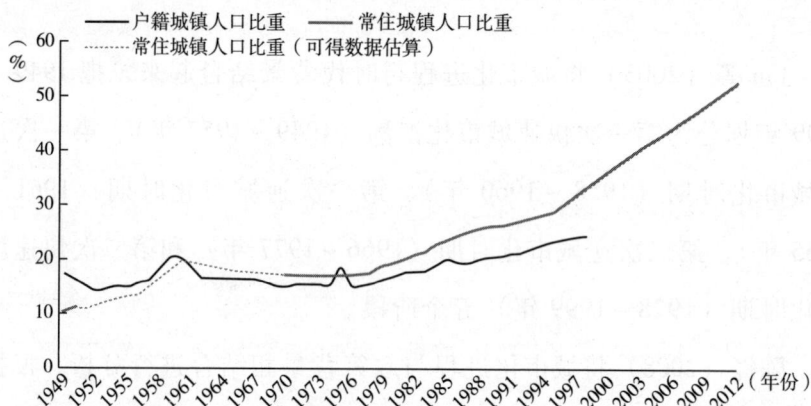

图 3－2　中国的城市化率（1949～2012 年）

注：户籍城镇人口比重＝非农业人口/总人口，常住城镇人口比重＝城市化率＝城镇人口/总人口。

资料来源：户籍城镇人口比重根据《新中国统计资料汇编》相关数据整理，常住城镇人口比重根据《中国统计年鉴 2013》相关数据整理。

---

① 由美国中央情报局出版的调查报告，发布世界各国及地区的概况，如人口、地理、政治及经济等各方面的统计数据。

3.2.1　城市化进程的划分

在综合考虑动力、增长速度、政策和时代背景的前提下，本书将城市化进程分为两个阶段：被动扩张的城市化和主动扩张的城市化。

图 3 - 3 显示了两个阶段的城市化率。第一阶段为 1949 ~ 1995年，在图中用圆点线表示；第二阶段为 1996 ~ 2011 年，在图中用菱形线表示。通过简单的数学拟合，我们发现第一阶段的城市化率相对不规律，但总体趋势较缓；而第二阶段的城市化率呈现明显的线性趋势。总体来说第一阶段平均增速低于第二阶段。

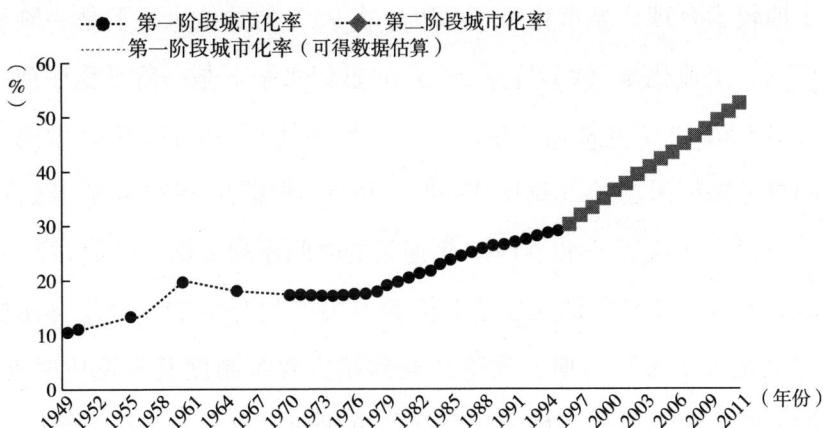

图 3 - 3　两阶段城市化率

资料来源：户籍城镇人口比重根据《新中国统计资料汇编》相关数据整理，常住城镇人口比重根据《中国统计年鉴 2013》相关数据整理。

3.2.2　数据检验

上文提出城市化的两阶段划分方法，除去经济发展的奇异点，大致上来说1949 ~ 1995 年为城市化的第一阶段，城市化因工业化而起；1996 年至今为城市化的第二阶段，城市化逐渐成为主要发展方向，城市化带动工业化。下面将通过实证方法来验证"二阶段论"是否正确。

综合《新中国五十年资料汇编》[①] 和《中国统计年鉴 2013》的相关数据，我们得到了城市化率（*CSH*）和工业化率（*GYH*），其中 1952～1977 年数据来自《新中国五十年资料汇编》，1978～2012 年数据来自《中国统计年鉴 2013》。城市化率的数据不连续，对下文实证的时间序列选择产生一定影响。

为检验两组数据之间的因果关系，本书选择格兰杰因果检验法。先对两组数据进行单位根检验。根据赤池信息准则（AIC）滞后 2 期较为合理，城市化率（*CSH*）在 95% 的置信水平下是一阶平稳序列，工业化率（*GYH*）在 99% 的置信水平下是一阶平稳序列。

对 *CSH* 和 *GYH* 滞后 2 期的一阶差分序列 *DCSH* 和 *DGYH* 做两阶段的格兰杰因果检验（见图 3-4）。*DCSH* 数据从 1972 年后开始连续。虽然无法获得 1949～1995 年连续的时间序列数据，但是 1972 年以后的数据也能够在很大程度上检验本书的划分标准，这段时期包括"文化大革命"后期、改革开放到相关政策制度基本形成时期，能够说明政策和经济环境变化时期城市化和工业化的因果关系。

从表 3-1 可见，1970～1995 年 *DGYH* 在 95% 置信水平上是 *DCSH* 的格兰杰原因，1996～2012 年 *DCSH* 在 95% 置信水平上是 *DGYH* 的格兰杰原因。因此，本书认为"城市化进程分为两个阶段，1995 年前工业化带动城市化，1996 年以后城市化带动工业化"通过实证检验。

[①] 国家统计局国民经济综合统计司编，中国统计出版社，2005。

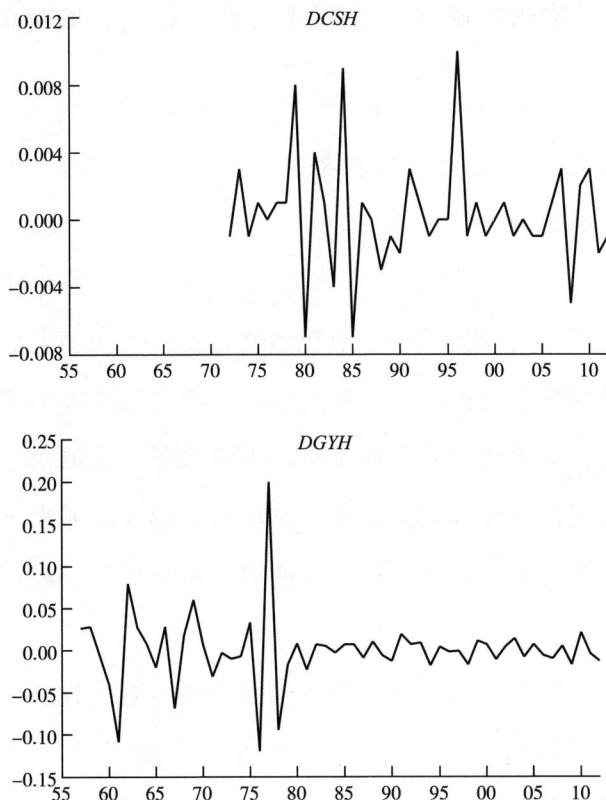

图 3 - 4 *DCSH* 和 *DGYH* 散点图

表 3 - 1 *DGYH* 和 *DCSH* 的格兰杰因果检验

| 检验类别 | 第一阶段 | | | 第二阶段 | | |
| | 1970 ~ 1995 年 | | | 1996 ~ 2012 年 | | |
	可观察数据	*F* 值	*P* 值	可观察数据	*F* 值	*P* 值
DGYH 不是 *DCSH* 的格兰杰原因	22 组	3.811	0.043	17 组	0.513	0.612
DCSH 不是 *DGYH* 的格兰杰原因		0.208	0.814		3.928	0.049

注：第一阶段 *P* 值为 0.043 小于 5%，拒绝原假设，因此 *DGYH* 是 *DCSH* 的原因。第二阶段 *P* 值为 0.049 小于 5%，拒绝原假设，因此 *DCSH* 是 *DGYH* 的格兰杰原因。

3.2.3 被动的城市扩张和伴生于工业化的城市化

从中华人民共和国成立到 1995 年的 40 余年时间里，不论是实施"赶超战略"还是"比较优势战略"（林毅夫等，1994），不论是实施"非均衡战略"还是"系统化战略"（金乐琴，2008），不论是实施"西部大开发"、"中部崛起"还是"振兴东北老工业基地战略"（相伟等，2006），工业化始终是经济增长和发展的主导方式。这个时期城市化相伴工业化而生，工业化需要并形成了资源和产业的集聚，工业化引导人口流动，引致服务于人的第三产业在一定范围内集聚，在此基础上实现了原城市扩容、新城市出现等一系列的城市扩张行为。因此，这个时期城市被动扩张，城市化从属于工业化。

1949～1957 年，第一次平稳城市化浪潮。包含社会主义改造时期（1949～1952 年）和第一个五年计划实施时期（1953～1957年）。这个时期中国经济百废待兴，不论是确定社会主义基本制度，还是在苏联帮助下进行"一化三改"，总体来说都在实施以重工业为主的工业化赶超发展战略。伴随工业化，人口自然向工业城市集中，工业城市规模扩张。从图 3－3 可以看出，这个时期整体上城市化率呈线性趋势上升。

1958～1960 年，第一次急速城市化浪潮。这个时期城市化进程显著提升，城市化速度可以媲美第二阶段，虽然该时期的城市化也是相伴于工业化的，但彼时的工业化是"大跃进"式的工业化，彼时的城市化也是"大跃进"的直接后果，城市化速度远超前期和第一阶段的平均速度。

1961～1978 年，第一次逆城市化浪潮。针对"大跃进"的冒进式发展，国家着手调整国民经济，实行"调整、巩固、充实、提高"八字方针，到 1962 年经济逐步得到恢复和发展，1965 年国民经济调整任务初步完成，1966 年全国基本完成了预定的国民经济调整任务，经济得到了恢复和发展。1966～1977 年是"文化大革命"时期，工厂停工、学校停课，在政策号召下，城市青年上山下乡，农村青年屯垦戍边，大批城市居民落户农村。由于主导政策发生转变，经济发展和工业发展出现停滞甚至倒退的现象，城市化也相伴倒退。

1978～1995 年，第二次平稳城市化浪潮。这个时间段包括改革后的"五五"规划、"六五"规划、"七五"规划和"八五"规划实施时期。1978 年底，全国的工作重点转移到经济发展和社会建设上，国民经济进入稳定发展时期。改革开放释放出巨大的经济潜力，工业发展蓬勃迅速，工业产业欣欣向荣。从明星乡镇到经济特区、经济开放区、经济开发区，以工业化为主导的经济发展模式逐步确立。在"比较优势战略"的政策指引下，劳动密集型产业迅速发展，吸引大批农村青年流向乡镇企业和经济开发区，城市化进程稳步推进。

3.2.4　主动的城市扩张和政策目标下的城市化

1996 年至今是一个连续的城市化阶段，这一阶段政策较为连续，国际形势大致和平稳定、国内经济相对繁荣，可称作第二次急速城市化浪潮。该阶段的特征为城市的主动扩张，城市化速度远超以往，城市化进程以线性方式急速推进。城市经济紧紧围绕"城市扩张"和"人口增加"展开，各地区旧城改造、新城建设如火如茶。城市化带动固定资产投资，地产、金融、零售等各个产业蓬勃发展。城市化之风刮向哪里，哪里的各项经济指标就迅速超越历史，从东部沿海地区到西部偏远边陲地区，无一例外。这一阶段，城市化成为经济发展的主导，也是工业发展的主导。

20 世纪 90 年代初期，国家进行了一系列制度改革，一方面为后来的城市化战略铺平道路，另一方面使得城市化成为当时和当前政府最容易也相对较好的目标选择。1993 年起国家对土地市场进行深化改革，商业性用地使用权实行公开招、拍、挂制度，在规范土地市场的同时，也为地方政府建立"土地财政"奠定了制度基础；1994 年，国家进行了财政分税制改革，强化了国家财政的分配协调功能。分税制改革使得地方政府面临"财权事权严重不对等"的困境，而新的土地制度又为解决这个困境打通了一条平坦大道。这两个政策成为引发地方政府片面追求 GDP 增长的一系列盲目扩张行为的重要制度因素。另外，1994 年国家推行城镇住房改革，1998 年终结住房福利分配制度，为后来房地产市场的繁荣打下伏笔。在这样的制度背景下，地方政府对城市化具有极强的逐利动机，成为城市化最主要和最主动的推手。在政绩指标压力和行政命令双重作用下，城市化进程急速推进。

为应对 2007～2010 年的世界金融危机，我国于 2008 年底开始了一场以四万亿元为目标分三年执行的由中央政府主导的投资计划，地方政府不仅具有大力举债的动机，而且也具备了大力举债的可能。这四万亿元中的绝大部分投入城市地区，加速了城市扩张。

把城市化作为近 20 年中国经济发展主要方式的更重要、更深层的原因在于城市化是拉动内需、缓解有效需求不足的重要途径，是当前和以后很长一段时间内中国经济增长和发展的源泉和动力。尤其是 1997 年亚洲金融危机后，城市化上升到国家战略高度，城市化率成为经济发展的重要指标和各级政府的执政目标，开始写入国家和地方的五年规划和年度计划中。"十五"规划（2001～2005年）提出"实施城镇化战略，促进城乡共同进步"，提出要"提高城镇化水平，转移农村人口"；"十一五"规划将"城镇化"提升为发展战略，提出城乡区域发展趋向协调，明确提出城镇化率提高到 47%；"十二五"规划贯彻城镇化发展战略，提出优化格局，促进区域协调发展和城镇化健康发展，进一步提出城镇化率要再提高4 个百分点。

3.3　城市化进程的国际比较

我国的城市化率从 1949 年的 10.6% 增长到 2012 年的 52.6%，城市人口占半数以上，已经进入城市优势状态（urban majority）（Knox Pl and Marston Sa，1998），逐渐从孱弱的农业国迈向工业大国。根据联合国相关机构预测，到 2050 年，中国的城市化率将达到 77.3%，接近发达国家当前城市化水平。横向比较 100 年间（1950～2050 年）的世界城市化进程，中国的城市化既符合世界潮流，又呈现显著的"中国特色"。

3.3.1　中国城市化进程符合世界潮流

从图 3-5 可以看出，20 世纪中叶到 21 世纪中叶，国际社会的主体潮流是人口由农村向城市迁移，城市化率不断提高。虽然各个国家和地区的发展水平不同，但城市化的节奏差异不大。图 3 - 5 中，无论是世界均值，还是发达地区、不包括中国的较不发达地区和最不发达地区，城市化的总体趋势基本保持一致。中国亦是如此，城市化率总体保持上升趋势。

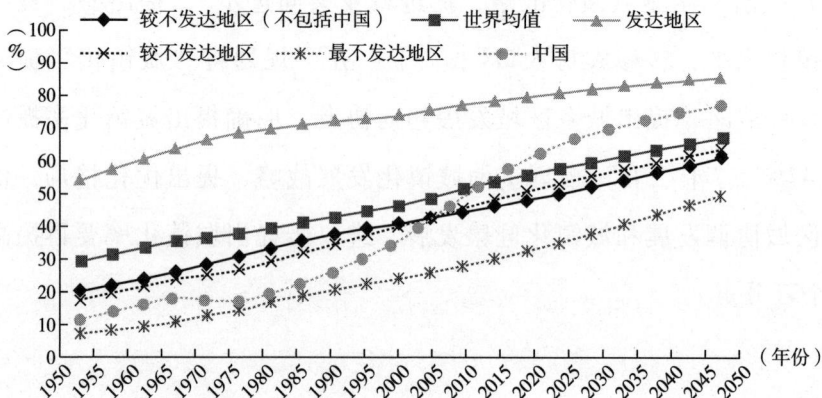

图 3 - 5　主要国家和地区 1950～2050 年城市化率

资料来源：United Nations，*World Urbanization Prospects*：*the* 2011 *Revision*，2012。2011 年以后数据为该机构预测。

3.3.2　中国城市化进程表现抢眼

不过中国的城市化率也表现出显著的"中国特色"。1950～1965 年，城市化节奏与世界同步，1965～1978 年呈现一定的逆城市化特征，1978 年以后加速上扬，城市化速度明显超越其他地区（斜率较大），到 2020 年前后出现拐点，城市化速度减慢，但依旧快于世界平均水平。

从 1978 年改革开放后到 2020 年前后，伴随中国经济腾飞和大国形象逐渐树立，中国城市化进程的表现也十分显眼。1980 年中国的城市化率仅高于最不发达地区 2.2 个百分点，预计到 2030 年中国将比最不发达地区高30.79个百分点；在与世界发达地区的差距方面，1975年最大为52.27个百分点，预计到2050年仅为8.63个百分点。从城市化率来说，到2050年中国将从世界最不发达地区迈入发达地区行列。

3.3.3　两个重要的时间点

在这70余年的赶超过程中，已经出现和将会出现两个非常重要的交点。第一个是超越当前梯队——较不发达地区的平均水平，图3-5中所见大约在2006年，当时中国的城市化率为44.3%；第二个是2013年，当时世界均值为52.91%，中国为53.17%，中国超越世界平均水平。①

3.4　城乡差距现状

回顾了我们在城市化数量指标上取得的傲人成绩后，不得不仔细斟酌城市化质量是否也如数量般值得自豪？在人口由农村向城市转移的过程中，城乡经济是否出现趋同现象？抑或在城市化战略的主导下，城市倾向的经济政策致使优势资源过于集中地投向城市（陆铭、陈钊，2004），而农村地区资源贫瘠，陷入了"贫困陷阱"？为了回答上述问题，我们来回顾"主动"城市化阶段中（1996年至今）城乡两部门的投资、收入和消费差距。

---

① 资料来源：世界银行数据库，https：//data. worldbank. org/indicator/SP. URB. TOTL. IN. ZS？ view = chart。

3.4.1 投资差距

本书根据《中国统计年鉴 2013》中总固定资产投资和城市固定资产投资计算得到城乡固定资产投资比，以此表示城乡投资差距；同时，为了表明人均投资的差距，本书也计算城乡人均固定资产投资比，用同年份的城乡固定资产投资总额除以城乡人口数。这几个指标都是名义数据，由于本书只做同年比值，因此不需要对数据做价格平抑。

图 3-6 给出了城市化战略实施至今城乡常住人口比（城市人口/农村人口）和城乡固定资产投资比的走势，左轴表示城乡常住人口比，右轴表示城乡固定资产投资比。从图中可以看出，1996~2009 年，伴随人口的迅速城市化，城乡常住人口比从 0.44 增长为 1.11，固定资产投资缓慢地向城市倾斜，城乡固定资产投资比从 3.29 增长为 6.32。从图 3-6 可以看出 1996~2009 年固定资产向城市倾斜的速度略低于人口向城市倾斜的速度，也就是说虽然城

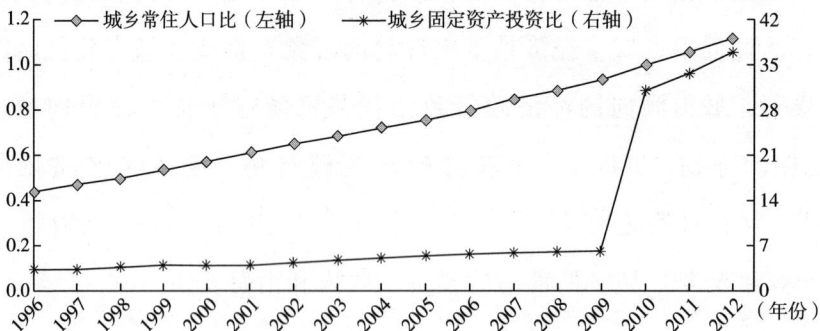

图 3-6　1996~2012 年城乡常住人口比与城乡固定资产投资比

资料来源：根据《中国统计年鉴 2013》整理。

乡经济的相对差距在扩大，但扩大的速度并不是很快。1996～2009年，城乡固定资产投资比的年均增速为4.2%。然而，2008年"四万亿"政府投资政策的推行，导致城乡固定资产投资彻底失衡，随着政策效果的显现，2010年城乡固定资产投资比达到30.92，2011年达到33.27，2012年达到37.08，固定资产投资向城市倾斜的速度远高于人口。在图中表现为城乡固定资产投资比急速上升。2010～2012年，城乡固定资产投资比的年均增速为80.3%，远高于前期。

图3-7给出了1996～2012年的城乡常住人口比和城乡人均固定资产投资比。从图中可以看出，1996～2009年，伴随人口的城市化，人均固定资产投资逐渐向农村倾斜，其城乡之比从1996年的8.73下降为2009年的6.75。同样的，"四万亿"投资计划推行以后，该比值也发生了逆转，呈现急速上升的趋势，2010年就达到30.98，2011年达到31.62，2012年达到33.45，城乡差距迅速拉大。1996～2009年，城乡人均固定资产投资年均下降1.8%，但2010～2012年，该比值年均增长70.5%。

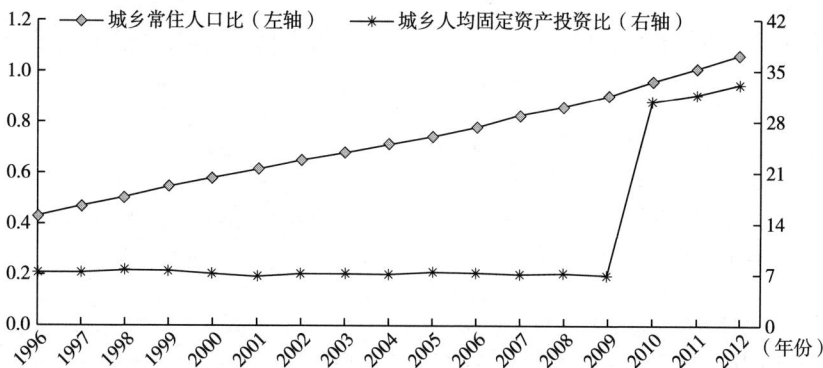

图3-7　1996～2012年城乡常住人口比与城乡人均固定资产投资比

注：数据根据《中国统计年鉴2013》整理。

从投资上看，虽然固定资产投资总量的城乡差距呈现加大的趋势，但人均差距在很长一段时间内呈现陆续减小的趋势。不过可惜的是，从 2010 年开始，投资的总量和人均量都出现明显失衡，城乡差距迅速拉大。可以估计"四万亿"政策带来的城乡经济差距可能需要花十几倍的时间来弥补，而且基于路径依赖，补回差距所需的投资可能远超制造差距的投资。

3.4.2 收入差距

投资差距是经济的表象，收入差距才是结果。在投资差距扩大的情况下，如果收入差距减小，说明农民切实分享了城市化的成果，所以我们来看城市化战略实施以后城乡收入差距的变化。我们用城镇居民家庭人均可支配收入①表示城市人均收入，用农村居民家庭人均纯收入②表示农村人均收入。将农村人均收入作为基数，考查城市和农村人均收入的相对差距。平抑数比值：城市和农村两个部门的物价指数不同，因此用城市部门的名义数平抑城市居民消费价格指数来表示城市部门人均收入，用农村部门的名义数平抑农村居民消费价格指数来表示农村部门人均收入，这是城乡居民收入的官方差距。调整数比

---

① 城镇居民家庭人均可支配收入：可支配收入指调查户可用于最终消费支出和其他非义务性支出以及储蓄的总和，即居民家庭可以用来自由支配的收入。它是家庭总收入扣除缴纳的个人所得税、个人社会保障支出以及调查户记账补贴后的收入。计算公式为：可支配收入 = 家庭总收入 - 缴纳个人所得税 - 个人社会保障支出 - 记账补贴。

② 农村居民家庭人均纯收入：纯收入指农村住户当年从各个来源得到的总收入相应扣除所发生的费用后的收入总和。计算方法：纯收入 = 总收入 - 家庭经营费用支出 - 税费支出 - 生产性固定资产折旧 - 调查补贴 - 赠送农村内部亲友支出。纯收入主要用于再生产投入和当年生活消费支出，也可用于储蓄和各种非义务性支出。

值：姚耀军（2005）认为官方公布的农村居民消费价格指数并不是农村地区的实际价格指数，它略低于实际值，他根据 Johnson（2002）的建议认为 1986 年以后的农村居民消费价格指数应该将官方数据乘以 1.342 加以调整，本书也采用了这种调整方法，以表示城乡收入的实际差距。这两个指标的时间走势见图 3 - 8。

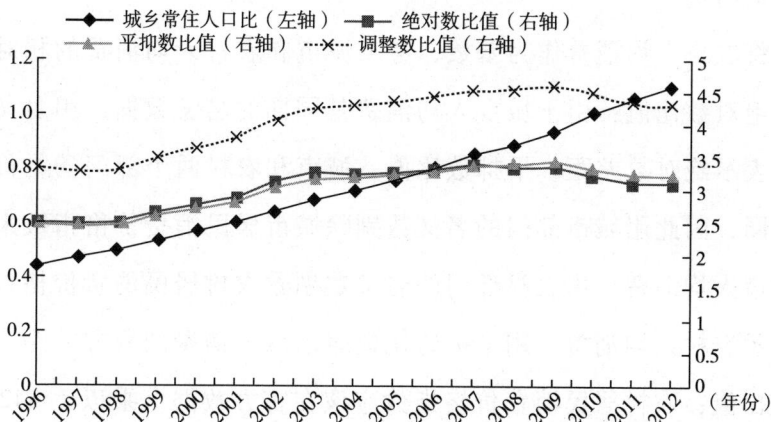

图 3 - 8　1996～2012 年城乡常住人口比与城乡收入差距
资料来源：《中国统计年鉴 2013》。

可以看出平抑数比值和调整数比值的差距较大，但变化趋势一致，城乡收入差距也呈现波动中上升的趋势。随着城乡人口比从 0.44 上升为 1.11，平抑数比值从 2.49 上升到 3.21，年均增速为 1.6%；调整数比值从 3.34 上升为 4.31，年均增速也为 1.6%。也就是说实际的城乡收入差距比官方公布的收入差距大，而且大很多；不过从城市化战略实施以来，两种差距的变化趋势几乎一致。

可见，随着城市化战略的推进，不仅城乡经济的差距拉大了，而且城乡人均收入的差距也拉大了，只是收入差距的扩大没有经济差距扩大那么快。

3.4.3 消费差距

在考查城市化红利分配的时候，不仅要考虑收入的变化，还要考虑消费者私人消费的变化。这里我们用城镇居民家庭人均消费现金支出①来表示城市人均消费，用农村居民家庭平均每人消费支出②来表示农村人均消费。

将农村人均消费作为基数，考查城市和农村人均消费的相对差距。绝对数比值：由于城乡人均消费是同期的名义数据，用名义数比值表示绝对数差距。平抑数比值：城市和农村两个部门的物价指数不同，因此用城市部门的名义数剔除城市居民消费价格指数来表示城市人均消费，用农村部门的名义数剔除农村居民消费价格指数来表示农村人均消费，用平抑数比值表示城乡消费的官方差距。调整数比值：农村居民消费价格指数应该在官方数据上乘以 1.342 加以调整，用城市居民消费价格指数和调整后的农村居民消费价格指数来估计城乡消费的实际差距。城乡常住人口比、消费的绝对数比值、平抑数比值和调整数比值的走势见图 3-9。

可以看出，平抑数比值和绝对数比值差异并不是很大，大致上在波动中上升。随着城乡人口比从 0.44 上升为 1.11，绝对数比值

---

① 城镇居民家庭人均消费现金支出：受调查户用于本家庭日常生活的人均支出，包括食品、衣着、居住、家庭设备用品及服务、医疗保健、交通和通信、教育文化娱乐服务、其他商品和服务八大类等，也包括用于赠送的商品或服务。

② 农村居民家庭平均每人消费支出：受调查农村住户用于物质生活和精神生活方面的人均消费支出，包括食品消费支出、衣着消费支出、居住消费支出、家庭设备及用品消费支出、医疗保健消费支出、交通通信消费支出、文教娱乐消费支出、其他消费支出。

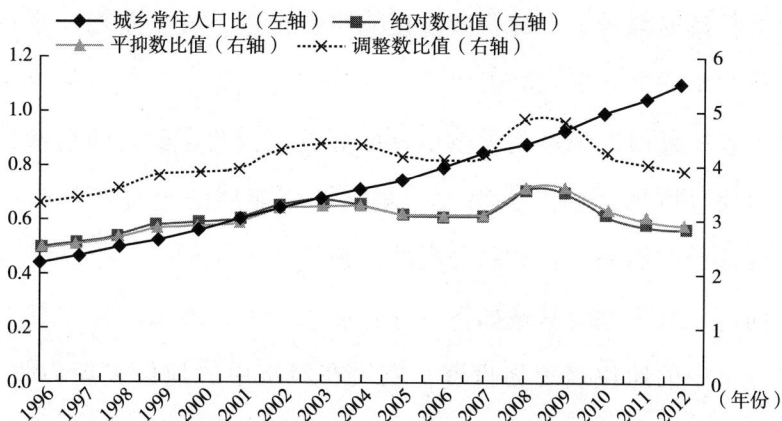

图 3－9　1996～2012 年城乡常住人口比与城乡消费差距

资料来源：《中国统计年鉴 2013》。

从 2.49 上升到 2.82，年均增速为 0.8%；平抑数比值从 2.47 上升到 2.92，年均增速为 1.1%。可以说，随着城市化战略的推进，城乡收入或者说官方公布的城乡收入虽然出现了相对差距扩大的趋势，但差距扩大得非常缓慢。调整数比值和绝对数比值、平抑数比值的走势大致相同，也呈现波动上升的趋势，但是从数值大小来看，调整数比值体现的城乡相对差距更大。1996～2012 年，调整数比值从 3.32 上升到 3.92，年均增速为 1.1%。也就是说，用调整后消费价格指数衡量的城乡差距或者说实际城乡差距比官方公布的差距略大，差距扩大的速度也比较缓慢。

还有一个结论需要指出，1996～2012 年城乡消费绝对数比值的均值为 3.03，说明城市消费大致上是农村消费的 3 倍。这个结论会在下文模型构建和参数校准时用到。

3.4.4　小结

从结果看，不论是名义数据、平抑数据还是根据实际情况调整后的调整数据都显示：随着城市化战略的推进，城乡差距一直在扩大。从这个意义上讲，城市化红利的分配是"失衡"的。从绝对数上看，农村部门的确享受了城市化的好处，投资、收入和消费都增加了，而且增加的幅度也很大，即农村分配到的绝对红利是增加的。从这个方面来讲，红利分配的失衡是"有益的"。

同时，城乡差距呈现如下特征：收入差距＜投资差距，其中农村在经济中的地位表现为投资，农民在经济中的地位表现为收入。虽然农村分配到的相对红利是减少的，农民分配到的相对红利也是减少的，但相对于农村整体来说，农民在红利分配中处于相对优势。这说明城市化进程在缓慢地改变农村居民在农村经济中的分配地位。虽然这种变化并不明显，但释放了相对正面的信号。

不得不提的是，"四万亿"投资计划使得城乡经济出现了彻底失衡的景象，城乡经济差距从 6.32 急速上升到 30.92，后又上升到 37.08。可是城乡收入差距和消费差距并没有出现大的变化。一方面，这是一个好的信息，投资失衡并没有传导到收入和消费，没有给未来缩小城乡收入差距留下更多障碍；另一方面，这也是个坏的信息，投资的快速增长也没有传导到收入和消费，城市居民并没有分享城市投资快速增长的好处。

3.5　本章小结

本章论述了中国城市化进程的两个阶段，确定了城市化战略推行的历史时期，并将中国城市化与世界其他地区做了比较，讨论了城市化战略推行以来，城市和农村在投资、收入和消费方面的差距，从城乡差距扩大我们可以得出结论：城市化红利分配是"失衡"的，而且我国的城市化位于"有益的失衡期"。可以判断，在接下来的一段时期内，伴随城市化的推进，城乡差距会进一步扩大，城乡经济都会出现增长。

在城乡差距的分析过程中，我们发现投资差距＞消费差距＞收入差距。这说明虽然两部门的经济利益分配格局是失衡的，但劳动收入利益和福利分配格局的失衡没有那么严重。这为纠正路径提供了可行的思路：相比于纠正投资失衡，纠正收入和福利失衡所投放的资源和做出的努力可能小一些，所以纠正收入和福利失衡要优先于纠正投资失衡。

另外，在判断中国城市化进程时，本书也得到了一个启示：不应过度执着于具体的城市化水平。数值拟合判断饱和城市化率的方式并不能完全模拟现实情况。如联合国模拟的美国饱和城市化率为82%，但到2010年末，美国的城市化率达到82.1%，超过联合国模拟饱和值。与其判断中国城市化水平是处于递增加速期还是递减加速期，不如判断中国处于城市化红利的"有益的失衡期"还是"有害的失衡期"，据此制定的政策或许更具有针对性。

第四章　土地、金融和城市倾向政策

地权安排对土地红利有直接影响，制度赋予土地所有者和使用者的权利的大小和多寡决定了农民在失地过程中能够得到补偿的多少。土地产权权能的变化会通过各种机制影响经济增长进而影响消费者效用，并且这种影响不仅局限在农村，它通过资源流动也会传导至城市部门。

如果说土地是城市化的引擎，那么金融可谓其燃料。一方面，金融市场为城市建设提供充足的资金，为城市产业发展提供大量贷款；另一方面，金融市场的发展也有利于提高资本的配置效率，促进闲置资金配置到回报率高的项目上。可以说金融市场的发展有利于城市发挥集聚效应，是城市化的重要推手。

本章分为四节。第一节讨论土地红利，从土地权能入手，在局部均衡的范畴内讨论土权安排对土地红利分配的影响。这一节的主要结论为：当前的征地补偿制度不符合福利经济学的公平定义，而是一种权能和收益不对等的补偿，它直接导致失地农民没有足额的资本参与城市化进程，更无法分享城市化红利。第二节主要讨论城市化背景下的金融市场发展程度，为后文分析资本对城市化进程具体影响提供理论基础。这一节的主要结论为：政府对金融市场的抑制越强，资本楔就越大，生产资金供给缺口就越大，社会总产出下降得就越多；而且同时实行多个金融抑制手段产生的资金缺口高于单独实行某个金融抑制手段产生的资金缺口之和；城市金融市场的抑制程度低于农村金融市场。第三节讨论城市倾向政策，本节的结论为：城市倾向政策力度越大，城乡红利分配越趋于失衡。第四节是本章总结。

另外，如无特别说明，本章的参数仅限本章使用。

4.1 地权安排和土地红利

不同区位的土地产生利润的差额构成了级差地租Ⅰ（陈征，1995），这种级差地租在农村和城市都存在，简称区位租。同一地块连续追加投资后土地生产率提高，如从普通商业用地变为高档商业用地，引发的地租变化属于级差地租Ⅱ，简称投资租。马克思还提到了一种级差地租，反映企业使用和不使用自然资源而出现的生产成本差别（余瑞祥，1999），本书不予讨论。事实上还有一种级差地租是马克思时代不存在并且他也不曾预见的——级差地租Ⅲ，它是土地用途变化带来的超额地租，本书称其为管制租（周立群、张红星，2010）。

图4-1假定了一般意义上的区域城市及土地构成。其中O点为市中心，横坐标表示某地离市中心的距离 M，纵坐标表示该地的土地租 R。OA区间为市区，土地主要用于商业和住宅建设；AB区间为市郊，土地主要用于工业用途；BC为郊区，土地用于农业用途。OB范围的土地为城市用地，为国家所有；BC范围的土地为农村用地，为集体所有。

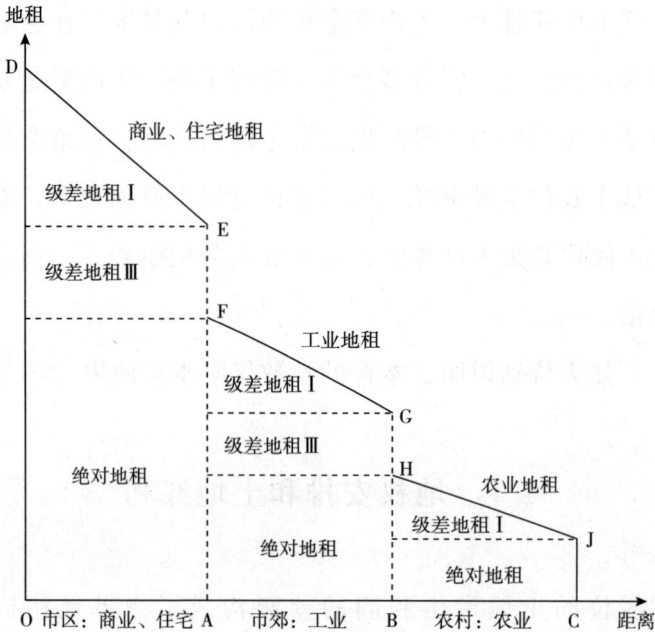

图 4 - 1　不同用途下的地租

4.1.1　地租及构成

假定 4.1：同一区域的土地，地租满足：商业、住宅 > 工业 > 农业。

尽管不同地区的土地生产率不同，例如东部地区工业用地的土地生产率可能远高于西部小城市商业用地的生产率，但是就同一片区域而言，土地按照其规划用途，生产率基本满足：商业、住宅土地生产率 > 工业土地生产率 > 农业土地生产率。

假定 4.2：每一类型土地的地租都由三部分构成：绝对地租、级差地租Ⅰ和级差地租Ⅲ。级差地租Ⅱ是个体的投资行为导致土地生产率提升而产生的额外收益，这里不予讨论。

农业地租由三部分构成，但对农业用地来说，土地规划并没有带来额外利润，因此它的管制租等于零，故图 4 - 1 只显示了绝对地租和级差地租Ⅰ。面积 BCJH 是农业地租，即郊区总地租。越靠近市区，该地块对应的运输距离就越短，运输成本就越低，因此距离市中心越近的地块级差地租Ⅰ就越高。

在不受任何外界约束的情况下，一块土地以工业生产取代农业生产的边界是工业生产的绝对地租等于农业生产的最大地租，所以 B 点是工业和农业的分界点。但事实上，土地使用者并不能自由地选择进行农业生产还是工业生产，因为土地的使用必须服从规划，所以工业用地相比于农业用地又多了级差地租Ⅲ。同样的，在工业地块上也存在区位租，如图 4 - 1 所示级差地租Ⅰ。面积 ABGF 就是工业地租，即市郊的总地租。A 点是商业、住宅用地和工业用地的分界点，同样的道理，在商业、住宅用地上也存在绝对地租、级差地租Ⅲ和级差地租Ⅰ。OAED 就是商业、住宅用地的总地租，即市区的总地租。

根据马克思的地租分配理论，级差地租Ⅰ应该归土地所有者所有，级差地租Ⅱ应当由土地使用者和征地者共同所有（高勇，2004），但马克思并未谈到具体的分配方式。从马克思的地租分配理论可以明显看出地租分配的原则包括：（1）谁投资谁受益；（2）自然禀赋变化产生的地租由所有者受益。因此不论哪种性质的土地，我们都有以下引理和推论。

引理 4.1：任何性质的土地，其绝对地租和级差地租Ⅰ都应该归其所有者所有。

事实上，农业用地的绝对地租和级差地租Ⅰ仅在理论上成立。

从 2006 年 1 月 1 日起，家庭联产承包的土地就不需要支付任何形式的地租，因此这部分地租归属农民。从这个意义上讲，又有了推论 4.1。

推论 4.1：从农业地租归属上说，农村土地的集体所有权是虚化的。在经济归属层面上，农村土地集体所有权不仅在集体经济组织—农民这一产权上下关系中是虚化的，在集体经济组织—国家这一产权平行关系中也是虚化的。集体所有权虚化在后面一种关系中也被称为"集体地权歧视"（王春安，2010），这种经济上的所有权虚化将在定理中详细讨论。

一方面，农户承包了土地后，拥有土地使用权、承包权和经营权，其中使用权和经营权可以在农用范围内和集体内流转，使用权和经营权如果要在集体外流转必须通过集体组织的同意，而且承包的土地不具有抵押权能；另一方面，国有土地通过出让、转让和划拨等形式将其使用权和抵押权等他项权利转给受让方，有偿出让的使用权可以用于抵押。总之，国有土地的所有权和使用权分离，但使用权和抵押权、流转权是合一的；农村土地的所有权和使用权分离，使用权和抵押权完全分离，使用权和流转权部分分离。

土地所有权和使用权的分离使得土地交易的一级市场被垄断，但土地的使用权和其他权利可流转衍生出土地交易的二级市场。国有土地具备抵押权能，促进了土地抵押信贷制度的发展，其二级市场十分活跃；但集体土地不具备抵押权能，限制了信贷发展，二级市场受抑制。活跃的土地交易市场不仅促进地权流动，而且促使地权稳定（Feder，1988），在垄断的一级市场上无法体现的价格可以在二级市场上体现，活跃的二级市场又反过来促进一级市场价格的上升。所以城市土地价格远高于农业用地，一方面因为土地用途的限制使得土地产出率有差异，另一方面因为土地二级市场活跃程度的差异使得一级市场的定价机制有差异。

引理4.2：级差地租Ⅲ的产生不仅源于规划，还包括土地产权制度安排下的一级市场定价规则和二级市场活跃程度对地租的影响。

推论4.2：级差地租Ⅲ的一部分源于规划限制了土地产出效率，因此该部分可以归规划制定者即政府所有；另一部分是产权制度安排带来的地租，属于公共利益，应归政府所有。因此，级差地租Ⅲ应归属政府。

推论3：农村土地产权残缺导致农村土地级差地租Ⅲ的消失。因此，明晰农村土地产权，确认土地使用权及使用权附属的抵押权和流转权，能够使农村土地也产生部分级差地租Ⅲ，提高农村土地红利。在农村土地所有权虚化的前提下，这些土地红利都会直接转化为农民自身的福利。

事实上，商业、住宅用地的地租高于工业地租十数倍甚至数十倍，同样是具有使用权和衍生权利的国有土地，在地租上差异如此大，有使用权限和年限不同的原因，更重要的原因是国家在前期实行"工业化"战略时，为了促进工业快速发展，政策性地压低了工业用地的土地租金，将工业用地的土地红利转移给了企业。由于政策的延续性，工业用地低价在城市化过程中依然沿用。

而且实际上，几十年来为了保证"工业化"的推进，工业土地红利的出让方并不是政府，而是被征地的农民。地方政府通过国家征地制度，将原来属于农民集体所有的土地和附着在土地上的集体组织的所有权以及农民的承包权、经营权和使用权通过集体组织这一主体打包让渡给以土地储备中心为代表的国家，再由土地储备中心将土地的使用权让渡给其他个体。在这个过程中，土地本身实现了从农村土地向国有土地的转身，身价飞速上涨。但国家对集体组织的补偿只是按照被征土地的原用途给予包括耕地补偿费、安置费以及地上附着物和青苗补偿费在内的产值补偿，甚至为了挤出"红利"，很多时候都无法按照上述标准进行补偿。集体组织作为土地补偿的第一接受方，受益后按契约约定的责任义务对组织内农民进行收益分配。事实上在土地转让的过程中并没有体现具体权能的转让，因而补偿也无法实现土地权能和农民收益对等。必须要指出的是，在征地补偿的过程中，政府忽视了农民在土地上除生产外的其他权利和农村集体组织的所有权。

引理4.3：提升被征地农民福利最根本的方法是改变征地补偿制度，打破原先的打包补偿方式，按照被征土地的具体权能逐一补偿，实现土地权能和农民收益对等化。

4.1.2 参与主体和土地红利

厘清了地权安排、征地补偿制度和土地红利的关系后，我们来分析在当前的土地产权制度下，土地红利在城市化过程中的变化。为了更明确地说明土地红利的变化，本书设定了一个一般意义上的城市化过程，在此过程中不考虑原有区位的转移成本，即假定工业的搬迁成本为零（见图4-2）。

假定4.3：城市化使得市区从OA扩展为OA'，范围扩大了AA'；市郊从AB搬迁至A'B'，范围不发生改变；农村从BC缩减为

B'C，范围缩小了BB'。

通过比较图4-1和图4-2，我们发现城市化过程产生了巨大的土地红利DEE'D' + EFF'E' + FGG'F' + GHRG' + RJH'，具体如图4-2所示。下面本书详细分析城市化的具体过程，探讨土地红利是如何产生的。

城市化以后，市区范围从OA扩展到OA'，市区的绝对地租增加为OA'F'S。其中绝对地租增加了AA'FF'，级差地租Ⅲ增加了FF'E'E，级差地租Ⅰ增加了DEE'D'（如图4-2中阴影所示）。仔细比较以后发现，OA区域由于城市化从原先的市区变成现在的城市核心区，其相对区位更靠近市中心，因此每单位土地的级差地租Ⅰ都增加了DD'。这部分级差地租在马克思的地租分配理论上属于所有者即国家，但由于中国并没有全面实施房产税，所以在实际土地交易过程中属于使用者。

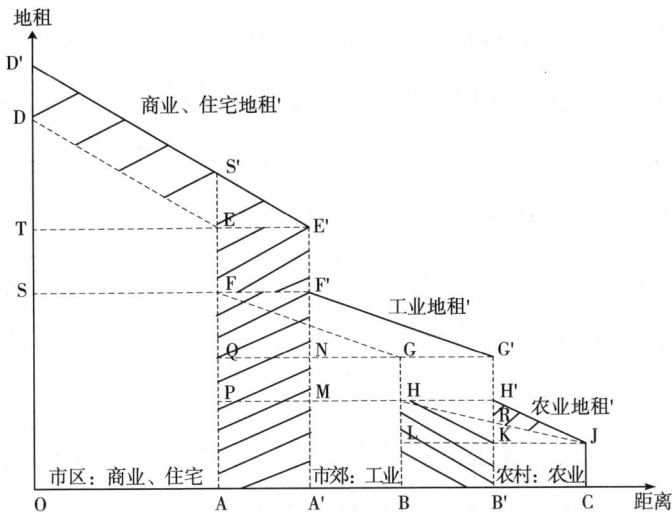

图4-2　城市化过程中的地租变化

推论 4.4：级差地租Ⅰ（DD′）在实际交易中属于原市民，这是政府的主动让利。

在级差地租理论中，征收房产税的理论依据就是马克思的地租分配理论，自然禀赋变化产生的收益应该属于政府，并且征收力度应该相当于级差地租Ⅰ的增加幅度。因此，在实际交易中，政府将原属于自己的级差地租Ⅰ通过不征税或少量征税的方式让渡给了原市民。

现在我们来分析 AA′区域的土地红利问题。AA′这个城市扩展区上的人口和土地相当于是从原先的农村 BB′搬迁而来的，也就是说 BB′居住的人在获得农业地租补偿后，安居在 AA′地段，同时也付出相应的城市地租。这一部分人口和土地搬移以及涉及的地租变化就是最受关注的失地农民城市化问题。

BB′区域的农民在城市化的过程中失去赖以生存的农地，理论上说应该得到的补偿为 BB′RH 部分，但实际上征地补偿是交予土地的所有方——农村集体组织，再由其统一分配。一般情况下这部分地租会平均分配给 BB′的农民，所以该地居民拿到的总补偿会低于 BH 但高于 B′R。

城市化对工业用地来说只是从 AB 搬至 A′B′，土地上的绝对地租没有发生改变，级差地租Ⅲ没有发生改变，级差地租Ⅰ也没有发生改变，并且土地的总体范围也没有发生改变，所以城市化并没有影响工业用地的地租。

城市化以后，农村区域缩小为 B′C。因此，B′点的相对区位发生了改变，成为农村离市中心 O 最近的地方，因此 B′的级差地租Ⅰ也相应发生改变，从城市化前的 KR 增加为城市化后的 KH′；但 C 的相对区位并没有发生变化，仍然是农村离市中心 O 最远的点，因此 C 处的级差地租 I 不变。此时农村的地租从 BCJH 减少为 B′CJH′，生活在 B′C 区域的农民获得了土地红利 RJH′。

按照城市化过程中身份发生转变的情况，可以将城市化的参与主体分为 OA 区域的原市民，AA′区域的失地农民，原 AB 区域、现 A′B′区域的企业和 B′C 的农民。

定理 4.1：在城市化的土地红利分配中，由于政府主动让利，原市民成为主要受益者，人均受益额度为 DD′；在所有者虚化的前提下，农民也是受益者，人均受益额度为 0~RH′；在权能收益不对等的征地补偿制度下，新市民即失地农民成为城市化最大的受损者，理论上人均受损额度为（E′M－HL）~（S′P－RK），但由于人为"挤出红利"，实际上会高得多；工业企业并不参与城市化的再分配；政府也是受益者，理论受益额度为（S′AA′E′－HBB′R）。①

政府成为城市化的受益者无可厚非，因为政府承担了主要的公共设施建设投入，因此必须要获得一定的土地红利才能够实现投入。但通过分析发现，一方面，由于政府向城市原市民主动让出了级差地租 I 的增值部分 DES′D′，理论上其土地红利收益偏低；另一方面，由于政府对失地农民的补偿是权能收益不对等的补偿，因此是不充分的，在实际操作中存在部分土地红利收益不合理的情况。

---

① 该定理表明，城市化产生的土地红利为：DES′D′＋AA′E′S′＋RJH′－BB′RH。由于 FF′NQ＝FF′G′G，QNMP＝GG′H′H，HH′R＝PMA′A－HRB′B，故 DEE′D′＋EFF′E′＋FGG′F′＋GHRG′＋RJH′＝DES′D′＋AA′E′S′＋RJH′－BB′RH，与前文结论一致。

在定理中，失地农民成为城市化的唯一受损者，他们不仅要承担理论上的损失 S′AA′E′ – HBB′R，而且要承担理论上不应该存在而实际上确实存在的征地补偿制度缺陷带来的损失。从福利经济学的公平视角来看，如果城市化是切实有效且好的政策，就不应该在原市民和农民境况变好的情况下，使失地农民的境况变坏。因此，更为合理的征地补偿制度不仅要对失地农民进行权能收益对等的补偿，而且要对其在理论上承担的损失 S′AA′E′ – HBB′R 进行补偿。

引理4.4：一个好的征地补偿制度不仅要对失地农民进行权能收益对等补偿，还要对其在理论上承担的地租损失进行补偿。

4.1.3　参与主体的利益变化

城市化进程对不同群体产生了影响。假定 t 期的城市人口为 $L_t = e^{nt}L_0$。对城市原市民来说，城市化使其拥有的住房获得自然增值，假定其年增值幅度为 f_1，受益人群为 $L_{t-1} = e^{-n}L_t$。对城市新居民来说，一方面在城市安家要付出 f_2 的地租成本，另一方面由于在农村失去土地而受到每年 f_3 的地租补偿，总体受益人群为 $\varphi(L_t - L_{t-1})$，假定 φ 是一个常数，$0 < \varphi < 1$，每年新增城市人口中，失地农民的比例约为 φ。那么自发移居城市的人口比例为（$1 - \varphi$），为了在城市安家人均付出每年 f_2 的地租成本。从图 4 – 2 可以看出并不是每一个失地农民得到的补偿都是常数，也不是每一个城市新居民付出的成本都相同，但为了简化起见，本书都假定为常数。

对于仍然留在农村的人来说，虽然城市化也使其面临的地租发生变化，但这种变化仅在城市化过程中体现，因此对仍然是农民的人而言，并没有付出额外成本或者获得额外收益。

推论4.5：在前述假定条件下，每一年城市化产生的土地红利总和为：$W = L_t[\varphi f_3 - f_2 + e^{-n}(f_1 + f_2 - \varphi f_3)]$。

事实上城市化每年产生的土地红利包括城市原市民的住房增值、失地农民的土地补偿，扣减城市安家成本、自发移居城市人口的安家成本，具体为：

$$W = L_{t-1}f_1 + \varphi(L_t - L_{t-1})(f_3 - f_2) - (1 - \varphi)(L_t - L_{t-1})f_2$$

$$= L_t[\varphi f_3 - f_2 + e^{-n}(f_1 + f_2 - \varphi f_3)]$$

4.1.4 土地红利的变化

现在我们来看各参数变化对土地红利的影响。

$W'_{\varphi} = (1 - e^{-n})L_t f_3 > 0$，也就是说 φ 越大，即当年新增城市人口中失地农民的比例越高，那么土地红利总值就越高。

$W'_{f_1} = e^{-n}L_t > 0$，也就是说 f_1 越高，即当年住房价格增值幅度越大，土地红利总值就越高。

$W'_{f_2} = -(1 - e^{-n})L_t < 0$，也就是说 f_2 越高，即移居城市的年均成本越高，土地红利总值就越低。

$W'_{f_3} = \varphi(1 - e^{-n})L_t > 0$，也就是说 f_3 越高，即对失地农民的年均补偿越高，土地红利总值就越高。

$W'_n = -(f_1 + f_2 - \varphi f_3)e^{-n}L_t$。当 $f_1 + f_2 - \varphi f_3 > 0$ 时，n 越高，W 就越低，即城市人口增长率越高，当年的土地红利总值就越低；当 $f_1 + f_2 - \varphi f_3 < 0$ 时，n 越高，W 就越高，即城市人口增长率越高，当年的土地红利总值就越高。一旦住房增值过快或者住房价格过高，

即 f_1 或者 f_2 过大，城市人口增长率越高则土地红利总值越低的情况就会出现。当且仅当对失地农民的补偿足够并且城市新居民主要为失地农民时，即 φf_3 足够大时，才会发生城市人口增长率越高，土地红利总值就越高的情形。事实上，前者才是城市化过程中更为普遍的情形。

4.2　金融市场和金融抑制

学者用金融发展效率指标（FE）来测量城乡两部门的金融发展差距。一般来说，以非国有经济获得银行贷款的比例表示整个金融系统的中介效率，但王志强、孙刚（2003）基于国有经济在整个中国经济中的地位，指出这种指标设计方法是有缺陷的，可以用储蓄与贷款的比值来衡量金融中介将储蓄转化为贷款的效率，姚耀军（2005）遵循了这一做法。另外，有学者选取银行存贷款的平均值与 GDP 之比作为金融机构发展的指标（章奇等，2003；陆铭、陈钊，2004；刘敏楼，2006）。

本书定义金融发展效率指标 τ 来描述金融市场各种制度安排产生的具体结果：$\tau = 1 - \dfrac{R}{r}$。我们把参数 τ 称为资本楔（capital wedge），用来表示金融市场的摩擦，即金融市场的抑制程度，是衡量金融市场资金城乡非平衡流动的重要参数。R 是资本的自然回报率，可理解为存款利率；r 是资金的使用成本，可理解为贷款利率。因此，$\tau \in (0,1)$。市场摩擦越小，则存贷比越小，τ 越趋近 0；市场摩擦越大，则存贷比越大，τ 越趋近 1。

4.2.1　相关假设

考虑这样一个经济，经济中存在政府 G、信贷部门 B、城市部门 U 和农村部门 R。其中信贷部门又分为体制内金融机构 B_S（国有银行）和体制外金融机构 B_P（民营银行、小贷公司等非国有信贷机构）。城市和农村两部门有各自独立的厂商和消费者，分别进行独立的生产和消费活动，两个部门的资金、消费和劳动者都可以自由流动。经济体中两个部门的厂商都没有自有资金，生产资金 K_U 和 K_R 都需要向信贷部门借贷，信贷部门的总体可贷资金为 $K = K_U + K_R$。市场上资产的一般回报率为 R，自然折旧率为 δ，信贷部门的贷款利率为 r。两部门厂商的生产函数分别为：$Y_U = F(K_U, L_U) = K_U^{\alpha_1} L_U^{1-\alpha_1}$ 和 $Y_R = F(K_R, L_R) = K_R^{\alpha_2} L_R^{1-\alpha_2}$，$L_U$、$L_R$ 分别表示两部门的劳动者数量。社会总产出 Y 是两部门产出的加总，$Y = Y_U + Y_R$。

在厂商利润最大化条件下，必然有：

$$F'_{K_U} = r_U + \delta,$$

$$F'_{K_R} = r_R + \delta。$$

也就是说，两部门厂商的资本回报率包含两方面成本：一是资本的自然折旧 δ，二是资本的使用成本 r。如果金融市场是一个理想市场，即 $\tau = 0$，那么厂商的贷款利率等于存款利率；如果金融市场是一个完全摩擦市场，即 $\tau \to 1$，那么厂商的贷款利率 $r \to \infty$。

在以上假定下，我们来具体讨论不同类型的金融抑制对城市和农村两部门金融市场发育程度的影响。

4.2.2　基准情况

在无金融垄断、无管制利率的情况下，假定金融部门为了维持正常运营必须支付必要的成本，金融部门运营费用来自存贷利差。两部门厂商所获得的资金分别为 K_U 和 K_R，市场均衡利率：$r_U = r_R = r > R$，资本楔 $\tau = 1 - \dfrac{R}{r} > 0$。

城市和农村两个部门的产出分别为：$Y_U = K_U^{\alpha_1} L_U^{1-\alpha_1}$，$Y_R = K_R^{\alpha_1} L_R^{1-\alpha_2}$。由于实体经济中发达地区的资本产出弹性较高，例如赵志耘等（2006）就估算出东部地区的资本产出弹性高于中部地区，中部地区又高于西部地区。基于此，我们假定 $\alpha_1 > \alpha_2$。

那么社会总产出为 $Y = Y_U + Y_R$，信贷部门 B 的资金供给为 $K = K_U + K_R$。此时信贷部门的资金来自两个方面：体制内金融机构 B_S 和体制外金融机构 B_P。其中，体制内机构提供的融资规模为 K_S，体制外机构提供的融资规模为 K_P，于是 $K = K_S + K_P$。金融部门正常运营费用为：$C = (r - R)K$。

在完全竞争条件下，可以解得：$K_U = \left(\dfrac{r_U + \delta}{\alpha_1 L_U^{1-\alpha_1}} \right)^{\frac{1}{\alpha_1 - 1}}$，$K_R = \left(\dfrac{r_R + \delta}{\alpha_2 L_R^{1-\alpha_2}} \right)^{\frac{1}{\alpha_2 - 1}}$。

故 $\dfrac{\partial K_U}{\partial r_U} < 0$，$\dfrac{\partial K_R}{\partial r_R} < 0$。进而有 $\dfrac{\partial Y_U}{\partial r_U} < 0$，$\dfrac{\partial Y_R}{\partial r_R} < 0$。此时，可以得到以下引理。

引理 4.5：厂商的融资需求取决于市场的贷款利率，贷款利率越高，厂商的融资需求就越低，产出也越低；反之则反是。

4.2.3　存在金融抑制的情形

现实中并不存在完全没有摩擦的金融市场，一般来说金融抑制具有以下几个特征：第一，银行存款准备金率过高；第二，对金融机构设置准入门槛；第三，管制利率。

情况一：银行存款准备金率过高。

银行存款准备金率过高会导致进入流通环节的基础货币量减小，从而减少信贷部门的资金供给，进而影响产出。

情况二：只存在金融机构的准入门槛。

我们首先分析政府对体制外金融干预的情况。比较常见的手段就是设置体制外金融机构的准入门槛来限制民间金融提供的资金规模，假定此时的资金规模为 K'_P，那么 $K'_P < K_P$。市场上的资金供给量为：$K' = K'_P + K_S$，且 $K' < K$。而市场上资金的需求量 K 并不发生变化。在资金供不应求的情况下，市场上的融资利率 $r' > r$。那么 $K'_U < K_U$，$K'_R < K_R$；$Y'_U < Y_U$，$Y'_R < Y_R$。故 $Y' < Y$，且 $r'K_S > rK_S$。此时，资本楔 $\tau' = 1 - \dfrac{R}{r'} > \tau$。

引理 4.6：政府通过对金融机构的准入设置门槛干预体制外金融，其直接结果就是市场的资本楔增大，融资利率提高，国有银行的表内收入增加，进而造成社会总产出下降。门槛越高、限制越严，融资利率就越高，资本楔就越大，社会总产出下降得就越多。

情况三：只存在管制利率。

现在我们来看政府对市场利率实施金融管制时的情况。假设管制利率为 $r'' < r$，那么资金需求就上升为 K''，$K'' > K$。利率管制的同时，存款利率也会相应下降，$R'' < R$。那么资金供给就下降为 K''_d，$K''_d < K$。此时就会出现资金缺口 $K'' - K''_d$。一般来说资金会流入回报率高的部门。城市部门资本的产出弹性为 α_1，大于农村部门的资本

产出弹性 α_2，此时资金会优先流入城市部门，满足城市部门厂商的生产。那么农村部门的资金供给 $K''_R = K''_d - K_U$，且 $K''_R < K_R$。此时社会总产出变为 $Y'' = Y_U + Y''_R$。由于 $Y''_R < Y_R$，那么 $Y'' < Y$。

现在来看资本楔是如何变化的。由于全社会可供给的资金从 K 减少到 K''_d，为了维持金融部门的正常运转，其运转费用 C'' 保持不变，由于 $C'' = (r'' - R'')K''_d$，那么存贷利差 $r'' - R''$ 就要增加。在 r'' 和 R'' 都下降，且（$r'' - R''$）增加的要求下，易证 $\frac{R''}{r''}$ 下降，故 $\tau'' > \tau$，即资本楔增加。而且在利率管制的情况下，农村的资金缺口大于城市，即使两部门的资金使用成本相同，农村的制度性成本也会高于城市，因而农村实际的贷款成本较城市高，也即 $\tau''_R > \tau''_U$。

引理 4.7：政府管制利率的直接结果就是市场利率被低估，进而造成资本楔上升，生产资金供给不足，社会总产出下降。

情况四：既有金融机构准入门槛，又有管制利率。

当金融机构准入门槛和管制利率同时存在时，资金供给的缺口是前述两种情况的叠加。现在假定先发生管制利率，再发生准入门槛，我们考查资本楔的变化，在此情况中贷款利率最终不可超过 r''。

由上述分析可知存在准入门槛时，贷款利率会出现一定程度的上浮，为了实现最终利率不超过 r''，那么仅存在管制利率时，目标利率为 r'''，$r''' < r''$，资金需求为 $K'''，K''' < K''$；此时存款利率为 R'''，$R''' < R''$，资金供给为 $K'''_d，K'''_d < K''_d$；资金缺口为（$K''' - K'''_d$）>（$K'' - K''_d$）。现在再对金融机构设置准入门槛，资金供给进一步减少，资金需求没有发生变化，供需缺口增大。此时市场上的贷款利率出现一定程度的上浮，从 r''' 上浮为 r''，而存款利率仍维持 R''' 不变。此

时 $\tau''' < \tau''$，并且农村的资本楔进一步增大。

引理 4.8：政府设置金融机构准入门槛并进行利率管制，其结果是市场利率越发被低估，资本楔增大，且城乡资本楔差距也增大；生产资金供给不足，社会总产出下降；此时的资金供给缺口大于单独设置准入门槛和单独实施利率管制的资金缺口之和。

定理 4.2：政府对金融市场的抑制强度越大，资本楔就越大，生产资金供给缺口就越大，社会总产出下降越多；同时实行多个金融抑制手段所产生的资金缺口要高于单独实行各个金融抑制手段的缺口之和；在金融市场存在抑制的前提下，农村部门的抑制情况较城市部门严重。

4.2.4　金融抑制和城市化

本节我们构建了一个参数 τ 来描述金融市场的抑制程度，通过理论推导，证明金融抑制的确对城市和农村两部门经济产生巨大影响。由于资金流动性、市场发育程度和政策导向等原因，城市和农村两个金融市场的抑制程度是不一样的，不能简单地用同一个参数来衡量。从上文的分析也可以看出，在完全流动的金融市场里，资金更倾向于流入城市部门，也就是说城市金融的抑制程度较农村低一些，即城市部门资本楔更低：$\tau_U < \tau_R$。这个结论同文献综述中提到的大部分学者对城乡金融发展的判断一致。

4.3　城市倾向政策[①]

为分析城市倾向政策如何影响城市化红利分配，可以建立一个

[①]　本节参考了程开明、李金昌：《城市偏向、城市化与城乡收入差距的作用机制及动态分析》，《数量经济技术经济研究》2007 年第 7 期。

以农村和城市经济产出为基础的效用函数。假设城乡经济产出分别是政府对城乡支出的函数，则效用函数①为：

$$V = V(f_U, f_R) = V[f(G_U), f(G_R)]$$

其中，V 为社会总效用，f_U 为城市人均产出，f_R 为农村人均产出，G 为政府公共支出，G_R 为农村总支出，G_U 为城市总支出。考虑：

$$\max V = V[f(G_U)f(G_R)]$$
$$s.t.\ G_U + G_R = G,\ G_U > 0,\ G_R > 0$$

条件是农村支出增加的边际福利贡献等于城市支出减少造成的福利损失，即：

$$\frac{G_U}{G_R} = \frac{a_{Vf_U} \cdot a_{fG_U}}{a_{Vf_R} \cdot a_{Ff_R}}$$

其中，$a_{Vf_U} = \dfrac{\partial V}{V} \Big/ \dfrac{\partial f_U}{f_U}$ 表示城市产出福利弹性系数；$a_{fG_U} = \dfrac{\partial f_U}{f_U} \Big/ \dfrac{\partial G_U}{G_U}$ 表示城市政府支出的产出弹性系数；$a_{Vf_R} = \dfrac{\partial V}{V} \Big/ \dfrac{\partial f_R}{f_R}$ 表示农村产出福利弹性系数；$a_{fG_R} = \dfrac{\partial f_R}{f_R} \Big/ \dfrac{\partial G_R}{G_R}$ 表示农村政府支出的产出弹性系数。

又据测算②有：

$$\frac{a_{Vf_U}}{a_{Vf_R}} = \lambda \cdot \frac{f_U}{f_R},\ \lambda > 0$$

---

① 由于生产函数是一次齐次的，所以这个效用函数和下文的效用函数是一致的。

② Lederman 和 Barvo – Ovrtega 对拉丁美洲、加勒比海地区国家的测算发现：$a_{VF_R} > a_{VF_U}$。

代入前式有：

$$\frac{f_{\mathrm{U}}}{f_{\mathrm{R}}} = \frac{1}{\lambda} \cdot \frac{G_{\mathrm{U}}}{G_{\mathrm{R}}} \cdot \frac{a_{fG_{\mathrm{R}}}}{a_{fG_{\mathrm{U}}}} \quad ①$$

城乡产出比 $f_{\mathrm{U}}/f_{\mathrm{R}}$ 与城乡政府支出比 $G_{\mathrm{U}}/G_{\mathrm{R}}$ 成正比，可知城市倾向政策力度越大，城乡产出差距就越大。

定理 4.3：政策的城市化倾向越明显，城乡产出差距就越大。

4.4　本章小结

本章用一个简单的局部均衡模型讨论了土地要素在城乡之间的分配变化带来的土地红利变化；通过对资金均衡价格的讨论，分析了单一和多重金融抑制手段下资本楔的变化；通过构建包含城市倾向政策的福利函数变化，指出了城市倾向政策对城乡产出的影响。本章的结论为下一步构建随机一般均衡模型提供了坚实的理论基础。本节的主要结论有以下几点。

（1）在城市化的土地红利分配中，由于政府主动让利，原市民成为主要受益者；在所有者虚化的前提下，农民也是受益者；在权能收益不对等的征地补偿制度下，失地农民成为城市化最大的受损者，由于人为"挤出红利"，实际受损额度要高于理论值；工业企业并不参与城市化的再分配；政府也是受益者。

（2）政府对金融市场的抑制程度越大，资本楔就越大，生产资金供给缺口就越大，社会总产出下降幅度就越大；而且同时实行多

---

① $a_{VF_{\mathrm{U}}}/a_{VF_{\mathrm{R}}} = 0.5 \cdot F_{\mathrm{U}}/F_{\mathrm{R}}$

个金融抑制手段所产生的资金缺口要高于单独实行各个金融抑制手段造成的缺口之和。在金融市场存在抑制的前提下，农村部门的抑制情况较城市严重。

（3）政策的城市化倾向越明显，城乡产出差距就越大。

根据土地红利模型的结论，为了提高土地红利，可以采取的措施包括：降低新增城市人口中失地农民的比例，换句话说就是抑制自发移居城市人口的比例，或许更合理的说法是鼓励城市暂住人口回乡创业；在房价不高的地区，鼓励房价快速升值；在合理的范围内，提高对失地农民的补偿，在这一点上政策空间很大。另外，在适当的条件下，鼓励快速城市化会带来城市化红利的上升，但从当前状况来看，快速城市化将会造成土地红利的下降。根据资本的均衡价格理论，要促进城乡两部门经济发展，一个行之有效的手段就是发展金融市场，减少金融市场摩擦。同时，根据城市化倾向政策的结论，要促进城乡两部门经济发展，就要减少政策在城乡间的配给不均。

第五章　城市化前：单部门 DSGE 模型

　　第四章讨论了土地红利、资本楔和城市倾向政策对城乡经济的理论影响，是全书的理论基石。在此基础上，本章把土地红利、资本楔和城市倾向政策作为重要参数引入 DSGE 模型，详细阐述城市和农村两个单部门模型的构建依据、构建方法和动态趋势。明确单部门模型的构建方法和动态趋势是第六章研究两部门模型的基础，也是第七章和第八章讨论政策变化的依据。

　　本章的单部门模型包含消费者、企业和政府三大主体。其中，城市部门的消费者在预算约束中考虑了地租变化产生的影响，城市部门的厂商也要为土地这一生产要素支付租金。然而在农村部门，土地作为天然的生产要素并不计入消费者预算，也不对厂商的收益做分配。因此本章较为详细地分析了城市部门，而对农村部门的分析较为简单。另外，正如前文定理 4.2 所说，金融抑制和政府政策在两个部门间也存在差异，本章在模型构建中也考虑了这个现实情况。如无特殊说明，本章用 $i = 1$ 表示城市部门，$i = 2$ 表示农村部门；用大写字母表示总量，用小写字母表示人均量。

　　本章的结构安排如下：第一节讨论单部门的国民经济循环系统，明晰国民经济的参与主体，明确货币和商品在经济中的流转方向和流转方式；第二节、第三节、第四节分别探讨消费者、企业和政府的具体行为目标和行为约束；第五节构建两个单部门 DSGE 模型，得到动态的欧拉方程和简化的约束条件；第六节讨论模型解的存在性和解变化的可能原因；第七节是本章小结。

5.1 单部门的国民经济循环系统

图 5-1 展示了一个简单的国民经济体系，该图暗含了货币和实物两个循环流转过程，包括消费者、企业和政府三大参与主体，要素市场、资本市场和产品市场（包括金融产品市场、产品和服务市场）三大交易市场。其中以工资收入和购买支出为主的货币循环流转过程沿顺时针方向进行，以要素投入和产品产出为主的实物循环流转过程沿逆时针方向进行。下面明确几个重要的概念。

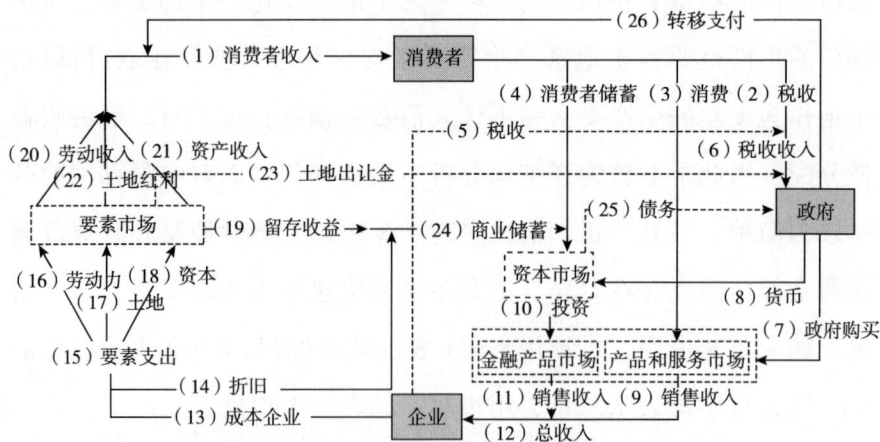

图 5-1 国民经济循环示意

注：图中箭头表示货币流转的方向。当曲线出现交叉时，用虚实线区分。

1. 政府税收收入

在实际国民经济体系中，政府的税收包括所得税、消费税或增值税、财产税三大类，税收发生在国民经济循环的整个过程中。所得税是对消费者的收入所得和企业的生产经营所得以及其他所得征税，消费税是在消费环节对消费品征税，财产税是对财产的价值和租额征税。但是不论具体税收的课税对象如何，真正的纳税主体归根结底只有消费者和企业两类，因此这里把政府的税收收入（6）分为消费者缴纳的税收（2）和企业缴纳的税收（5）。

2. 储蓄

国民储蓄是指收入中不用于消费的部分，是资本市场资金来源，能支配经济增长。在一个包含消费者、企业和政府的封闭模型中，储蓄不仅来自消费者，还来自企业和政府。对企业来说，净利润支付利息、股息和红利后的剩余称作留存收益，留存收益（19）和折旧（14）组成商业储蓄（24），是资本市场的重要资金来源。政府可支配收入中扣除经常性支出的余额，即政府收入除去政府购买和转移支付的部分形成政府储蓄，如中央部门的储蓄、社会保障基金等。在本模型中，我们忽略政府储蓄。

下面分别说明货币和实物流转的具体过程，以及主要的参与环节。

5.1.1　货币的循环流转

货币的流转过程依赖三个主体的预算约束，即消费者、企业和政府的收入来源及支出方式。

消费者收入（1）来自劳动收入（20）、资产收入（21）、土地红利（22）和政府的转移支付（26），消费者收入除缴纳税收（2）以外，主要用于消费（3）和消费者储蓄（4）。政府总收入由税收收入（6）、土地出让金（23）和债务（25）构成。政府获得收入后会在产品和服务市场进行政府购买，同时对消费者实行转移支付（26）。消费者储蓄（4）和商业储蓄（24）流入资本市场，通过投资（10）进入金融产品市场，在金融产品市场获得增值。这里金融产品市场以及产品和服务市场一起组成了前文提到的产品市场。产品和服务市场的销售收入（9）、金融市场的销售收入（11）流向企业，成为企业总收入（12）；企业总收入缴付税收（5）、扣除折旧（14）后的剩余部分用来支付劳动力（16）、土地（17）和资本（18）等生产要素。劳动收入（20）、资产收入（21）和土地红利（22）又流向消费者，构成消费者的主要收入来源，开始新一轮的货币流动。这就是货币在国民经济体系中的循环过程。

5.1.2 实物的循环流转

国民经济体系中的实物流转要简单得多。消费者通过要素市场提供劳动力和资本要素给企业，政府通过要素市场提供土地要素给企业，企业产出产品和劳务供消费者和政府消费。

5.2 消费者行为

消费者对本模型来说作用重大。消费者是劳动力的唯一来源，是社会资本的重要来源。在有些宏观模型中，消费者会被细分为贷款者和储蓄者。贷款者通过贷款进行投资并获得回报，储蓄者以投资回报率为标准选择将资金直接投入资本市场还是存入银行（Guzman，2000）等。在世代交叠（overlap）模型中，消费者被认为只能存活两期，第一期是他的青年时期，他提供劳动、进行储蓄和消费活动；第二期进入晚年，依靠存款消费。本书以 Ramsey 模型为原型，假定消费者无限期限存活，参与所有的经济活动。

本书假定人口增长率为常数 n_i，人口以幂指函数的形式增长，初期人口为 $L_{0,i}$，那么 t 期的人口数为 $L_{t,i} = L_{0,i}e^{n_i t}$。每个消费者提供 1 单位的劳动，那么 t 期的劳动总和也为 $L_{t,i}$。

5.2.1　消费者的预算约束

记 t 时刻消费者拥有的总资产为 $A_{t,i}$。这里 $A_{t,i}$ 可以为正，也可以为负。$A_{t,i}$ 为正表示个人的资产；反之表示个人的借债。假设消费者可以将资本投资在一种无风险的资产上，获得固定的回报率 R。若消费者在 t 时刻拥有资产 $A_{t+1,i}$，那么在 t 时刻必须投资的资产为 $(1 + R)^{-1}A_{t+1,i}$。$(1 - \delta)A_{t,i}$ 为图 5 - 1 中的资产收入（21），其中 δ 为资产的自然折旧率。消费者为社会提供劳动，得到工资回报。在 t 时刻的工资率为 $w_{t,i}$，消费者提供的劳动力总和为 $L_{t,i}$。这样消费者的劳动收入（20）可表示为 $w_{t,i}L_{t,i}$。政府对每个劳动力进行转移支付，t 时刻的支付力度为 $tr_{t,i}$，消费者通过转移支付（26）得到的收入为 $TR_{t,i} = tr_{t,i}L_{t,i}$。消费者缴纳的税收（2）为 $T_{t,i}$，消费（3）为 $C_{t,i}$，其余作为消费者储蓄（4）以增加资产，储蓄额度为 $R^{-1}A_{t+1,i}$。这里假设政府征收一揽子税收，消费者总税负为 $\{T_t\}_{t=0}^{\infty}$。

这里我们要沿着4.1节的思路，详细讨论土地红利变化对消费者预算约束的影响。对 t 时期人口数量为 $L_{t,1}$ 的城市部门来说，其

中原市民为 $L_{t-1,1}$，新市民为 $L_{t,1} - L_{t-1,1}$，而且新市民中有 $\varphi(L_{t,1} - L_{t-1,1})$ 是失地农民，另有 $(1 - \varphi)(L_{t,1} - L_{t-1,1})$ 是自发移居城市的人。那么 φ 是一个常数，$0 < \varphi < 1$。

对城市原市民来说，城市化使其拥有的住房获得自然增值，增值幅度为 f_1；对失地农民来说，一方面在城市安家要付出 f_2 的地租成本，另一方面由于在农村失去土地可获得 f_3 的地租补偿；而对自发移居城市的人来说，他们并没有失地补偿，但也必须支付城市的安家成本 f_2。可见土地红利的确对消费者的财富产生极大影响，而且影响消费者跨期决策。

那么城市化带来的城市居民土地红利（22）为：

$$W = L_t[\varphi f_3 - f_2 + e^{-n}(f_1 + f_2 - \varphi f_3)] = L_t lb$$

当 lb 为正时出现土地红利，反之，表示付出地租。对于农民来说，虽然城市化也使其面临地租变化，但这种变化仅在城市化过程中体现，因此农民并没有因为土地而付出额外的成本或者获得额外收益，故不存在土地红利变化。

此时城市消费者的预算约束可以表示为：

$$C_{t,1} + (1 + R)^{-1}A_{t+1,1} \leqslant (1 - \delta)A_{t,1} + w_{t,1}L_{t,1} + TR_{t,1} - T_{t,1} + lbL_{t,1} \quad (5-1)$$

农村消费者的预算约束可表示为：

$$C_{t,2} + (1 + R)^{-1}A_{t+1,2} \leqslant (1 - \delta)A_{t,2} + w_{t,2}L_{t,2} + TR_{t,2} - T_{t,2} \quad (5-2)$$

定理 5.1：t 时刻消费者的劳动收入为 w_t，土地红利为 lb，政府税收为 t_t，转移支付为 tr_t，消费者面临无风险资产的固定回报率 R 和自然折旧率 δ，那么消费者的跨时约束条件为：

$$a_t = \frac{1}{1-\delta} \sum_{j=0}^{\infty} R^{-j}(c_{t+j} + t_{t+j} - w_{t+j} - tr_{t+j} - lb) \tag{5-3}$$

其中 $j = 0$，1，2，……表示时间。消费者总体的跨时约束条件为：

$$A_t = \frac{1}{1-\delta} \sum_{j=0}^{\infty} R^{-j}(C_{t+j} + T_{t+j} - w_{t+j}L_{t+j} - TR_{t+j} - lbL_t) \tag{5-4}$$

具体证明见附录 2。

5.2.2 消费者效用函数

前文已经讨论过政府支出对个体消费者的消费选择和具体效用产生的影响。在 DSGE 模型中，按照政府支出对消费者效用的影响程度，将其纳入效用函数的方式一般有两种。

1. 公共消费对消费者效用没有直接影响

Mahmud 和 Ahmed（2012）引用 Barro 和 Sala-i-Martin 在 *Economic Growth*（*Second Edition*）（2004）中的标准模型形式，对离散时间下无限期限的典型消费者的效用偏好用如下形式描述：

$$U = \sum_{t=0}^{\infty} \beta^t u(c_t, l_t) + \vartheta(g_t) \tag{5-5}$$

消费者的效用来自私人消费 c_t、劳动供给 l_t，g_t 为人均政府支出。文中假定 $\vartheta(\cdot) = 0$，政府支出对消费者效用没有直接影响。生产函数具有 $(A-K)$ 形式，$y_t = z_t n_t$，y_t 为人均 GDP，z_t 为劳动扩张型技术参数，l_t 为劳动供给。在此基础上，得到关系式 $c_t = z_t(1-l_t) - g_t$，并检验对数值的计量关系，发现公共消费和私人消费在长期来说并没有相关关系，这个结论和巴罗 - 李嘉图等价一致。

虽然他们得出结论，公共消费与私人消费在长期并无相关关系，但其假定 $U = \sum_{t=0}^{\infty} \beta^t u(c_t, l_t) + \vartheta(g_t)$，且 $\vartheta(\cdot) = 0$。包含私人消费 c_t 的效用是一个与政府支出 g_t 无关的函数，也就是说政府支出对消费效用并无直接影响。

Christiano 等（2009）将代表性消费者的终生效用函数表述如下：

$$U = E_0 \sum_{t=0}^{\infty} \beta^t \left\{ \frac{[C_t^{1-\gamma}(1-N_t)^{1-\gamma}]^{1-\sigma} - 1}{1-\sigma} + v(G_t) \right\} \tag{5-6}$$

这里 E_0 表示条件期望，C_t、G_t 和 N_t 分别表示 t 时刻的消费、政府支出和劳动供给。假定 $\sigma > 0$，$\gamma \in (0,1)$，函数 $v(\cdot)$ 是个凸函数。在实际推导过程中，通过假设 $v(\cdot)$ 的性质，将 $v(\cdot)$ 从效用函数中消去。实际上政府支出对消费效用也没有直接影响。

2. 公共消费对消费者效用有直接影响

Chen 和 Guo（2013）也将政府支出引入效用函数，形式如下：

$$U = \int_0^{\infty} \left[\frac{(c_t^{\theta_1} g_t^{\theta_2})^{1-\sigma}}{1-\sigma} - A \frac{n_t^{1+\gamma}}{1+\gamma} \right] e^{-\rho t} \mathrm{d}t \tag{5-7}$$

其中 $A, \sigma > 0$，$\sigma \neq 1$ 且 $\gamma \geqslant 0$。$\rho > 0$ 为折旧率，c_t 表示私人消费，n_t 表示工作时间，每个消费者具有 1 单位的劳动禀赋，γ 表示劳动供给弹性的倒数。g_t 表示政府在商品和服务上的支出，是在个体消费者可控范围外决定的事情。

Bouakez 和 Rebei（2007）同样也将政府支出引入效用函数，他们假设消费者从有效消费 $\tilde{c}_t$ 和休闲 $(1 - n_t)$ 获得效用，其中有效消费包含私人消费 c 和政府支出 g 的不变替代弹性函数，$\tilde{c}_t =$

$[\varphi c_t^{(v-1)/v} + (1-\varphi) g_t^{(v-1)/v}]^{v/(v-1)}$，$\varphi$ 表示私人消费占有效消费的比重，$v > 0$ 表示私人消费和政府支出之间的替代弹性。他们假设消费者的瞬时效用是相对于上期有效消费的本期相对有效消费和休闲时间，更加符合效用函数的序数理论，具体如下：

$$u(\tilde{c}_t, \tilde{c}_{t-1}, n_t) = \frac{1}{1-\sigma}(\tilde{c}_t/\tilde{c}_{t-1}^{\gamma})^{1-\sigma} + \psi \ln(1-n_t) \tag{5-8}$$

这里 $\sigma, \psi > 0$，参数 $\gamma \in (0,1)$ 衡量的是消费者的消费习惯。当 $\varphi = 1$、$\psi = 0$ 时，该效用函数就是传统的仅包含当期私人消费的效用函数。代表性消费者 t 时期的终生效用是瞬时效用贴现总和的条件期望：

$$U_t = E_t \sum_{s=t}^{\infty} \beta^{s-t} u(\tilde{c}_t, \tilde{c}_{t-1}, n_t) \tag{5-9}$$

比较式（5-6）和式（5-7）的基础函数 $y_1 = \frac{x^{1-\sigma}}{1-\sigma} - A \frac{n_t^{1+\gamma}}{1+\gamma}$ 和 $y_2 = \frac{x^{1-\sigma}}{1-\sigma} + \psi \ln(1-n_t)$，其中 $\sigma > 0$ 且 $\sigma \neq 1$；$0 < n_t < 1$；$\psi, A > 0$；$\gamma \geqslant 0$。显然，y_1 是 y_2 关于 x 和 n_t 的单调变换，因此 y_1 和 y_2 在下述情况是相同的（见附录3）：（1）对于 x，y_1 和 y_2 都是单调增函数，即 y_1 和 y_2 关于 c_t 和 g_t 都是单调增函数；（2）对于劳动供给 n_t，y_1 和 y_2 都是单调减函数；（3）y_1 和 y_2 都是关于 n_t 的凹函数。

由于 y_1 中，$x = c_t^{\theta_1} g_t^{\theta_2}$，$y_2$ 中 $x = \frac{[\varphi c_t^{(v-1)/v} + (1-\varphi) g_t^{(v-1)/v}]^{v/(v-1)}}{[\varphi c_{t-1}^{(v-1)/v} + (1-\varphi) g_{t-1}^{(v-1)/v}]^{\gamma v/(v-1)}}$，因此 y_1 和 y_2 在下述情况是有区别的。

（1）当 $0 < \theta_1 < 1$ 时，y_1 和 y_2 都是关于 c_t 的凹函数；当 $0 <$

$\theta_2 < 1$ 时，y_1 和 y_2 都是关于 g_t 的凹函数。(2) 当 $\theta_1 > 1$ 时，y_1 是关于 c_t 的凸函数，y_2 是关于 c_t 的凹函数；当 $\theta_2 > 1$ 时，y_1 是关于 g_t 的凸函数，y_2 是关于 g_t 的凹函数。(3) 对 y_1 来说，当 $0 < \sigma < 1$ 时，

$\dfrac{\partial^2 y_1}{\partial c_t \cdot \partial g_t} > 0$，$c_t$ 和 g_t 是埃奇沃思互补的，即相对于私人消费来说，公共消费支出越多，私人消费的边际效用越大；当 $\sigma > 1$ 时，

$\dfrac{\partial^2 y_1}{\partial c_t \cdot \partial g_t} < 0$，$c_t$ 和 g_t 是埃奇沃思替代的，即相对于私人消费来说，公共消费支出越多，私人消费的边际效用越小；对 y_2 来说，当 $0 < \sigma v < 1$ 时，c_t 和 g_t 是埃奇沃思互补的，即相对于私人消费来说，公共消费支出越多，私人消费的边际效用越大；当 $\sigma v > 1$ 时，c_t 和 g_t 是埃奇沃思替代的，即相对于私人消费来说，公共消费支出越多，私人消费的边际效用越小。

综合考虑本书的要求，本书对瞬时效用函数做如下假设：

$$u_{t,i} = \begin{cases} \dfrac{(A_i c_{t,i} g_{t,i}^{\theta})^{1-\sigma} - 1}{1 - \sigma}, & \sigma > 0 \text{ 且 } \sigma \neq 1, 0 < \theta < 1 \\ ln(A_i c_{t,i}) + \theta ln(g_{t,i}), & \sigma = 1, 0 < \theta < 1 \end{cases} \quad (5-10)$$

其中 $0 < \theta < 1$，$\sigma > 0$，$A_i > 0$，$c_t = \dfrac{C_t}{L_t}$ 为人均私人消费，$g_t = \dfrac{G_t}{L_t}$ 为人均公共消费。城市部门和农村部门在消费习惯上存在差异，这里本书定义了参数 A_i 来表示这种习惯差异，我们会在 6.4.3 中详细说明参数 A_i 的理论基础。

引理 5.1：效用函数式（5-10）具有如下性质（见附录2）。

（1）u_t 关于 c_t 和 g_t 是边际效用递减的；（2）消费者属于保守型

消费者；（3）当 $0 < \sigma < 1$ 时，私人消费和政府消费是埃奇沃思互补的；当 $\sigma > 1$ 时，私人消费和政府消费是埃奇沃思替代的；（4）效用函数的稻田条件成立；（5）相较于公共消费，消费者对私人消费更加敏感。

5.2.3 社会规划者的目标函数

假设贴现因子为给定的常数，$0 < \beta < 1$。这样，单个消费者效用贴现和可以表示为：

$$v_i = \sum_{t=0}^{\infty} \beta^t u(A_{t,i}, c_{t,i}, g_{t,i}) \tag{5-11}$$

t 时期城市部门总人口为 $L_{t,1}$，那么该部门总效用可表示为：

$$V_1 = \sum_{t=0}^{\infty} \beta^t L_{t,1} u(A_1, c_{t,1}, g_{t,1}) \tag{5-12}$$

t 时期农村部门总人口为 $L_{t,2}$，那么该部门总效用可表示为：

$$V_2 = \sum_{t=0}^{\infty} \beta^t L_{t,2} u(A_2, c_{t,2}, g_{t,2}) \tag{5-13}$$

我们认为社会总效用是两个部门全体消费者个人效用的加总。对于单个消费者来说，优化问题就是在自己的预算约束下选择消费路径、财富积累路径和劳动力供给路径来极大化效用。对社会规划者来说，最优化问题是通过选择消费路径 $C_{t,i}$ 和财富积累路径 $A_{t,i}$ 来极大化社会总效用。

5.3 企业行为

企业是以营利为目的，运用土地、劳动力、资本、技术和企业家才能等要素，向市场提供商品或服务的社会经济组织。因此要描述企业行为需要抓住一个关键点——利润，展开来说就是成本和收益。

5.3.1 企业的成本

亚当·斯密、大卫·李嘉图及其追随者花费了大量的精力讨论生产要素和生产成本。亚当·斯密在《国富论》中详细论述了三种主要的生产要素①：土地、劳动力和资本。这里土地不仅指生产过程中使用的具体土地，还包括附着在土地上的自然资源，如水、空气、土壤、矿产、植物、动物等。使用此类资源要付出租金，土地所有者获得租金报酬。还有一种重要的生产要素是劳动力，劳动力是指在生产过程中使用的劳动者的技术和市场经验。劳动者提供劳动力，获得的相应报酬为工资。根据劳动者投入的劳动性质差异，劳动也可以分为体力劳动和脑力劳动，本书认为所有劳动都是同质劳动，因而没有考虑人力资本差异。生产商品除了要使用土地和劳动力以外，还需要机器、工具和厂房等。古典经济学家使用"资本"一词来说明所有与"钱"相关的要素投入。即使生产过程中并没有直接投入"资本"，但是"资本"和"钱"可以转化为机器、工具、厂房等投入生产，"资本"也产生回报，即"利率"。

在本书中，企业投入的要素包括工人、资本和土地。本书假定土地是城市部门必要的生产要素，是企业的固定成本，但并不能影

---

① Adam Smith ，*The Wealth of Nations*，W. Strahan and T. Cadell，1776.

响产出，不表示在生产函数里；而对于农村部门来说，土地是天然的生产要素，农村企业不需要为使用土地要素支付成本，土地要素也无法影响产出。假定厂商在土地上的支出与雇用工人数成正比，因此人均土地使用成本是一个不随要素使用量和产出量改变而改变的常数。厂商选择资本存量、劳动力投入来极大化它的利润。除此以外，企业还要向政府缴纳一定税收，但是由于企业会选择以更高的价格把税收转嫁给消费者，因此本书将企业税收合并到消费者缴纳的税收 T 中。城市部门企业成本大体上为（$rK_{t,1} + w_{t,1}L_{t,1} + f_4L_{t,1}$），农村部门企业的成本为（$rK_{t,2} + w_{t,2}L_{t,2}$），其中 $K_{t,i}$ 和 $L_{t,i}$ 分别为 t 时期企业的总资本存量和投入劳动力，r 为资本回报率，$w_{t,i}$ 为工资，f_4 为城市部门人均土地使用成本。

5.3.2　企业的收入

技术是指制造产品所采用的工艺或服务[①]，是"生产条件和生产要素组合"的结果。熊彼特认为，这种新组合是技术冲击的源泉，即创新，主要包括五种情况：第一，引进新产品或提供某种产品的新质量；第二，采用新的生产方法；第三，开辟新的市场；第四，发现原料或半成品的新供给来源；第五，建立新的企业组织形式，如建立垄断地位或打破垄断地位[②]。熊彼特认为，这种新的组合是一个内在因素，经济发展不是外部强加的，而是一个"不断地从内部革新经济结构，即不断地破坏旧的、不断地创造新的结构"

[①]　世界知识产权组织：《供发展中国家使用的许可证贸易手册》，1977。

[②]　〔美〕J. A. 熊彼特：《经济变化分析》，载外国经济学说研究会编《现代国外经济学论文选》，商务印书馆，1986，第 24 页。

的过程①。

在城乡技术分割的市场上，相对于农村来说，城市经济受到机器、计算机等技术的影响不同于农村，而且城市部门体现在要素组合上的社会开放和改革步伐也不同于农村。基于此，本书假定城市和农村两部门生产技术都随着特定路径演进，对生产要素组合产生影响。具体来说，两部门厂商的生产技术随特定路径演进，对生产要素组合产生影响。生产技术 $a_{t,i}$ 的演进路径如下：

$$lna_{t+1,i} = \rho_i lna_{t,i} + \varepsilon_{t,i} \qquad (5-14)$$

这里 ρ_i 表示生产技术的演进程度，$\varepsilon_{t,i} \sim N(0, \xi_i^2)$ 表示技术受到均值为零、方差为 ξ_i^2 的随机冲击。假设厂商的生产是以二阶连续可微的递增且边际生产率递减的一次齐次函数来表示，即：

$$E(Y_{t,i}) = E(a_{t,i}K_{t,i}^{\alpha_i}L_{t,i}^{1-\alpha_i}) \qquad (5-15)$$

假设产出的价格水平可以规范化为 1，那么企业的总收入就是总产出，也即总收入可表示为：$E(Y_{t,i}) = E(a_{t,i}K_{t,i}^{\alpha_i}L_{t,i}^{1-\alpha_i})$。定义人均产出和人均资本存量为 $y = \dfrac{Y}{L}$ 和 $k = \dfrac{K}{L}$，函数 $f(\cdot)$ 为人均产出，则有：

$$E(y_{t,i}) = E(a_{t,i}k_{t,i}^{\alpha_i}) \qquad (5-16)$$

5.3.3　企业的利润

在产品市场完全竞争的条件下，资本回报率等于资本的边际产

---

① 胡代光、厉以宁：《当代资产阶级经济学主要流派》，商务印书馆，1982，第254页。

出，即：

$$\gamma_i = E(a_{t,i}\alpha_i k_t^{\alpha_i - 1}) \qquad\qquad (5-17)$$

城市部门厂商的利润函数可表示为：

$$\Pi_1 = E(a_{t,1}K_{t,1}^{\alpha_1}L_{t,1}^{1-\alpha_1}) - \gamma_1 K_{t,1} - w_{t,1}L_{t,1} - f_4 L_{t,1} \qquad\qquad (5-18)$$

农村部门厂商的利润函数可表示为：

$$\Pi_2 = E(a_{t,2}K_{t,2}^{\alpha_2}L_{t,2}^{1-\alpha_2}) - \gamma_2 K_{t,2} - w_{t,2}L_{t,2} \qquad\qquad (5-19)$$

在厂商进入市场无限制的条件下，当存在利润时，会有新的企业进入，资金和劳动投入增多。由于厂商边际生产率递减，企业利润 Π_i 下降。新企业将不断进入市场直至企业获得公平利润，即利润为零。这里留存收益忽略不计。

在完全竞争的条件下，每个厂商都是价格的服从者。因此对于单个厂商来讲资本回报、工资和土地价格都是给定的。厂商使用资本和雇用劳动力，必须满足人均资本存量的边际生产率等于利率，劳动力的边际生产率等于工资率与人均土地成本之和。厂商的最优利润等于零。因此，单个厂商的大小是不确定的。

5.3.4　资本楔

对企业来说，在要素和产品完全竞争的条件下，劳动力产生的收益要平衡劳动的成本，资本产生的收益要平衡资本的使用成本。因此，在零利润条件下企业的资本回报率包含两方面成本，一是资本的自然折旧，二是资本的使用成本。

4.2 节证明了在金融抑制的前提下，城乡金融市场的抑制程度是不同的，即城乡资本楔不同，一般来说：

$$\tau_1 < \tau_2 \qquad (5-20)$$

即农村部门金融抑制程度更加严重。如果我们将资本的自然增值率 R 理解为受央行管制的话，那么城市和农村两部门的实际贷款利率存在差异。假定城乡资本楔是外生给定的，那么资金的使用成本 $R_{t,1} < R_{t,2}$。于是：

$$\gamma_1 = \delta + R_{t,1} \qquad (5-21)$$
$$\gamma_2 = \delta + R_{t,2} \qquad (5-22)$$

假定资本自由流动，那么 $R = (1-\tau)R_t$。如果 $R > (1-\tau)R_t$，资本会从银行流向生产部门，直至 $R = (1-\tau)R_t$ 为止；如果 $R < (1-\tau)R_t$，资本会从生产部门流向银行，直至 $R = (1-\tau)R_t$ 为止。

资本在金融市场的流通成本可以简单理解为利息差。一般来说，银行利润的主要来源就是存贷款利息之间的差额。例如，2012年上半年，十大上市银行的净利息收入为 18765.57 亿元，占银行营业收入的 77.9%[①]。银行业除传统的存贷款业务外，还进行"表外业务"，即"影子银行"，其资金本质也是信贷，利润来源依旧是存贷利差。

5.4 政府行为

这里谈论的政府行为仅指政府的经济行为。政府也是国民经济

---

① 普华永道：《银行业快讯：2012 年中国十大上市银行业绩分析》，2013 年
5 月。

体系的重要参与者，原因有以下几点。[①]

（1）市场机制对资源进行有效配置的关键在于要素市场和产品市场是完全竞争的。完全竞争条件要求厂商可以自由进出市场，消费者和厂商关于市场具有完备的信息。政府的经济行为就是为了维护这种完全竞争条件的。

（2）当市场竞争非充分时，厂商面临高额的生产成本，此时需要政府来降低成本。

（3）更一般地来说，如果没有政府提供并保障稳健的法律环境，契约协议和市场交易就无法形成。

（4）即使法律框架完备且竞争壁垒也不存在，某些特定产品或商品的特征决定了其不能由市场提供，因此"外部效应"会导致"市场失效"。此时就需要政府部门参与，无论是通过政府预算、额外津贴还是税务罚款等方式。

（5）社会价值要求对市场机制和财产权利继承实现的收入和财富分配进行调整，以避免收入和财富分配差距过大。

（6）市场机制尤其是发达经济体中的市场机制常常不能保证充分就业、价格稳定和社会偏好的经济增长率。政府的经济行为就是用来保证这些目标的实现的。

政府在为社会提供公共服务、生产公共产品的过程中，需要投入大量的人力、物力和财力资源，造成当前和未来一段时间的直接和间接负担，会有一定的支出，也会获得直接和间接的收益，即获

---

① Richard A. Musgrave and Peggy B. Musgrave, *Public Finance in Theory and Practice*, 5*th ed.*, McGRAW – HILL Book Company, 1980, pp. 5 – 6.

得收益。政府行为遵从宏观经济的四个目标：充分就业、物价稳定、经济增长和国际收支平衡。在一个封闭经济中或者某个地区中，政府行为的约束条件在于收支平衡。

5.4.1 政府的预算约束

在本书的模型中，政府征收一揽子税收、出让土地使用权和发行债券得到收入。定理 4.1 指出，政府对城市原市民主动让利，并不会瓜分土地红利 f_1。对政府来说，失地农民和自发移居城市的人口对土地付出的成本 f_2 是其收益，厂商付出的地租成本 f_4 也是其收益，而政府支付给失地农民的补偿 f_3 是其成本。故政府在 t 期，因土地获得的总收入为：$\left[(1 - e^{-n_t})f_2 - \varphi(1 - e^{-n_t})f_3 + f_4\right]L_{t,1}$。为了方便起见，下文用 $f_5 L_{t,1}$ 表示土地收入。

政府不仅获得土地收入，而且获得税收收入 T_t 以及债务 B_{t+1}。因此政府的总收入为：$T_t + \left[(1 - e^{-n_t})f_2 - \varphi(1 - e^{-n_t})f_3 + f_4\right]L_{t,1} + (1 + R)^{-1}B_{t+1}$。

政府的花费包括在终端产品市场购买金融产品、消费品和服务，即购买性支出 G_t 和将钱款单方面转移给受领者的支出，即转移支付 TR_t，还要偿付本期债券 B_t。因此，政府的预算约束可以表示为：

$$T_t + f_5 L_{t,1} + (1 + R)^{-1}B_{t+1} = G_t + TR_t + B_t \qquad (5-23)$$

假设 $G_t = \varpi F(K_t)$，$M_t = T_t - TR_t = \vartheta F(K_t)$，其中 $\varpi, \theta > 0$ 表示政府政策。

5.4.2 跨时约束条件

定理 5.2：假设政府花费为 $\{G_t\}_{t=0}^{\infty}$，B_t 为一期债券，固定收益率为 R。政府征收一揽子税收 T_t、因土地而获得的总收入为 $f_5 L_t$。政府在终端产品市场购买的金融产品、消费品和服务总计 G_t，对消费者进行转移支付 TR_t。那么得到政府的跨时约束条件为（见附录2）：

$$B_t = \sum_{j=0}^{\infty} R^{-j}(L_{t+j} f_5 + T_{t+j} - G_{t+j} - TR_{t+j}) \tag{5-24}$$

其中 $j = 0,1,2\cdots$ 表示时间。

5.4.3 巴罗－李嘉图等价

定义 5.1：宏观均衡。一个宏观均衡就是消费者的消费水平和债券需求水平 $\{C_t, A_t\}$、政府政策 $\{G_t, f_5 L_{t,1}, T_t, TR_t, B_{t+1}\}$ 满足：

（1）政府政策满足政府预算约束（5-21）；

（2）在政府财政政策给定的条件下，消费者的行为是最优的。

性质 5.1：假设消费者的行为满足跨时约束条件，并且 $\{\overline{C_t}, \overline{A_t}\}$ 和 $\{\overline{G_t}, \overline{f_5 L_{t,1}}, \overline{T_t}, \overline{TR_t}, \overline{B_{t+1}}\}$ 为一组宏观均衡，又假设存在另外的税收政策 $\{\hat{T_t}, \hat{TR_t}\}$ 满足：

$$\sum_{t=0}^{\infty} R^{-t}(\hat{T_t} - \hat{TR_t}) = \sum_{t=0}^{\infty} R^{-t}(\overline{T_t} - \overline{TR_t}) \tag{5-25}$$

那么 $\{\overline{C_t}, \hat{A_t}\}$ 和 $\{\overline{G_t}, \overline{f_5 L_{t,1}}, \hat{T_t}, \hat{TR_t}, \hat{B_{t+1}}\}$ 也是一组宏观均衡，其中，

$$\hat{A_t} = \sum_{j=0}^{\infty} R^{-j}(\overline{C_{t+j}} + \hat{T_{t+j}} - w_{t+j} L_{t+j} - \hat{TR_{t+j}})$$

$$\hat{B}_{t+1} = \sum_{t=0}^{\infty} R^{-j}(f_t L_{t+j,1} + \hat{T}_{t+j} - \overline{G_{t+j}} - T\hat{R}_{t+j})$$

证明详见附录4。

5.5 宏观均衡条件

上文介绍了市场三大主体在经济决策中的目标和约束条件。本节分别介绍两个部门的宏观均衡条件。需要指出的是，两个部门在土地问题上的差异较大。土地在城市部门是企业的生产要素，但在农村部门并不参与生产。

5.5.1 城市部门

城市部门均衡时，所有的供给等于需求，而且 $R^{-1}A_{t,1} = K_{t,1}$，因为 t 期初的社会资本存量 $K_{t,1}$ 到期末会增值成 $RK_{t,1}$，即社会总资本 $A_{t,1}$。这里我们的状态变量是 $\{k_{t,1},a_{t,1}\}_{t=0}^{\infty}$，控制变量是 $\{c_{t,i}\}_{t=0}^{\infty}$。也就是说通过某一个点 $(k_{t,1},a_{t,1})$ 就能描述 t 期的经济状态，通过控制点 $c_{t,1}$ 就能得到 t 期消费和投资的分配状态，从而得到 k_{t+1}，进而可以描述下一期的经济状态。

我们的均衡条件为：

$$\max_{\{k_{t+1,1},c_{t,1}\}_{t=0,\cdots,\infty}} V_1 = \sum_{t=0}^{\infty} \beta^t L_{t,1} u(A_1,c_{t,1},g_{t,1}) \tag{5-26}$$

其中：

$$u_{t,1} = \begin{cases} \dfrac{(A_1 c_{t,1} g_{t,1}^{\theta})^{1-\sigma} - 1}{1-\sigma}, \sigma > 0 \text{ 且 } \sigma \neq 1, 0 < \theta < 1 \\ ln(A_1 c_{t,1}) + \theta ln(g_{t,1}), \sigma = 1, 0 < \theta < 1 \end{cases} \tag{5-27}$$

$$\text{S. t. } C_{t,1} + K_{t+1,1} = E(a_{t,1}K_t^{\alpha_1}L_t^{1-\alpha_1}) + [(1-\delta)R - \gamma_1]K_{t,1} + M_{t,1} + L_{t,1}lb$$

$$(5-28)$$

$$G_{t,1} = \overline{\omega}_1 F(K_{t,1}), M_{t,1} = \vartheta_1 F(K_{t,1}) \tag{5-29}$$

$$lna_{t+1,1} = \rho_1 lna_{t,1} + \varepsilon_{t,1}, \varepsilon_{t,1} \sim N(0, \xi_1^2) \tag{5-30}$$

假定每个消费者都提供 1 单位的劳动，那么劳动人口数和总人口数相等，即 $L_{t,1} = N_{t,1}$。假定人口的增长率为常数 n_1，$n_1 \in R$，那么 $N_0 e^{n,t}$ 就是 t 期人口数。人均转移支付 $tr_{t,1} = \dfrac{TR_{t,1}}{L_{t,1}}$，人均税负 $t_{t,1} = \dfrac{T_{t,1}}{L_{t,1}}$，$m_{t,1} = \dfrac{M_{t,1}}{L_{t,1}} = \dfrac{T_{t,1} - TR_{t,1}}{L_{t,1}}$，人均资本存量 $k_{t,1} = \dfrac{K_{t,1}}{L_{t,1}}$。厂商的生产函数为 $f(k_{t,1}) = k_t^{\alpha_1}$。令 $j_1 = (1-\delta)(1+R) - \delta - \dfrac{R}{1-\tau_1}$，$m_{t,1} = \vartheta_1 E[a_{t,1}f(k_{t,1})]$。

人均土地红利 $lb = \varphi f_3 - f_2 + e^{-n}(f_1 + f_2 - \varphi f_3)$，其中 f_1 是城市原市民的人均住房年自然增值，f_2 是失地农民的人均年安家成本，f_3 是失地农民获得的年均土地补偿，φ 表示失地农民占城市新市民的比例。

转换成人均量以后，约束方程变为：

$$g_{t,1} = \overline{\omega}_1 f(k_{t,1})$$

$$c_{t,1} + (n_1 + 1)k_{t+1,1} = (1-\vartheta_1)E[a_{t,1}f(k_{t,1})] + j_1 k_{t,1} + lb$$

拉格朗日乘式如下：

$$EV_1 = \sum_{t=0}^{\infty}\beta^t L_{t,1}u(c_{t,1}, g_{t,1}) + \sum_{t=0}^{\infty}\beta^t \lambda_{t,1} L_{t,1}\{(1-\vartheta_1)E[a_{t,1}f(k_{t,1})] + j_1 k_{t,1} + lb$$

$$- c_{t,1} - (n_1+1)k_{t+1,1}\} + \sum_{t=0}^{\infty}\beta^t \eta_{t,1} L_{t,1}\{\overline{\omega}_1 E[a_{t,1}f(k_{t,1})] - g_{t,1}\} \tag{5-31}$$

那么最优化条件为：

$$u'_{c_{t,1}} = \lambda_{t,1} \tag{5-32}$$

$$u'_{g_{t,1}} = \eta_{t,1} \tag{5-33}$$

$$\lambda_{t,1}\beta^t\{(1-\vartheta_1)E[a_{t,1}f'(k_{t,1})] + j_1\} + \eta_{t,1}\beta^t\varpi_1 E[a_{t,1}f'(k_{t,1})] - \lambda_{t-1,1}\beta^{t-1} = 0 \quad ① $$

$$\tag{5-34}$$

$$(1-\vartheta_1)E[a_{t,1}f(k_{t,1})] + j_1 k_{t,1} + lb - c_{t,1} - (n_1+1)k_{t+1,1} = 0 \tag{5-35}$$

$$\varpi_1 E[a_{t,1}f(k_{t,1})] - g_{t,1} = 0 \tag{5-36}$$

和横截性条件：

$$\lim_{T\to\infty}\beta^{T+1}\lambda_{T+1,1}k_{T+1,1} = 0 \tag{5-37}$$

上述式子化简后得到欧拉方程：

$$\beta u'_{c_{t,1}}\{(1-\vartheta_1)E[a_{t,1}f'(k_{t,1})] + j_1\} + \varpi_1\beta u'_{g_{t,1}}E[a_{t,1}f'(k_{t,1})] = u'_{c_{t-1,1}}$$

$$\tag{5-38}$$

预算约束：

$$(1-\vartheta_1)E[a_{t,1}f(k_{t,1})] + j_1 k_{t,1} + lb - c_{t,1} - (n_1+1)k_{t+1,1} = 0 \tag{5-39}$$

且

$$\varpi_1 E[a_{t,1}f(k_{t,1})] - g_{t,1} = 0 \tag{5-40}$$

和横截性条件：

$$\lim_{T\to\infty}\beta^{T+1}\lambda_{T+1,1}k_{T+1,1} = 0 \tag{5-41}$$

式（5-32）、式（5-33）表明在最优处，私人消费和公共消费的边际效用等于财富的边际值。式（5-38）为欧拉方

---

① 这里使用了等价无穷小，$n \to 0$ 时，$e^n - 1 \to n$，即 $e^n \to n + 1$，故 $(n+1)L_{t-1} \to e^n L_{t-1} = L_t$。

程，式（5 - 39）和式（5 - 40）为预算约束方程。横截性条件式（5 - 37）排除了发散均衡点的情形，它表明在时间充分长时，财富的价值充分小。这是因为如果在充分长的时间财富的边际值（均衡时等于消费的边际效用）为正，则消费者的财富一定为零。否则，如果存在正的财富，消费者可以降低财富水平用来增加私人消费或者公共消费，从而提高总的效用；另外，如果在充分长的时间消费者还存在正的财富，那么消费者私人消费和公共消费的边际效用一定等于零。否则，同样的道理消费者可以降低财富水平来增加私人消费或者公共消费，从而提高总效用。

5.5.2 农村部门

上文提到，农村部门和城市部门唯一的差异就是土地是否作为企业的生产要素。因此，农村消费者瞬时效用假定为：

$$u_{t,2} = \begin{cases} \dfrac{(A_2 c_{t,2} g_{t,2}^{\theta})^{1-\sigma} - 1}{1 - \sigma}, \sigma > 0 \text{ 且 } \sigma \neq 1, 0 < \theta < 1 \\ ln(A_2 c_{t,2}) + \theta ln(g_{t,2}), \sigma = 1, 0 < \theta < 1 \end{cases} \quad (5-42)$$

假定每个消费者都提供 1 单位的劳动，那么劳动人口数和总人口数相等，即 $L_{t,2} = N_{t,2}$。假定人口的增长率为常数 $n_2, n_2 \in R$，那么 $N_0 e^{n_2 t}$ 就是 t 期人口数。人均转移支付 $tr_{,2} = \dfrac{TR_{t,2}}{N_{t,2}}$，人均税负 $t_{t,2} = \dfrac{T_{t,2}}{L_{t,2}}$，$m_{t,1} = \dfrac{M_{t,2}}{N_{t,2}} = \dfrac{T_{t,2} - TR_{t,2}}{N_{t,2}}$，人均资本存量 $k_{t,2} = \dfrac{K_{t,2}}{N_{t,2}}$。令 $j_2 = (1 - \delta)(1 + R) - \delta - \dfrac{R}{1 - \tau_2}$，$m_{t,2} = \vartheta_2 E[a_{t,1} f(k_{t,1})]$，其中 τ_2 表示城

市部门的资本抑制情况。而且厂商的生产函数为 $f(k_{t,2}) = k_t^{\alpha_2}$。这里我们的状态变量是 $\{k_{t,2}, a_{t,2}\}_{t=0}^{\infty}$，控制变量是 $\{c_{t,2}\}_{t=0}^{\infty}$。

同上，我们可以得到农村部门的欧拉方程、预算约束和横截性条件。

欧拉方程：

$$\beta u'_{c_{t,2}}\{(1-\vartheta_2)E[a_{t,2}f'(k_{t,2})]+j_2\}+ \tag{5-43}$$
$$\varpi_2\beta u'_{g_{t,2}}E[a_{t,2}f'(k_{t,2})]=u'_{c_{t-1,2}}$$

预算约束：

$$(1-\vartheta_2)E[a_{t,2}f(k_{t,2})]+j_2k_{t,2}-c_{t,2}-(n_2+1)k_{t+1,2}=0 \tag{5-44}$$

且

$$\varpi_2 E[a_{t,2}f(k_{t,2})]-g_{t,2}=0 \tag{5-45}$$

横截性条件：

$$\lim_{T\to\infty}\beta^{T+1}\lambda_{T+1,2}k_{T+1,2}=0。 \tag{5-46}$$

5.6 均衡点

5.6.1 均衡点的存在及稳定性

定理 5.3：两部门的欧拉方程如下：

$$\beta u'_{c_{t+1,i}}(c_{t+1,i}, g_{t+1,i})\{(1-\vartheta_i)E[a_{t+1,i}f'(k_{t+1,i})]+j_i\}$$
$$+\varpi_i\beta u'_{g_{t+1,i}}(c_{t+1,i}, g_{t+1,i})E[a_{t+1,i}f'(k_{t+1,i})]=u'_{c_{t,i}}(c_{t,i}, g_{t,i}) \tag{5-47}$$

其中，$j_i = \dfrac{(\tau_i\delta-\tau_i-\delta)R}{1-\tau_i}-\delta<0, \delta, \tau_i\in(0,1), R\geqslant0$。

城市部门资源约束条件如下：

$$(1 - \vartheta_1)E[a_{t,1}f(k_{t,1})] + j_1 k_{t,1} + lb - c_{t,1} - (n_1 + 1)k_{t+1,1} = 0$$

$$\varpi_1 E[a_{t,1}f(k_{t,1})] = g_{t,1}$$

其中，$\vartheta_1 > 0, f < 0, n_1 \in R$

农村部门有如下资源约束条件：

$$(1 - \vartheta_2)E[a_{t,2}f(k_{t,2})] + j_2 k_{t,2} - c_{t,2} - (n_2 + 1)k_{t+1,2} = 0$$

$$\varpi_2 E[a_{t,2}f(k_{t,2})] = g_{t,2}$$

其中，$\vartheta_2 > 0, n_2 \in R$

对于城市部门，当 $lb > \dfrac{(\alpha_1 - 1)}{\beta\theta}\alpha_1^{\frac{2\alpha_1 - 1}{1 - \alpha_1}} A_1^{\frac{1}{1 - \alpha_1}} B_1^{\frac{\alpha_1}{\alpha_1 - 1}}$ 时，存在两个稳态

解；当 $lb = \dfrac{(\alpha_1 - 1)}{\beta\theta}\alpha_1^{\frac{2\alpha_1 - 1}{1 - \alpha_1}} A_1^{\frac{1}{1 - \alpha_1}} B_1^{\frac{\alpha_1}{\alpha_1 - 1}}$ 时，存在一个稳态解。由于无法获

得解的具体表达形式，假定城市部门稳态解为 k_1^*，此时人均私人消

费为 $c_1^* = \dfrac{1 - \beta j_1}{\alpha_1 \beta\theta}k_1^* - \left(\dfrac{1 - \vartheta_1}{\theta}\right)k_1^{*\,\alpha_1}$。对于农村部门，一定存在唯一

非零稳态解 $k_2^* = \left[\dfrac{\alpha_2\beta(1 - \vartheta_2)(1 + \theta)}{1 - \beta j_2 + \alpha_2\beta\theta(n_2 + 1 - j_2)}\right]^{\frac{1}{1 - \alpha_2}}$，此时农村部门人

均私人消费为 $c_2^* = \dfrac{1 - \beta j_2}{\alpha_2 \beta\theta}k_2^* - \left(\dfrac{1 - \vartheta_2}{\theta}\right)k_2^{*\,\alpha_2}$，而且两部门的稳态都

是鞍点稳定的。

　　附录 5.1 和附录 5.2 证明了城市和农村两部门均衡点的存

在性。附录 5.3 证明了城市和农村两部门的均衡点都是鞍点稳

定的。

　　在均衡处，两部门的 k_i 收敛于 k_i^* 处，人口以速率 n_i 增加，资

本存量 K_i 等于 $L_{t,i}k_i^*$；由于 k_i 在 k_i^* 处不变，K_i 以速率 n_i 增长，并且产出 Y_i 也以该速率增长；每个工人的平均人力资本 $\dfrac{K_{t,i}}{L_{t,i}}$ 和每个工人的平均产出 $\dfrac{Y_{t,i}}{L_{t,i}}$ 也都不变。除非政策发生改变，否则经济就会以这种状态持续不变地运行下去。

这说明了只要有某个封闭区域的政策条件与这里的城市部门或者农村部门吻合，经济最终都会进入各自的稳态，并且以这种状态发展下去。这也暗示了如果政策制定者希望农村部门像城市部门一样快速发展的话，只要改变相应政策，农村经济一定能自发走入城市经济的稳态。

5.6.2 均衡点的政策响应

这里我们从理论上考查稳态路径对政策的响应方向，本书也会在 7.1 节通过政策仿真给出稳态路径对政策的具体响应程度。根据附录 5，我们有：

$$\frac{\partial k_1^*}{\partial \tau_1} < 0, \ \frac{\partial k_1^*}{\partial \vartheta_1} < 0, \ \frac{\partial k_1^*}{\partial n_1} < 0, \ \frac{\partial k_1^*}{\partial lb} > 0, \ \overline{\omega}_1 \ \text{对} \ k_1^* \ \text{无影响}$$

$$\frac{\partial k_2^{**}}{\partial \tau_2} < 0, \ \frac{\partial k_2^{**}}{\partial \vartheta_2} < 0, \ \frac{\partial k_2^{**}}{\partial n_2} < 0, \ \overline{\omega}_1 \ \text{对} \ k_2^{**} \ \text{无影响}$$

当金融市场摩擦增大、税收增多、转移支付减少、人口增长率提高、土地红利减少时，该部门的稳态 k 就降低，相应部门资本存量 K 也降低，部门总产出 Y 也降低；反之则反。

因此，单独讨论城市部门或者农村部门，要提高稳态时的人均资本存量，本章给出的政策建议是：减小金融市场抑制程度、减少税收、增加转移支付、降低人口增长率和提高土地红利。

5.7 本章小结

本章主要讨论了如何构建包含地租、资本楔和城市倾向政策的单部门 DSGE 模型，并且给出了消费和资本的跨期决策解，为下一章构建两部门模型奠定了理论基础。本章两个封闭单部门模型有如下特征。

（1）效用函数有差别，两部门的消费者对私人消费的感受是存在差别的，但他们对公共消费的感受是一致的。

（2）ϑ_1 和 ϑ_2 不同，说明政府在城市和农村两部门的税收和转移支付政策存在差异。

（3）$\overline{\omega}_1$ 和 $\overline{\omega}_2$ 不同，说明城市和农村的政府支出力度不同。

（4）$K_{t,1}$ 和 $K_{t,2}$ 的系数不同，$j_i = (1 - \delta)(1 + R) - \delta - \dfrac{R}{1 - \tau_i}$，说明城市和农村两部门的资本楔不同，资本在城市和农村之间效率也是不同的。

（5）α_1 和 α_2 不同，表明两个部门间的要素收益不同。

（6）土地红利 lb 仅存在于城市部门，农村并无地租。

本书附录证明了单部门 DSGE 模型存在均衡解，并且均衡解是稳定的，也就是说在单部门经济中存在趋同效应（Romer，1996）。另外，本章还从理论上证明了均衡点处，政策参数 τ、ϑ、n、lb 和 $\overline{\omega}$ 变化对稳态 k 的影响，为下文做两部门模型提供了比较的基础。

单独讨论城市部门或者农村部门，要提高稳态时的人均资本存量和人均产出，本章给出了降低金融市场抑制程度、减少税收、增加转移支付、降低人口增长率和提高土地红利的政策建议。

第六章　城市化后：两部门 DSGE 模型

第四章讨论了土地红利和资本楔对城市化进程的理论影响。第五章构建了两个封闭的单部门模型，论证了这两个因素对单部门封闭经济的影响。但事实上城乡两个经济体并不是封闭、独立的，城乡之间存在资源、消费、劳动力等要素的流动，并且这种流动几乎是没有障碍的，封闭并不是现实经济的实际表现。基于此，本章构建了包含土地和资本楔因素的两部门 DSGE 模型，在第五章的基础上，讨论资源流动背景下土地和资本楔对城乡经济的影响。

Uzawa（1961）开始致力于研究两种商品、两部门的索洛生产模型，开创了两部门研究的先例。后来 Oniki 和 Uzawa（1965）对其做了扩展，Stiglitz（1970）把 Ramsey 动态加入两部门模型中。后来 Bruno（1976），Devaragan、Lewis 和 Robinson（1991），Devereux 和 Love（1994），Amir（1996），Barro（2004），Ngai 和 Pissarides（2005），Judd（2011）等对两部门和多部门模型做了深入研究。本章构建的模型非常多地借鉴了前人的研究。

本章的结构安排如下：第一节，在要素和消费自由流动的背景下，描述消费者、企业和政府的行为目标和行为约束；第二节，构建包含土地、资本楔和城市倾向政策的两部门 DSGE 模型，讨论模型的性质；第三节，讨论模型欧拉方程和简化的预算约束，得到模型的最优路径，并讨论城市化增长率的性质；第四节，讨论模型的迭代均衡，求解均衡时的控制变量；第五节，讨论稳态解及其存在性；第六节，讨论模型表达的城乡差距；第七节是本章小结。

6.1　模型假定

社会计划者对城市和农村两个部门的生产、消费和社会政策等信息完全了解，掌握消费者的效用函数、厂商的生产技术、公共政策信息等，那么对社会计划者来说要做出最优决策，就是要在社会期望总效用最大化的前提下，在每一个时期 t 开始的时候，安排本期两部门的社会消费和投资。此时社会计划者的最优目标不再是两部门分别实现消费者效用的最大化，而是两个部门消费者效用总和的最大化。

6.1.1　目标函数

假定两部门消费者的瞬时效用函数如下：

$$u(c_{t,i}, g_{t,i}) = \begin{cases} \dfrac{(A_i c_{t,i} g_{t,i}^{\theta})^{1-\sigma} - 1}{1 - \sigma}, \sigma > 0 \text{ 且 } \sigma \neq 1 \\ ln(A_i c_{t,i}) + \theta ln(g_{t,i}), \sigma = 1 \end{cases} \tag{6-1}$$

其中 $0 < \theta < 1$，$A_i > 0$ 是常数，$c_{t,i} = \dfrac{C_{t,i}}{L_{t,i}}$ 为人均私人消费，

$g_{t,i} = \dfrac{G_{t,i}}{L_{t,i}}$ 为人均公共消费。t 期的城市人口为 $L_{t,1} = e^{n_1 t} L_{0,1}$，农村人

口为 $L_{t,2} = e^{n_2 t} L_{0,2}$，贴现率为 β，$0 < \beta < 1$，那么社会效用最大化函数为：

$$\max_{\{k_{t+1,1}, c_{t,1}, k_{t+1,2}, c_{t,2}\}_{t=0,\cdots,\infty}} V = \sum_{t=0}^{\infty} \beta^t L_{t,1} u(A_1, c_{t,1}, g_{t,1}) + \sum_{t=0}^{\infty} \beta^t L_{t,2} u(A_2, c_{t,2}, g_{t,2})$$

$$(6-2)$$

6.1.2　消费者行为

前文详细分析了封闭条件下，两个单部门消费者的行为约束，在本章中投资、消费和劳动力都可以在两部门之间自由流动，因此 t 期消费者的预算约束式（5-1）和式（5-2）在本章中就变为：

$$C_{t,1} + \frac{A_{t+1,1}}{1+R} + C_{t,2} + \frac{A_{t+1,2}}{1+R} \leq (1-\delta) A_{t,1} + w_{t,1} L_{t,1} + TR_{t,1} - T_{t,1} + lb L_{t,1}$$

$$+ (1-\delta) A_{t,2} + w_{t,2} L_{t,2} + TR_{t,2} - T_{t,2}$$

$$(6-3)$$

另外，设 φ 表示 t 期新增城市人口中失地农民的比例，f_1 是城市原居民的人均住房自然增值，f_2 是失地农民的人均安家成本，f_3 是失地农民获得的土地补偿，那么：

$$lb = e^{-n_1} f_1 - (1 - e^{-n_1}) f_2 + \varphi(1 - e^{-n_1}) f_3 \qquad (6-4)$$

6.1.3　企业行为

在城乡技术分割的市场上，相对于农村来说，城市经济受机器、计算机等技术的影响不同于农村，而且城市部门体现在要素组合上的社会开放和改革步伐也不同于农村。假定城市和农村两部门生产技术都随着特定路径演进，并对生产要素组合产生影响，即假

定各期的生产技术 $a_{t,i}$ 独立同分布，每个 $a_{t,i}$ 都在时间上遵循马尔科夫过程：

$$ln\,a_{t+1,i} = \rho_i ln\,a_{t,i} + \varepsilon_{t,i} \tag{6-5}$$

这里 $\varepsilon_{t,i} \sim N(0, \xi_i^2)$，是一个服从均值为零，方差为 ξ_i^2 的自然分布。$\rho_i \in R$，是技术演变的自相关系数。假定生产技术的初值 $a_0 = [1,1]$。

现在我们考虑柯布 – 道格拉斯的随机生产函数，由于两部门在生产技术、生产方式上存在差异，因此资本的产出弹性也不一样。如前，本书假定城市部门的生产函数为 $E(Y_{t,1}) = a_{t,1}K_{t,1}^{\alpha_1}L_{t,1}^{1-\alpha_1}$，农村部门的生产函数为 $E(Y_{t,2}) = a_{t,2}K_{t,2}^{\alpha_2}L_{t,2}^{1-\alpha_2}$。虽然美、英等发达国家的劳动力收入比高、资本收入比低，但是赵志耘（2006）估计东部、中部、西部的资本产出弹性分别为 0.76、0.67、0.47，可见在中国，越是发达的地区资本产出弹性越高。因此，本书假定 $\alpha_1 > \alpha_2$。

对企业来说，要素市场和产品市场是充分竞争的。前文也提到，企业在零利润条件下，资本回报率包含两方面，一是资本的自然折旧，二是资本的使用成本。第四章证明了两个部门的金融抑制程度不同，故两部门资金的使用成本也不同，且 $R_{t,1} < R_{t,2}$。

$$E[F'(K_{t,i})] = \delta + R_{t,i} \tag{6-6}$$

如前文所述，城市企业除了需要支付劳动力和资本等要素的成本外，还要支付地租成本。企业的人均土地成本为 f_4，那么城市部门生产函数的分配可以表示为：

$$E(Y_{t,1}) = w_{t,1}L_{t,1} + (\delta + R_{t,1})K_{t,1} + f_4 L_{t,1} \tag{6-7}$$

农村部门生产函数的分配可以表示为：

$$E(Y_{t,2}) = w_{t,2}L_{t,2} + (\delta + R_{t,2})K_{t,2} \tag{6-8}$$

6.1.4 政府行为

第五章提到，政府征收一揽子税收、出让土地使用权和发行债券得到收入。税收为 $T_t = T_{t,1} + T_{t,2}$，土地收入为 $f_5 L_{t,1}$，政府发行的债务为 $(1 + R)^{-1}B_{t+1}$。因此政府的总收入为：

$$T_{t,1} + T_{t,2} + f_5 L_{t,1} + \frac{B_{t+1}}{1 + R} \tag{6-9}$$

政府的花费包括在终端产品市场购买的金融产品、消费品和服务，即购买性支出 $G_t = G_{t,1} + G_{t,2}$ 和将钱款单方面转移给受领者的支出，即转移支付 $TR_t = TR_{t,1} + TR_{t,2}$，偿付本期债券 B_t。因此，政府的行为约束可以表示为：

$$T_{t,1} + T_{t,2} + f_5 L_{t,1} + \frac{B_{t+1}}{1 + R} = G_{t,1} + G_{t,2} + TR_{t,1} + TR_{t,2} + B_t \tag{6-10}$$

本章假定 $G_{t,i} = \varpi_i E_t(a_{t,i})$，$M_{t,i} = T_{t,i} - TR_{t,i} = \vartheta_i E_t(Y_{t,i})$，其中 $\varpi_i, \vartheta_i > 0$，城市部门和农村部门的参数不同表示政府政策存在城市倾向。

6.2 模型和性质

本节将社会规划者的目标函数，消费者、企业和政府的行为约束按照国民经济循环体系整合在一起，构建一个资源、消费和劳动可以自由流动的两部门 DSGE 模型。这里我们的状态变量是 $\{k_{t,i}, a_{t,i}\}_{t=0}^{\infty}$，控制变量是 $\{c_{t,i}\}_{t=0}^{\infty}$。

6.2.1 模型构建

如前所述，社会规划者目标函数为：

$$\max_{\{k_{t+1,1}, c_{t,1}, k_{t+1,2}, c_{t,2}\}_{t=0,\cdots,\infty}} V = \sum_{t=0}^{\infty} \beta^t L_{t,1} u(A_1, c_{t,1}, g_{t,1}) + \sum_{t=0}^{\infty} \beta^t L_{t,2} u(A_2, c_{t,2}, g_{t,2})$$

其中，$u(c_{t,i}, g_{t,i}) = \begin{cases} \dfrac{(A_i c_{t,i} g_{t,i}^{\theta})^{1-\sigma} - 1}{1 - \sigma}, & \sigma > 0 \text{ 且 } \sigma \neq 1, 0 < \theta < 1 \\ ln(A_i c_{t,i}) + \theta ln(g_{t,i}), & \sigma = 1, 0 < \theta < 1 \end{cases}$

预算约束分别为：

$$E_t\big[(1-\vartheta_1)a_{t,1}F(K_{t,1}) + j_1 K_{t,1} + lb L_{t,1} + (1-\vartheta_2)a_{t,2}F(K_{t,2}) + j_2 K_{t,2}$$
$$- C_{t,1} - K_{t+1,1} - C_{t,2} - K_{t+1,2}\big] = 0 \tag{6-11}$$

$$G_{t,1} = E_t\big[\varpi_1 a_{t,1} F(K_{t,1})\big] \tag{6-12}$$

$$G_{t,2} = E_t\big[\varpi_2 a_{t,2} F(K_{t,2})\big] \tag{6-13}$$

$$ln a_{t+1,i} = \rho_i ln a_{t,i} + \varepsilon_{t,i}, \quad \varepsilon_{t,i} \sim N(0, \xi_i^2)$$

其中 t 期的城市人口为 $L_{t,1} = e^{n_1 t} L_{0,1}$，农村人口为 $L_{t,2} = e^{n_2 t} L_{0,2}$，贴现率为 β，$0 < \beta < 1$；城市消费总量为 $C_{t,1}$，城市资本总存量为 $K_{t,1}$，城市公共消费总量为 $G_{t,1}$；t 期的农村消费总量为 $C_{t,2}$，农村资本总存量为 $K_{t,2}$，农村公共消费总量为 $G_{t,2}$。其中 $K_{t,i} = \dfrac{A_{t,i}}{1+R}$。$lb = e^{-n_1}f_1 - (1-e^{-n_1})f_2 + \varphi(1-e^{-n_1})f_3$，表示城市部门的人均土地红利。$j_i = (1-\delta)(1+R) - \delta - \dfrac{R}{1-\tau_i}$，$\tau_i$ 表示两个部门的资本抑制情况。

6.2.2 模型性质

通过模型的目标函数和预算约束式，我们得到如下性质。

（1）从预算约束式（6-11）可以看出：消费 C 在城市和农村两部门可以自由流动，资本 K 在城市和农村两部门可以自由流动，两部门的人口满足各自的条件变化且可自由流动；生产在每个部门都是封闭的。

（2）效用函数有差别。由于 A_1 和 A_2 不同，城市部门和农村部门的消费者对私人消费的感受是存在差别的，但他们对公共消费的感受是一致的。

（3）ϑ_1 和 ϑ_2 不同，说明政府在城市和农村两部门的税收和转移支付政策存在差异性。

（4）ϖ_1 和 ϖ_2 不同，说明城市和农村的政府支出力度不同。

（5）$K_{t,1}$ 和 $K_{t,2}$ 的系数不同，$j_i = (1-\delta)(1+R) - \delta - \dfrac{R}{1-\tau_i}$，说明城市和农村两部门的资本楔不同，表示两个部门的资本抑制情况不同，因此资本在城市和农村之间效率也是不同的。

（6）α_1 和 α_2 不同，表明两个部门间的要素收益不同。在城市地区，资本相对于劳动力是富足的，而在农村地区，资本相对于劳动力是匮乏的，故 $\alpha_1 > \alpha_2$。

（7）土地红利 lb 仅存在于城市部门，农村并无土地红利。

根据这个模型的性质，可以看出造成城乡差别的除了资本产出弹性差异外，还有政府政策的差异，包括税收与转移支付政策、公共支出政策、金融政策和土地政策等方面的差异。

6.3 最优路径分析

在明确了两部门的目标函数和预算约束集、模型的状态变量和控制变量后，我们来分析如何进行最优资源配置以达到消费者效用最大化。

6.3.1 预算约束和欧拉方程

t 期城市人均消费 $c_{t,1}$，城市人均资本存量为 $k_{t,1}$，城市人均公共消费 $g_{t,1}$；t 期的农村人均消费 $c_{t,2}$，农村人均资本存量为 $k_{t,2}$，农村人均公共消费 $g_{t,2}$。$lb = e^{-n_t}f_1 - (1 - e^{-n_t})f_2 + \varphi(1 - e^{-n_t})f_3$，表示城市部门的人均土地红利。

整理式（6-2）、式（6-11）、式（6-12）和式（6-13），我们可以得到拉格朗日函数如下：

$$L = E_t\Big\{ \sum_{t=0}^{\infty} \beta^t L_{t,1} u(c_{t,1}, g_{t,1}) + \sum_{t=0}^{\infty} \beta^t L_{t,2} u(c_{t,2}, g_{t,2}) + \sum_{t=0}^{\infty} \lambda_t \beta^t [(1 - \vartheta_1) L_{t,1} a_{t,1} f(k_{t,1})$$

$$+ j_1 L_{t,1} k_{t,1} + lb L_{t,1} - L_{t,1} c_{t,1} - (n_1 + 1) L_{t,1} k_{t+1,1} + (1 - \vartheta_2) L_{t,2} a_{t,2} f(k_{t,2})$$

$$+ j_2 L_{t,2} k_{t,2} - L_{t,2} c_{t,2} - (n_2 + 1) L_{t,2} k_{t+1,2}] + \sum_{t=0}^{\infty} \eta_{t,1} \beta^t L_{t,1} [\varpi_1 a_{t,1} f(k_{t,1}) - g_{t,1}]$$

$$+ \sum_{t=0}^{\infty} \eta_{t,2} \beta^t L_{t,2} [\varpi_2 a_{t,2} f(k_{t,2}) - g_{t,2}] \Big\} \tag{6-14}$$

于是得到一阶方程如下：

$$u'_{c_{t,i}} = \lambda_t \tag{6-15}$$

$$u'_{g_{t,i}} = \eta_{t,i} \tag{6-16}$$

$$E_t \{ \lambda_t \beta^t L_{t,i} [(1 + \vartheta_i) a_{t,i} f'(k_{t,i}) + j_i] + \eta_{t,i} \beta^t \varpi_i L_{t,i} a_{t,i} f'(k_{t,i}) - \lambda_{t-1} \beta^{t-1} L_{t-1,i} (n_i + 1) \} = 0$$

$$\tag{6-17}$$

$$E_t[(1 - \vartheta_1)L_{t,1}a_{t,1}f(k_{t,1}) + j_1L_{t,1}k_{t,1} + lbL_{t,1} - L_{t,1}c_{t,1} - (n_1 + 1)L_{t,1}k_{t+1,1}$$

$$+ (1 - \vartheta_2)L_{t,2}a_{t,2}f(k_{t,2}) + j_2L_{t,2}k_{t,2} - L_{t,2}c_{t,2} - (n_2 + 1)L_{t,2}k_{t+1,2}] = 0 \qquad (6 - 18)$$

$$E_t\{\beta'L_{t,i}[\varpi_i a_{t,i}f(k_{t,i}) - g_{t,i}]\} = 0 \qquad (6 - 19)$$

化简后可得城市和农村部门的欧拉方程：

$$E_t\left\{\beta\frac{u'_{c_{t+1,i}}}{u'_{c_{t,i}}}[(1 - \vartheta_i)a_{t+1,i}f'(k_{t+1,i}) + j] + \beta\frac{u'_{g_{t+1,i}}}{u'_{c_{t,i}}}\varpi_i a_{t+1,i}f'(k_{t+1,i})\right\} = 1 \text{ [1]}$$

$$(6 - 20)$$

在满足约束方程式（6 - 18）和式（6 - 19）的前提下，沿着欧拉方程式（6 - 20）获得的就是最优路径，通过对最优路径的分析本书可以得到与城市化速度有关的性质。

6.3.2　人口增长率与城市化率的性质

t 时期的城市化率 $= \dfrac{L_{t,1}}{L_{t,1} + L_{t,2}} = \dfrac{1}{1 + L_{01}/L_{02} \cdot e^{(n_2 - n_1)t}}$，可见如果城市人口增长率 n_1 突然增加，那么当期的城市化率也提高；如果农村人口增长率 n_2 突然增加，那么当期的城市化率就降低。分析模型的约束方程和欧拉方程，我们得到人口增长率和城市化率有如下性质。

（1）城市人口增长率增加对社会总效用产生正面影响，农村人口增长率增加对社会总效用也产生正面影响。对于式（6 - 2），n_1 越大 V 值越大；n_2 越大 V 值也越大。也就是说不论城市化率提高还

---

[1]　这里使用了等价无穷小，$n \to 0$ 时，$e^n - 1 \to n$，即 $e^n \to n + 1$，故 $(n_i + 1)L_{t-1,i} \to e^{n_i}L_{t-1,i} = L_{t,i}$。

是降低，只要人口是增加的，社会总效用就总是增加的。

（2）城市人口增长率不影响向稳态的收敛速度。由于欧拉方程式（6-20）并不含有 n_1，因此可以判断，对于最优解而言，城市人口增长率并不影响状态的变化速度。也就是说城市化率不影响向稳态的收敛速度。

（3）人口增长率对各时期的资本存量产生负面显著影响。虽然城市人口增长率不影响初态向稳态的收敛速度，但是它会影响最优资本存量本身。t 期各种条件不变的情况下，从式（6-18）可以看出，城市人口增长率 n_1 突然增加，对 $t+1$ 期的城市部门人均资本存量 $k_{t+1,1}$ 产生挤出效应，继而对 $t+1$ 期的城市部门和农村部门的私人消费 $c_{t+1,i}$ 产生挤出效应。农村人口亦如是。也就是说，现实经济中城市人口不断增加，城市化率不断提高，对各时期的资本存量产生负面影响。

6.4 迭代均衡

从欧拉公式和预算约束来看，在最优情况下，本期的私人消费和社会资本存量受制于上期的私人消费，而本期的私人消费又和下期的社会资本存量显著相关。本书所分析的一般均衡其实是迭代均衡。

6.4.1 均衡时的 k_{t+1}

本模型的控制变量是 $\{c_{t,i}\}_{t=0}^{\infty}$，在本期经济生产已知的前提下，明确每一期的城乡消费，就能够明确本期投资，也就能明确下期的经济生产。因此，两部门的人均社会资本 k_i 是本模型的关键变量。不论是生产函数 $f(k_i)$、税收与转移支付政策 $\vartheta_i f(k_i)$、公共消费政策 $\overline{\omega}_i f(k_i)$，还是私人消费 c_i 都随 k_i 的变化而变化。因此，得到 k_i 或者说得到 $k_{t+1,i}$ 是本模型的关键。

这里根据欧拉方程式（6 – 20）的迭代关系，可以得到形如式（6 – 21）的 $k_{t+1,i}$。

$$k_{t+1,i} = E_t \left\{ \beta \left\{ \frac{u'_{c_{t+1,i}}}{u'_{c_{t,i}}} \left[(1 - \vartheta_i) a_{t+1,i} f'(k_{t+1,i}) + j_i \right] + \frac{u'_{g_{t+1,i}}}{u'_{c_{t,i}}} \overline{\omega}_i f'(k_{t+1,i}) \right\} \right\} k_{t+1,i}$$

$$(6 – 21)$$

在 7.1 节中，本书会详细介绍如何通过式（6 – 20）来获得 $k_{t+1,i}$。对于均衡时的 k_{t+1}，人均资本具有如下性质。

（1）ϑ_i 对 $k_{t+1,i}$ 有负向影响。部门的税收和转移支付政策对下期的部门社会资本存量产生负向影响，进而影响下期的部门社会产出。由于 $\vartheta_i = \dfrac{T_i - TR_i}{Y_i}$，那么部门转移支付越大，$\vartheta_i$ 就越小，社会资本存量越多，社会总产出越大；部门税收越高，ϑ_i 就越大，社会资本存量就越少，社会总产出就越小。

（2）$\overline{\omega}_i$ 对 $k_{t+1,i}$ 有正向影响。部门的政府支出政策对下期的部门人均社会资本存量产生正向影响，进而影响下期的部门社会总产出。

（3）τ_i 对 $k_{t+1,i}$ 有负向影响。由于 $j_i = (1 - \delta)(1 + R) - \delta - \dfrac{R}{1 - \tau_i}$，即 $\dfrac{\partial j_i}{\partial \tau_i} < 0$；又根据式（6 – 31），有 $\dfrac{\partial k_{t+1,i}}{\partial j_i} > 0$，那么 $\dfrac{\partial k_{t+1,i}}{\partial \tau_i} < 0$，即 τ_i 对 $k_{t+1,i}$ 的影响为负。金融市场越垄断、摩擦越大，下期两部门人均社会资本存量就越小，两部门社会总产出也越小。

6.4.2　均衡时的 $c_{t,1}$ 和 $c_{t,2}$

现在我们已经得到了关键变量 $k_{t,i}$，随机冲击 $a_{t,i}$ 是外生给定的，因此本模型的状态变量 $(k_{t,i}, a_{t,i})$ 就可视为已知，整个经济状态也随即可得。故而可以非常容易地得到控制变量 $c_{t,i}$。

在最优路径下，城市地区的边际效用和农村地区的边际效用相等，见式（6-15）。也就是说在边际效用递减的假设下，总能通过改变资源的分配方式来提升城市和农村两个地区的效用之和。在一个封闭国家里，城市和农村两部门之间可以实现资本、人口和消费的自由流动，因此社会资源分配如式（6-11）。另外，本书假设两部门的公共消费与社会产出分别存在某种线性关系，见式（6-12）和式（6-13）。

统解上述式子，可以解得每一个均衡时期两部门人均私人消费 $c_{t,1}$ 和 $c_{t,2}$ 的具体表达式：

$$c_{t,1} = \frac{\Omega}{\Omega L_{t,1} + L_{t,2}} E_t \{ [(1-\vartheta_1) a_{t,1} k_{t,1}^{\alpha_1} + j_1 k_{t,1} + lb - (n_1+1) k_{t+1,1}] L_{t,1}$$
$$+ [(1-\vartheta_2) a_{t,2} k_{t,2}^{\alpha_2} + j_2 k_{t,2} - (n_2+1) k_{t+1,2}] L_{t,2} \} \qquad (6-22)$$

$$c_{t,2} = \frac{1}{\Omega L_{t,1} + L_{t,2}} E_t \{ [(1-\vartheta_1) a_{t,1} k_{t,1}^{\alpha_1} + j_1 k_{t,1} + lb - (n_1+1) k_{t+1,1}] L_{t,1}$$
$$+ [(1-\vartheta_2) a_{t,1} k_{t,2}^{\alpha_2} + j_2 k_{t,2} - (n_2+1) k_{t+1,2}] L_{t,2} \} \qquad (6-23)$$

其中：

$$\Omega = \left(\frac{A_1}{A_2} \right)^{\frac{1-\sigma}{\sigma}} \left(\frac{\overline{\omega}_1}{\overline{\omega}_2} \right)^{\frac{\theta(1-\sigma)}{\sigma}} \cdot \left(\frac{k_{t,1}^{\alpha_1}}{k_{t,2}^{\alpha_2}} \right)^{\frac{\theta(1-\sigma)}{\sigma}} \qquad (6-24)$$

显然 $\Omega \in (0, +\infty)$。

根据两部门人均私人消费的表达式，可知消费满足以下关系。

（1）同期的城市消费和农村消费存在某种关系，$\dfrac{c_{t,1}}{c_{t,2}} = \Omega$；并且这种关系是非线性的，随时间和政策的改变而改变。当 $0 < \Omega < 1$ 时，$c_{t,1} < c_{t,2}$；当 $\Omega > 1$ 时，$c_{t,1} < c_{t,2}$；当 $\Omega = 1$ 时，$c_{t,1} = c_{t,2}$。

（2）ϑ_i 对 $c_{t,i}$ 的影响为负，ϑ_j 对 $c_{t,i}$ 的影响也为负。也就是说，任一部门的税收和转移支付政策对两部门人均消费都产生负向影响。由于 $\vartheta_i = \dfrac{T_i - TR_i}{Y_i}$，如果 i 部门转移支付越大，ϑ_i 就越小，那么两部门的私人消费都提高；如果 i 部门的税收越高，ϑ_i 就越大，那么两部门的私人消费就都降低。

（3）n_i 对 $c_{t,i}$ 的影响为负，n_j 对 $c_{t,i}$ 的影响也为负。任一部门的人口增长率越高，两部门当期的私人消费都越低。也就是说，城市化率 n_1 越高，当期两部门的私人消费就越低。

（4）τ_i 对 $c_{t,i}$ 有负向影响，τ_j 对 $c_{t,i}$ 的影响也为负。前文提到 $\dfrac{\partial j_i}{\partial \tau_i} < 0$，又根据式（6-22）和式（6-23），$\dfrac{\partial c_{t,i}}{\partial j_i} > 0$，可得 $\dfrac{\partial c_{t,i}}{\partial \tau_i} < 0$。又 $\dfrac{\partial c_{t,i}}{\partial j_j} > 0$，故 $\dfrac{\partial c_{t,i}}{\partial \tau_j} < 0$。也就是说本部门的金融市场垄断程度高、摩擦严重，不仅伤害本部门的私人消费，而且伤害其他部门的私人消费。

（5）土地红利 lb 对 $c_{t,i}$ 有正向影响，土地红利越大，两部门的私人消费就越多。

（6）$k_{t,i}$ 对 $c_{t,i}$ 的影响为正，$k_{t,j}$ 对 $c_{t,i}$ 的影响也为正。也就是说，

本期任一部门的人均社会资本存量对本期两部门的私人消费都产生正向影响。i 部门的社会资本存量越多，两部门私人消费就越多；反之则反。

（7）$k_{t+1,i}$ 对 $c_{t,i}$ 的影响为负，$k_{t+1,j}$ 对 $c_{t,i}$ 的影响也为负。也就是说，下一期任一部门的人均社会资本存量对本期私人消费就产生"挤出"作用。i 部门下一期社会资本存量越多，本期两部门的私人消费就越少；反之则反。

从（6-22）和（6-23）两式可以看出，对待两部门的消费，既存在社会资本存量 k、人口增长率 n 等不可调控的因素，也存在政策变量 ϑ、ϖ、τ 和 lb，也就是说消费并不是完全不可调控的变量。6.4.2 节从理论上暗示了，如果政府公共消费政策发生逆转，即 $A_1^{\frac{1}{\tau}} g_{t,1} < A_2^{\frac{1}{\tau}} g_{t,2}$，那么农村部门人均消费量有可能超越城市部门。

6.4.3 特例

上文提到 $c_{t,1}$ 和 $c_{t,2}$ 的关系从理论上说是可以随着时间和政策的改变而改变的，这里我们给出一个特例，在这个特例中，$c_{t,1}$ 和 $c_{t,2}$ 的关系并不会随时间和政策的改变而改变。之所以提出这个特例，是因为在第 7 章政策仿真的时候，我们将使用这个特例。

特别的，在瞬时效用函数式（5-10）中，取 $\sigma = 1$，那么式（5-9）可写为：

$$u_{t,i} = ln(A_i c_{t,i}) + \theta ln(g_{t,i}) \tag{6-25}$$

附录 2.8 证明了 $\sigma = 1$ 只是对原效用函数做单调变换，并不会影响函数数值的相对大小。所以大部分 DSGE 模型在进行数值模拟时一般取 $\sigma = 1$。简化效用函数一方面可以大大降低计算机在模拟时耗费的内存和减少模拟所需的时间，另一方面也使得经济体的很多瞬时状态可以通过表达式清晰。

在 $\sigma = 1$ 时，我们有 $u'_{c_{t,1}} = u'_{c_{t,2}}$，结合式（6－44）可以得到：$A_1 c_{t,1} = A_2 c_{t,2}$，即在最优路径下，两部门人均私人消费是存在线性关系的。根据前文呈现的城乡消费差距，1996～2012 年城市人均消费大致上是农村的 3 倍，这个结论同这里的模型假设高度吻合。

消费是绝对量，但是效用比较是相对量的比较。$A_1 c_{t,1} = A_2 c_{t,2}$ 说明虽然城乡之间消费的量级不同，但是城乡的效用是没有量级差异的。虽然农村的人均消费比较低，但是农民获得的满足感一样是非常高的。对一个年收入 3 万元的城市居民来说，他可以随意消费的支出可能只有 1 万元，但是这 1 万元消费带给他的效用是最大的。同样，对一个年收入只有 1 万元的农村居民来说，他可以随意消费的支出可能只有 3333 元，但是这 3333 元带给他的满足程度也是最大的。那么这两种满足程度对于社会规划者来说，理论上应该是没有差异的。基于此，本书设置了消费的调整参数 A_i，来对绝对消费产生的相对效用做调整。

本书对私人消费设置调整参数基于绝对收入能力引致的绝对消费能力和相对消费满足感之间的逻辑关系，但是就公共消费而言，政府有能力对城市部门进行公共消费，那么它也有能力对农村部门进行公共消费。对城市和农村居民来说，政府公共消费 $g_{t,i}$ 产生的满足感是同质、无差异的，因此本书并没有对政府公共消费设置调整参数。

6.5　稳态解

附录 5 证明了两个单部门经济中都存在稳态解，并且这两个稳态解都是稳定的，这就是 Romer（1996）所说的平衡增长路径。[①] 在这个平衡增长路径下，人均资本、产出与消费都是不变的。由于人均产出和消费不变，储蓄率也是不变的；在外生条件不变的前提下，每个工人的工资是不变的，每个消费者的效用也是不变的。每个部门的总资本存量、总产出和总消费均以 n_i 的速率增长。并且经济体会以这种状态持续地运行下去。

因此，找到了稳态解并证明解的稳定性，就等于找到了经济体的最终动态方向。基于当前的计算机和数学手段，我们可以将经济体从初态到稳态的动态过程通过数值模拟的方式形象地展示出来，这比 Romer（1996）所说的经济的动态学更进了一步。如果经济体无法实现稳态，就不能通过数学逻辑判断经济体的最终走向，但是数值模拟仍然可以把经济体的动态化完全展示出来。

对于这个两部门的 DSGE 模型，我们无法判断经济体的稳态是否存在，更无法判断其稳态是否是稳定的。由于资源的流动性，我们无法得到附录 5 中式（1）和式（7）直接求解稳态的方程。我们唯一可以得到的稳态约束是总体经济的资源约束方程，形如式（6-11）。该方程是关于两个未知变量的非线性方程，无法求得精

---

① 〔美〕戴维·罗默:《高级宏观经济学》，吴化斌、龚关译，上海财经大学出版社，2009，第 46 页。

确解。故而本章无法讨论稳态解，甚至无法判断两部门经济的动态是否是稳定的。不过经过下文的多次模拟，我们发现在技术冲击比较小的情况下，两部门都可以实现稳态，经济围绕稳态上下波动。

6.6　城乡差距

确定了两部门 DSGE 模型有解，且找到控制变量和状态变量后，我们从模型中求解城乡差距的精确表达。

6.6.1　投资和产出差距

这里我们用人均社会资本存量差表示投资的绝对差距，用期望人均产出差来表示经济的绝对差距；用人均资本存量比表示投资的相对差距，用期望产出比表示经济的相对差距。在状态变量 $\{k_{t,i}, a_{t,i}\}_{t=0}^{T}$ 和控制变量 $\{c_{t,i}\}_{t=0}^{T}$ 已知的情况下，t 时期投资的绝对差距为（$k_{t,1} - k_{t,2}$），相对差距为 $\dfrac{k_{t,1}}{k_{t,2}}$；产出的绝对差距为：

$$E(y_{t,1}) - E(y_{t,2}) = E(a_{t,1} k_{t,1}^{\alpha_1}) - E(a_{t,2} k_{t,2}^{\alpha_2})$$

产出的相对差距为：

$$\frac{E(y_{t,1})}{E(y_{t,2})} = \frac{E(a_{t,1} k_{t,1}^{\alpha_1})}{E(a_{t,2} k_{t,2}^{\alpha_2})}$$

6.6.2　收入差距

这里我们用城乡期望工资差和期望工资比表示收入的绝对和相对差距。在状态变量 $\{k_{t,i}, a_{t,i}\}_{t=0}^{T}$ 和控制变量 $\{c_{t,i}\}_{t=0}^{T}$ 已知的情况下，t 时期收入的绝对差距为：

$$w_1 - w_2 = E(a_{t,1}k_{t,1}^{\alpha_1}) - \left(\delta + \frac{1}{1-\tau_1}\right)k_{t,1} - f_4 - \left[E(a_{t,2}k_{t,2}^{\alpha_2}) - \left(\delta + \frac{1}{1-\tau_2}\right)k_{t,1}\right]$$

收入的相对差距为：

$$\frac{w_1}{w_2} = \frac{E(a_{t,1}k_{t,1}^{\alpha_1}) - \left(\delta + \frac{1}{1-\tau_1}\right)k_{t,1} - f_4}{E(a_{t,2}k_{t,2}^{\alpha_2}) - \left(\delta + \frac{1}{1-\tau_2}\right)k_{t,1}}$$

6.6.3 效用差距

同样的，我们用消费者效用差和效用比表示效用的绝对和相对差距。在状态变量 $\{k_{t,i}, a_{t,i}\}_{t=0}^{T}$ 和控制变量 $\{c_{t,i}\}_{t=0}^{T}$ 已知的情况下，t 期消费者效用的绝对差距为：

$$u_{t,1} - u_{t,2} = n(A_1) + ln(c_{t,1}) + \theta ln(\varpi_1 a_{t,1}) + \theta\alpha_1 ln(k_{t,1})$$
$$- \left[ln(A_2) + ln(c_{t,2}) + \theta ln(\varpi_2 a_{t,2}) + \theta\alpha_2 ln(k_{t,2})\right]$$

消费者效用的相对差距为：

$$\frac{u_{t,1}}{u_{t,2}} = \frac{ln(A_1) + ln(c_{t,1}) + \theta ln(\varpi_1 a_{t,1}) + \theta\alpha_1 ln(k_{t,1})}{ln(A_2) + ln(c_{t,2}) + \theta ln(\varpi_2 a_{t,2}) + \theta\alpha_2 ln(k_{t,2})}$$

6.7 本章小结

本章讨论了两部门模型下动态随机一般均衡模型。本章首先给出了资源自由流动的背景下，消费者、企业和政府的行为目标和约束；而后在此基础上构建了两部门动态随机一般均衡模型，并讨论了模型的性质；根据模型的目标函数和预算约束，找到了模型的欧拉方程，并讨论了欧拉方程下城市化率的相关性质；随后讨论模型的迭代均衡，并且找到了控制变量具体解的形式，讨论了它的相关性质和一个特例；在资源自由流动的约束下，虽然无法获得精确的稳态解，但可以求解城乡差距的精确表达式。

值得注意的是，从 6.3.2 节可以看出，在经济运行的过程中，通过增加城市人口的方式加快城市化速度会对经济产生负面影响，因此是否能用城市化速度作为衡量经济发展质量的标准有待商榷。城市化是经济发展的自然结果，以城市化率来衡量经济发展质量有一定的意义，但是如果把城市化率作为政策目标，盲目提高城市化速度只会损害经济发展的质量。

第七章 城市化红利与红利分配失衡

第五章和第六章分别构建了单部门和两部门的 DSGE 模型，本章通过比较两个封闭的单部门模型和资源流动的两部门模型来回答绪论中提出的问题：城市化是否产生了经济红利？城市化红利在城乡之间又是如何分配的？这种分配方式是否是失衡的？如果是失衡的，这种失衡是"有益的失衡"，还是"有害的失衡"？

本章的结构安排如下：第一节，阐述本书 DSGE 模型的数值模拟方法——GSSA 方法；第二节，用 GSSA 方法模拟封闭的城市部门经济形态；第三节，用 GSSA 方法模拟封闭的农村部门经济形态；第四节，用 GSSA 方法模拟资源自由流动的两部门经济形态，并确定城市化红利的存在；第五节，讨论城市化红利分配是否失衡和城乡差距；第六节是本章的总结。另外，本书在数值模拟中使用的软件是 matlab2013a。

7.1 数值模拟方法

7.1.1 GSSA 方法

动态随机经济模型一般情况下不会使用闭合形式的解，而用数值方法来研究（Taylor and Uhlig, 1990；Rust, 1996；Gaspar and Judd, 1997；Judd, 1998；Marimon and Scott, 1999；Santos, 1999；Christiano and Fisher, 2000；Miranda and Fackler, 2002；Aruoba et al., 2006；Heer and Maussner, 2008；Haan, 2010；Kollmann et al., 2011）。解决此类模型的方法大致可分为三种类型：（1）投影法，通过对预先指定的域使用定积分获得近似解；（2）扰动法，通过对最优条件使用泰勒展开式来获得解；（3）随机仿真方法，通过计算机拟合 Monte Carlo 整数方法下的一组仿真点来获得解。这三种方法各有利弊，最好的方法是根据可应用的条件来选择最优解。当模型仅有几个状态变量时，投影法最精确也最省时间；然而，如果状态变量的个数增加，投影法花费的时间也随之增加。扰动法在高维度的情况下非常适用，但是精确性有待考查。随机仿真方法较容易编写成程序，但通常来说精确性不如投影法，也经常会出现数值不稳定的情况。本书关注随机仿真方法，采用 Judd 等（2011）提出的一般随机仿真方法——GSSA 方法（generalized stochastic simulation algorithm），这种方法综合了前述三种方法的全部优点，它精确性高、数值稳定、可应用于高维度问题，且较容易编写成程序。

随机仿真方法对解决本书的模型非常有吸引力，因为它通过基于遍历集合的部分均衡就可以模拟解。Judd 等（2011）画了一个代表性消费者模型的资本和技术水平闭合解的遍历集合（见图 7 - 1）。此遍历集合的形状为椭圆形，椭圆形外部的矩形区域从未被访问，可见此方法的高效性。在两维模型中，正方形内置的圆大约占正方形面积的79％，而内置的椭圆形占的面积更小。故遍历集合起码比正方形小了21％。例如，如果维度分别为 3 维、4 维、5 维、

10 维和 30 维，这个比例值分别达到 0.52、0.31、0.16、$3 \cdot 10^{-3}$ 和 $2 \cdot 10^{-14}$。因此，用 GSSA 方法模拟解的效率非常高。

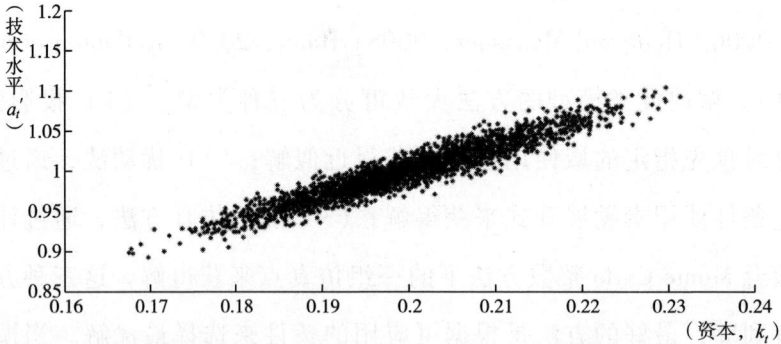

图 7 - 1　代表性消费者模型的资本和技术水平闭合解的遍历集合

资料来源：本图摘自 K. L. Judd, L. Maliar, S. Maliar, "Numerically stable and accurate stochastic simulation approaches for solving dynamic economic models", *Quantitative Economics*, 2011, 2 (2): 173 - 210。

这里以城市部门模型为例，说明数值模拟的思路。在前文中，我们讨论了城市部门中社会规划者的目标函数和预算约束如下：

$$\max_{\{k_{t+1}, c_t\}_{t=0,\cdots,\infty}} V_1 = E_0 \sum_{t=0}^{\infty} \beta^t N_{t,1} u(A_1, c_{t,1}, g_{t,1}) \qquad (5-26)$$

$$\text{S. t. } (1 - \vartheta_1) E[a_{t,1} f(k_{t,1})] + j_1 k_{t,1} + lb - c_{t,1} - (n_1 + 1) k_{t+1,1} = 0 \qquad (5-39)$$

$$\varpi_1 E[a_{t,1} f(k_{t,1})] - g_{t,1} = 0 \qquad (5-40)$$

$$ln a_{t+1,1} = \rho_1 ln a_{t,1} + \varepsilon_{t,1} \quad \varepsilon_{t,1} \sim N(0, \xi_1^2) \qquad (5-30)$$

其中，初始条件 (k_0, a_0) 是外生给定的。这里 E_0 表示 t 时期基于技术冲击的条件期望效用；$c_{t,1}$、$k_{t,1}$、$g_{t,1}$ 和 $a_{t,1}$ 分别是人均消费、人均社会资本、人均公共消费和技术水平；$\beta \in (0,1)$ 是贴现因子；$\rho_1 \in (-1,1)$ 是技术的自相关系数；$\xi_1 > 0$ 是技术冲击的标准差；$\vartheta_1 > 0$ 是政府的税收和转移支付政策；$\delta \in (0,1]$ 是资本折旧率，

$R > 0$ 是资本的自然增长率;$\tau_1 \in (0,1)$ 是资本楔;$j_1 = (1-\delta)(1+$

$R) - \delta - \dfrac{R}{1-\tau_1}$ 是关于利率、折旧率和资本楔的综合参数;$lb \in R$ 是

人均土地红利;$n_1 \in R$ 是人口增长率;$\varpi_1 \in R$ 是政府的支出政策。效用函数和生产函数分别是严格递增、连续可微且凸的。状态变量 $\{k_{t,1}, a_{t,1}\}_{t=0}^{\infty}$、控制变量 $\{c_{t,1}\}_{t=0}^{\infty}$ 描述了社会规划者的跨期决策安排。对每一个时期 t,最优解都满足欧拉方程式(5-38):

$$\beta u'_{c_{t,1}}\{(1-\vartheta_1)E[a_{t,1}f'(k_{t,1})] + j_1\} + \varpi_1 \beta u'_{g_{t,1}} E[a_{t,1}f'(k_{t,1})] = u'_{c_{t-1,1}}$$

其中 u' 和 f' 是 u 和 f 的一阶微分。因此在迭代均衡中,每个 t 期的决定都是 $(k_{t,1}, a_{t,1})$ 的函数。我们的目标就是找到满足迭代方程式(5-38)的资本对策解 $k_{t+1,1} = K(k_{t,1}, a_{t,1})$ 和消费的对策解 $c_{t,1} = C(k_{t,1}, a_{t,1})$。因此本书就通过 GSSA 方法来估计资本政策方程。在点集 $(k_{t,1}, a_{t,1})$ 状态空间里,我们要找一个形如 $\Psi(k_t, a_t; b)$ 的方程和一个系数矩阵 b,满足:

$$K(k_{t,1}, a_{t,1}) \approx \Psi(k_{t,1}, a_{t,1}; b) \qquad (7-1)$$

此时,我们就可以将欧拉方程式(5-38)写为如下形式:

$$k_{t+1,1} = E_t\left\{\beta \frac{u'_{c_{t+1,1}}}{u'_{c_{t,1}}}[(1-\vartheta_1)a_{t+1,1}f'(k_{t+1,1}) + j_1] + \varpi_1\beta \frac{u'_{g_{t+1,1}}}{u'_{c_{t,1}}}a_{t+1,1}f'(k_{t+1,1})\right\}$$

$$(7-2)$$

只要 $u'_{c_t} \neq 0$,那么式(7-2)必然成立,而且 $k_{t+1,1}$ 是在 t 期就决定了的。现在我们可以用两种方式表述 $k_{t+1,1}$:第一,$k_{t+1,1}$ 由对策解 $k_{t+1,1} = K(k_{t,1}, a_{t,1})$ 给出;第二,$k_{t+1,1}$ 是一组($t+1$)期随机变量的条件期望,如式(7-2)右边。基于此,我们可以通过一个不

动点 $(k_{t,1},a_{t,1})$ 把式（7-2）的右边写成 $K(k_{t,1},a_{t,1})$ 的形式，然后在所有相关状态空间 $(k_{t,1},a_{t,1})$ 中计算模拟得到条件期望 $k_{t+1,1}$。如果两种方式得到的 $k_{t+1,1}$ 一致（两者之差小于某个极小值），那么可以认为该值就是我们需要的 $k_{t+1,1}$；如果两种方式得到的 $k_{t+1,1}$ 不一致，那么调整式（7-1）的形式，重新估计 $k_{t+1,1}$，直至两者一致为止。

GSSA 方法就是通过随机仿真方法不停地迭代不动点以此来获得对策解。首先猜测资本对策方程式（7-1），然后仿真一个时间序列解，在每一个仿真点计算条件期望，再用仿真得到的数据来代替原猜测值，一直持续这样的迭代程序，直到找到不动点为止。

7.1.2　逻辑程序

编写相关程序包括两个部分：数据仿真和误差检验。具体来说可以分为几个步骤。

1. 初始化

在初始化中要完成对外生条件的描述。猜测初始系数矩阵 $b^{(1)}$，选择仿真的起点 $(k_{0,1},a_{0,1})$，选择仿真长度 T，生成一组随机数 $\{\varepsilon_t\}_{t=1,\cdots,T}$，根据式（5-30）生成随机技术冲击。

2. 对策解

在第 p 次迭代中，对整个时期 T 使用 $b^{(p)}$ 进行仿真计算：

$$k_{t+1,1} = \Psi(k_{t,1},a_{t,1};b) \tag{7-3}$$

$$c_{t,1} = (1-\vartheta_1)a_{t,1}f(k_{t,1}) + j_1 k_{t,1} - f - (n_1+1)k_{t+1,1} \tag{7-4}$$

3. 条件期望

对 $t=0,\cdots,T-1$，定义 x_t 来表示式（7-2）的条件期望值：

$$x_t = E_t\left\{\beta\frac{u'_{c_{t+1,1}}}{u'_{c_{t,1}}}\left[(1-\vartheta_1)a_{t+1,1}f'(k_{t+1,1})+j_1\right]+\varpi_1\beta\frac{u'_{g_{t+1,1}}}{u'_{c_{t,1}}}a_{t+1,1}f'(k_{t+1,1})\right\}$$

$$(7-5)$$

其中：

$$a_{t+1,1}\equiv a^p_{t,1}\exp(\varepsilon_{t,1}) \qquad (7-6)$$

$$k_{t+2,1}=\Psi\left[\Psi(k_{t,1},a_{t,1};b^{(p)}),a^p_{t,1}\exp(\varepsilon_{t,1});b^{(p)}\right] \qquad (7-7)$$

4. 最小二乘法

找到使得回归方程式（7-8）的残差和最小的 $\hat{b}$ 值。

$$x_t=\Psi(k_{t,1},a_{t,1};b)+\varepsilon_t \qquad (7-8)$$

5. 收敛性

根据第 p 次和第（$p-1$）次得到的对策解 $\{k^p_{t+1,1}\}_{t=0,\cdots,T}$ 和 $\{k^{p-1}_{t+1,1}\}_{t=0,\cdots,T}$ 检验收敛性：

$$\frac{1}{T}\sum_{t=1}^{T}\left|\frac{k^p_{t+1,1}-k^{p-1}_{t+1,1}}{k^p_{t+1,1}}\right|<o \qquad (7-9)$$

本书中极小值 o 最小为 10^{-10}，也就是说本书得到的数值解的精度最高达到 10^{-10}。

6. 迭代

计算（$p+1$）次迭代使用的系数矩阵 $b^{(p+1)}$，再重复第 $2\sim6$ 步，直至满足收敛性，满足收敛性的 $k_{t+1,1}$ 并不是真正的对策解，只能称为"备选对策解"：

$$b^{(p+1)}=(1-\kappa)b^{(p)}+\kappa\hat{b} \qquad (7-10)$$

7. 误差检验

接下来要对备选对策解进行一个独立且严格的检验，如果其误差并不是很大，那么可以认为它就是对策解。具体的检验方程如下：

$$\varepsilon(k_{t,1},a_{t,1}) \equiv E\left\{\beta\frac{u'_{c_{t+1,1}}}{u'_{c_{t,1}}}[(1-\vartheta_1)a_{t+1,1}f'(k_{t+1,1})+j_1]+\varpi_1\beta\frac{u'_{g_{t+1,1}}}{u'_{c_{t,1}}}a_{t+1,1}f'(k_{t+1,1})\right\}-1$$

$$(7-11)$$

在检验中，对每一个点都使用式（7-11）的高维算法计算条件期望，得到误差的均值和方差。如果误差比较小，那么我们就接受备选对策解是最终的对策解；如果误差比较大，那么就要采用增加仿真时间、重新估计式（7-3）等手段重复第 1~6 步。

但是仿真对策解时，在式（7-3）的模拟过程中，常常会出现病态条件问题（ill-conditioned）以致矩阵无解，从而无法进行迭代模拟。为了实现数值稳定，Judd 等（2011）构建了基于近似方法的 GSSA 方法来处理病态条件问题。在一个线性回归模型中，他们提出了多种方法来模拟均衡解，包括最小二乘法（LS）奇异数值分解（singular value decomposition，SVD）、Tikhonov 正规化法、主成分回归法和最小绝对偏差线性规划法（包括主要 LAD 规划法和双 LAD 规划法）等。而且，他们还检视了单位化、政策变量的选择等其他变量和基础变量（普通多项式还是 Hermit 多项式）的选择是如何影响数值稳定的。在数值方法研究中广泛使用的最小二乘法一般只能达到二阶稳定，但本书使用的多项式估计方法可以达到五阶稳定，精确性更高。

为了提高解的精确度，GSSA 方法采用了更精确的定积分法，也称 Gauss-Hermit 单项式积分法。这种方法可以将式（7-3）展开成（$k_{t,1}$，$a_{t,1}$）的高阶多项式，并且可展的阶数越高，对策解能达到的精度也就越高。例如，在一个代表性消费者模型中，基于 Gauss – Hermite 积分法的 GSSA 方法可实现精度为 10^{-9} ~ 10^{-10}，这个精度可媲美投影法实现的精度。

7.1.3 本书的 GSSA 方法

GSSA 方法是若干不同解矩阵方法的数值模拟统称，本书在数值模拟的过程中，采用了 10 个积分点的 Gauss – Hermite 积分法，采用 RLS – TSVD（regularized LS using truncated SVD）方法来模拟最优解（详见附录 7）。

为了彻底解决运算过程中的病态条件，本书还扩展了一个类单位化过程（详见附录 8）。另外本书也对最优解做了精度检验。

7.2 城市部门

这里我们模拟城市部门的对策解和经济状态。以 1978 年为基期，对 1998 ~ 2012 年城乡固定资产投资额做价格平抑，根据永续盘存法，取折旧率 $\delta = 0.07$，那么到 2012 年底城市部门总资本存量约为 48.13 万亿元，农村部门总资本存量约为 4.07 万亿元，折成人均量分别为 6.76 万元和 0.63 万元，[1] 城市与农村之比大约为 11。不过前文提到，"四万亿"政策扭曲了城乡固定资产投资的历史关系，那么截至 2009 年底，根据永续盘存法得到的城乡社会总资本存量分别为 26.73 万亿元和 7.93 万亿元，人均社会资本存量分别

---

[1] 2012 年底城市人口为 71182 万人，农村人口为 64222 万人。资料来源为《中国统计年鉴 2013》。

为 4.14 万元和 1.15 万元，[①] 城市与农村之比大约为 3.6 : 1。

令农村部门的人均社会资本存量为 1 万元，对城市经济的初始状态赋值：$(k_{0,1}, a_{0,1}) = (3.6, 1)$。要说明的是，模型的初值只会影响进入稳态的时间，不会改变模型的具体稳态值。

7.2.1 参数校准

这里我们以 2013 年为基期，选择城市部门的各项参数。

效用函数 $u_{t,1} = \begin{cases} \dfrac{(A_1 c_{t,1} g_{t,1}^{\theta})^{1-\sigma} - 1}{1 - \sigma}, & \sigma > 0 \text{ 且 } \sigma \neq 1 \\ ln(A_1 c_{t,1}) + \theta ln(g_{t,1}), & \sigma = 1 \end{cases}$

其中 $A_1 > 0, 0 < \theta < 1$，不论 σ 为何值，都不会改变 $u_{t,1}$ 关于 $c_{t,1} g_{t,1}^{\theta}$ 的单调性。因此，假定 $\sigma = 1$，那么效用函数为 $u(A_1, c_{t,1}, g_{t,1}) = ln(A_1 c_{t,1}) + \theta ln(g_{t,1})$。

$A_1 = 1$。

$\theta = 0.5$。θ 取 $(0,1)$ 的任意值，只影响 u_t 的绝对大小，并不会影响 u_t 的相对大小。

$\rho = 1, \xi = 0.005$ 表示技术并没有发生快速进步，只存在随机冲击。

$\alpha_1 = 0.6$。根据赵志耘等（2006）的估计，东部、中部、西部的资本产出弹性分别为 0.76、0.67、0.47。本书据此对 α_1 进行经验判断。

$\beta = 0.95$。Barro（1991）把效用贴现因子定为 0.95。

[①] 2009 年底城市人口为 64512 万人，农村人口为 68938 万人。资料来源为《中国统计年鉴 2013》。

$\delta = 0.07$。张健华（2012）对资本折旧率取低值5%、中值7%和高值10%，这里折中取7%。

$R = 0.03$。2013年1年期存款利率为3.0%。

$\tau_1 = 0.3$。2013年1年期贷款利率为3.0%，那么社会资本楔$\tau = 0.5$。又由定理4.2可知，城市部门的资本楔低于农村部门。据此，我们将城市部门的资本楔取值为0.3。

$n_1 = 0.004$。根据1996~2013年的城镇常住人口数，拟合得到人口增长率为0.04，为了更加详细地观察经济体的变化，我们令人口增长率为0.004。

$N_{01} = 73$。2013年底，城镇常住人口73111万人。[①] 如果将城市人口规模控制在16亿人左右的话，根据模拟的人口增长率，那么大约只需模拟200期。

$\vartheta_1 = 0.13$。2013年中央对地方税收返还和转移支付预算为48857亿元，[②] 即TR；全国税收总收入为110497亿元，[③] 即T；国内生产总值为568845亿元；那么全国的ϑ约为0.11。根据经验推算，城市部门该项比例应该高于全国均值。

$\bar{\omega}_1 = 0.18$。2013年全国财政支出139744亿元，[④] 这里我们用财政支出与TR之差代替购买性支出，那么购买性支出即为90887亿元，那么

---

① 资料来源：http：//money. 163. com/14/0120/10/9J1BH25100255O9. html。

② 资料来源：http：//finance. sina. com. cn/china/20130326/013814947410. shtml。

③ 资料来源：http：//www. zhaoshang – sh. com/sj/shuishou. asp。2013年第一、第二、第三、第四季度的全国税收收入分别为27399.2亿元、31861.41亿元、25151.5亿元、26084.89亿元。

④ 资料来源：http：//jingji. cntv. cn/2014/01/23/ARTI1390465082366343. shtml。

全国 $\bar{\omega}$ 约为 0.16。根据经验推算，城市部门该项比例应该高于全国均值。

$lb = 1$。由于土地红利涉及当年的城市地租上涨、工业地租出让、征用土地现值、征用土地赔偿等问题，所以该指标不太好衡量。因此，这里假定人均土地红利为 1 万元。$lb = \varphi f_3 - f_2 + e^{-n}(f_1 + f_2 - \varphi f_3)$，其中 f_1 是城市原市民的人均住房自然增值，f_2 是失地农民的人均安家成本，f_3 是失地农民获得的土地补偿，φ 表示失地农民占城市新居民的比例。

为了更好地呈现和比较两个封闭部门的经济运行态势，我们在 7.2 节和 7.3 节中将两个部门的人均资本的时间走势的纵坐标设为 $[0,4]$，将人均产出的时间走势的纵坐标设为 $[0,2.5]$，将人均产出的时间走势的纵坐标设为 $[-2,1]$。

7.2.2　收敛性和精度

我们仿真了 2000 期，取了前 200 期展示的经济体变化情况。对城市部门的数据仿真，人均资本 k_1 的时间走势如图 7 - 2 所示。这里我们要指出，模拟的单部门是完全封闭且资源不可能在城乡自由流

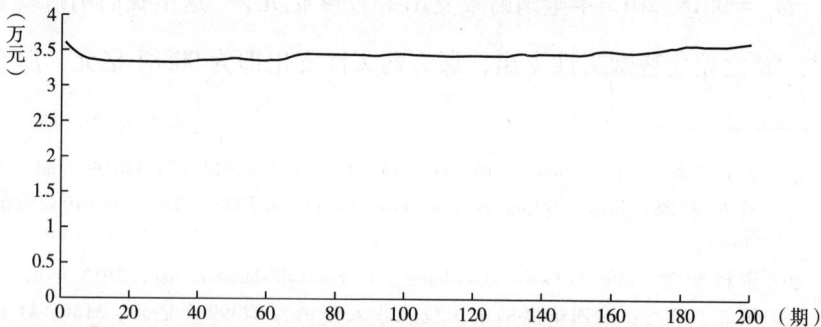

图 7 - 2　城市部门人均资本的时间走势

动的城市经济状态，是一种理想状态。也可以理解为立刻切断城乡之间投资、消费和劳动力的自由流动，城市经济可能的运行状态。

可以看出，城市部门的初态高于稳态。必须要指出的是，这里模拟的单部门是完全封闭且资源不可能在城乡自由流动的经济状态，是一种理想状态。在这个理想状态中，城市经济大约经历20期可进入稳态，稳态时人均资本约为3.37万元。由于受到技术冲击的影响，人均资本围绕稳态值上下波动，最高可以达到3.6万元。可见技术冲击对城市经济存在一定的影响。

在仿真的过程中，本书将式（7-3）分别在1~5阶的维度上展开，表7-1给出了城市部门在不同阶数上展开的仿真误差。可以看出，在模拟了2000个不动点的情况下，城市部门误差的均值和最大值都不超过1，因此可以接受备选对策解为最终的对策解。表7-1也说明了展开的阶数越高，精度越高。

表 7-1　城市部门模型的仿真误差

阶　　数	均　　值	最大值
1	0.7078	0.7319
2	0.7031	0.7332
3	0.7029	0.7332
4	0.7029	0.7332
5	0.7029	0.7332

7.2.3　经济状态

在确定了对策解以后，我们来看在当前的初始状态和政策参数下，城市部门的经济走势和效用变化。从图7-4和图7-5可以看出，在理想状态下，人均产出和人均效用也一路走低，大约经过 20 期进入稳态。随着经济进入稳态，人均产出和消费者效用也围绕其稳定值上下波动。人均产出的稳态值为 2.08 万元，最高可以达到 2.34 万元；消费者效用的稳态值约为 0.30 个单位，最高可以达到 0.47 个单位。

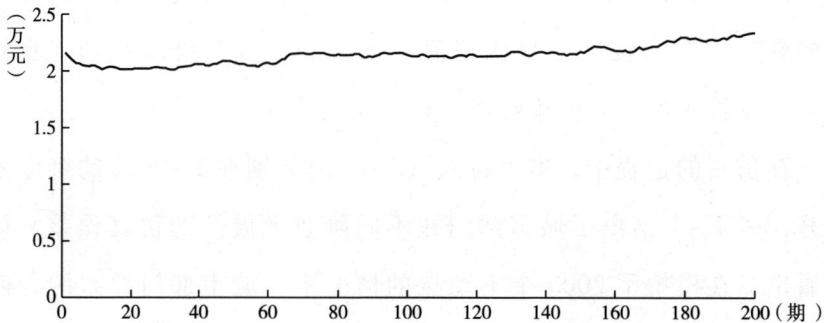

图 7 - 3   城市部门人均产出的时间走势

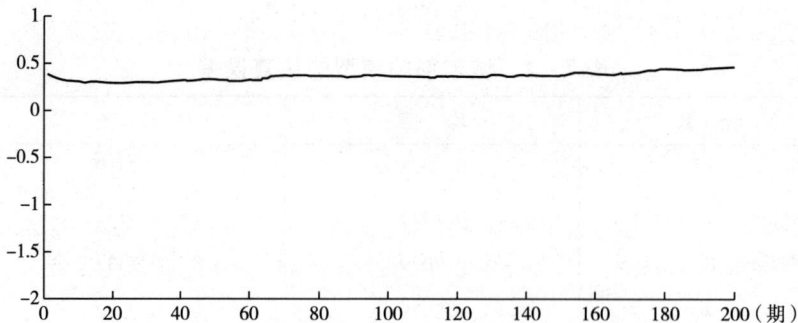

图 7 - 4   城市部门消费者效用的时间走势

7.3   农村部门

这里我们模拟农村部门的对策解。根据 7.2 节的分析，农村部门的人均社会资本存量为 1 万元，那么农村经济的初值为 $(k_{0,2}, a_{0,2}) = (1,1)$。

7.3.1　参数校准

这里我们也以 2013 年为基期，校准农村部门的各项参数。

效用函数 $u_{t,2} = \begin{cases} \dfrac{(A_2 c_{t,2} g_{t,2}^{\theta})^{1-\sigma} - 1}{1 - \sigma}, & \sigma > 0 \text{ 且 } \sigma \neq 1 \\ ln(A_2 c_{t,2}) + \theta ln(g_{t,2}), & \sigma = 1 \end{cases}$

其中 $A_2 > 0, 0 < \theta < 1$，不论 σ 为何值，都不会改变 $u_{t,1}$ 关于 $c_{t,1} g_{t,1}^{\theta}$ 的单调性。因此，这里为了简便起见，假定 $\sigma = 1$，那么效用函数 $u_{t,2} = ln(A_2 c_{t,2}) + \theta ln(g_{t,2})$。

$A_2 = 3$。根据 6.4.3 的分析，本书认为消费者效用是个人的主观感受，收入 1 万元且消费 3333 元获得的效用不一定低于收入 3 万元且消费 1 万元产生的效用。为了抹平消费的绝对差距带来的效用差距，本书设置了消费调整参数对效用进行调整，以使城乡效用可以相互比较。另外，1996～2012 年城市和农村的绝对消费差距大约为 3 倍，故调整参数设为 3。

$\theta = 0.5$。θ 取 $(0,1)$ 的任意值，只影响 u_t 的绝对大小，并不会影响 u_t 的相对大小。

$\rho = 1, \xi = 0.002$ 表示技术并没有发生快速进步，只存在随机冲击。

$\alpha_2 = 0.3$。根据赵志耘等（2006）的估计，东部、中部、西部的资本产出弹性分别为 0.76、0.67、0.47。本书据此对 α_2 进行经验判断。

$\beta = 0.95$。Barro（1991）把效用贴现因子定为0.95。

$\delta = 0.07$。张健华（2012）对资本折旧率取低值5％、中值7％和高值10％，这里折中取7％。

$R = 0.03$。2013年1年期存款利率为3.0％。

$\tau_2 = 0.6$。2013年1年期贷款利率为3.0％，那么社会资本楔 $\tau = 0.5$。又由定理4.2可知，城市部门的资本楔比农村部门低。据此，我们将农村部门的资本楔取0.6。

$n_2 = -0.0017$。根据1996～2013年农村的常住人口，拟合得到人口增长率为 -0.017，为了更清晰地观察经济体的变化，令农村地区的人口增长率为 -0.0017。

$N_{02} = 63$。2013年底，乡村常住人口为62961万人。[1] 上文对城市部门取前200期的模拟结果，200期后农村人口为4.48亿人。

$\vartheta_2 = 0.05$。2013年中央对地方税收返还和转移支付预算为48857亿元，[2] 即 TR；全国税收总收入为110497亿元，[3] 即 T；国内生产总值为568845亿元；那么全国的 ϑ 约为0.11。根据经验推算，农村部门该项比值应该低于全国均值。

$\overline{\omega}_2 = 0.10$。2013全国财政支出为139744亿元，[4] 这里我们用财政支出与 TR 之差代替购买性支出，那么购买性支出为90887亿元，全国 $\overline{\omega}$

---

① 资料来源：http://money.163.com/14/0120/10/9J1BH25100255O9.html。

② 资料来源：http://finance.sina.com.cn/china/20130326/013814947410.shtml。

③ 资料来源：http://www.zhaoshang-sh.com/sj/shuishou.asp，公布2013年第一、第二、第三、第四季度的全国税收收入分别为27399.2亿元、31861.41亿元、25151.5亿元、26084.89亿元。

④ 资料来源：http://jingji.cntv.cn/2014/01/23/ARTI1390465082366343.shtml。

约为0.16。根据经验推算,农村部门该项比值应该低于全国均值。

这里我们也观察200期农村部门经济运行态势。

7.3.2 收敛性和精度

我们仿真2000期,取前200期经济体的变化情况。这里也要指出,模拟的单部门是完全封闭且资源无法自由流动的农村经济状态,是一种理想状态。也可以理解为立刻切断城乡之间投资、消费和劳动力的自由流动,农村经济可能的运行状态。

仿真结果表明,农村部门的初态也高于稳态,模拟初期,经济一直下行,向稳态趋近。从图7-5可以看出,农村部门大约在15期就进入稳态,稳态时人均资本约为0.51万元。受技术冲击的影响,人均资本围绕稳态值上下波动,最高可以达到0.60万元。可见技术冲击对农村经济也有一定的影响。

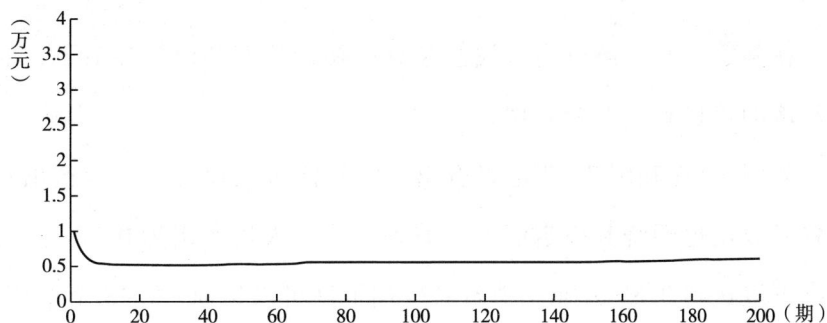

图7-5 农村部门人均资本的时间走势

比较城市和农村两个部门,我们发现:第一,城市部门在高处达到稳定,农村部门在低处达到稳定;第二,城市部门进入稳态的时间比农村部门长。

表 7-2 给出了农村部门在不同阶数上展开的仿真误差。从表中可以看出，在模拟了 2000 个不动点的情况下，农村部门误差的均值和最大值都不超过 1，因此可以接受备选对策解为最终的对策解。

表 7-2　农村部门的仿真误差

阶　　数	均　　值	最大值
1	0.8970	0.9398
2	0.8869	0.8894
3	0.8865	0.8868
4	0.8865	0.8868
5	0.8865	0.8868

7.3.3　基础状态

在确定了对策解以后，我们来看在初始状态和政策参数下，农村经济的走势和消费者效用。

从图 7-6 和图 7-7 可以看出，随经济进入稳态，人均产出和消费者效用也围绕其稳定值上下波动。稳态人均产出为 0.78 万元，最高可以达到 0.89 万元。消费者效用最高可以达到 -0.43 个单位。根据消费者效用函数，如果 $A_2 c_{t,2} g_{t,2}^{\theta} < 1$，的确会出现消费者效用为负的情形。

封闭的农村经济走势说明，如果完全切断城乡之间的资源流动，让农村成为封闭的单部门经济，那么其只会经济持续走低，一直到进入低态稳态，并且维持在稳态上下波动。

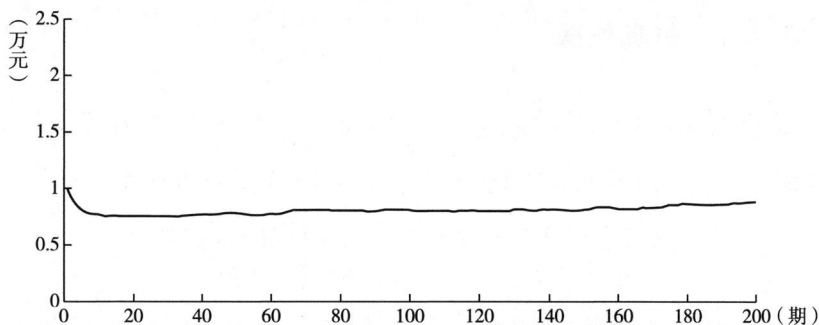

图 7-6　农村部门人均产出的时间走势

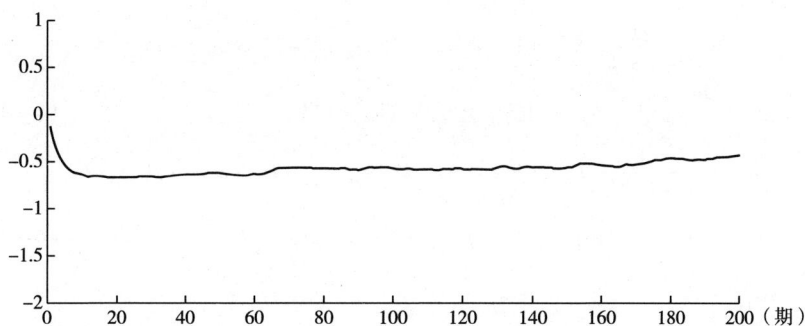

图 7-7　农村部门消费者效用的时间走势

7.4　两部门模型

前文对两个封闭的单部门模型做政策仿真，展示了在某些特定的政策参数约束下封闭的单部门经济是如何运行的，了解政策参数对经济体的影响方向和影响程度。这里我们对取消了城乡资源限制，资本、消费和劳动力相互流通的两部门模型进行数值模拟，了解在同样的参数设定下两部门经济的具体运行情况，以确认城市化红利的存在及其大小。

7.4.1 仿真依据

这里对 2000 组不动点 $(k_{t,i}, a_{t,i})$ 进行 GSSA 方法模拟，取前 200 期展示经济的具体变化，赋予前文同样的初值 $(k_{t,1}, a_{t,1}) = (3.6, 1)$，$(k_{t,2}, a_{t,2}) = (1, 1)$，控制变量依据的方程如下：

$$k_{t+1,i} = E_t\left\{\beta\left[\frac{u'_{c_{t+1,i}}}{u'_{c_{t,i}}}\left[(1 - \vartheta_i)a_{t+1,i}f'(k_{t+1,i}) + j_i\right] + \frac{u'_{g_{t+1,i}}}{u'_{c_{t,i}}}\varpi_i a_{t+1,i}f'(k_{t+1,i})\right]\right\}k_{t+1,i}$$

$$(6-21)$$

$$c_{t,1} = \frac{\Omega}{\Omega L_{t,1} + L_{t,2}}E_t\left\{\left[(1 - \vartheta_1)a_{t,1}k_{t,1}^{\alpha_1} + j_1 k_{t,1} - f - (n_1 + 1)k_{t+1,1}\right]L_{t,1}\right.$$
$$\left. + \left[(1 - \vartheta_2)a_{t,2}k_{t,2}^{\alpha_2} + j_2 k_{t,2} - (n_2 + 1)k_{t+1,2}\right]L_{t,2}\right\} \qquad (6-22)$$

$$c_{t,2} = \frac{1}{\Omega L_{t,1} + L_{t,2}}E_t\left\{\left[(1 - \vartheta_1)a_{t,1}k_{t,1}^{\alpha_1} + j_1 k_{t,1} - f - (n_1 + 1)k_{t+1,1}\right]L_{t,1}\right.$$
$$\left. + \left[(1 - \vartheta_2)a_{t,1}k_{t,2}^{\alpha_2} + j_2 k_{t,2} - (n_2 + 1)k_{t+1,2}\right]L_{t,2}\right\} \qquad (6-23)$$

其中：

$$\Omega = \left(\frac{A_1}{A_2}\right)^{\frac{1-\sigma}{\sigma}}\left(\frac{\varpi_1}{\varpi_2}\right)^{\frac{\theta(1-\sigma)}{\sigma}} \cdot \left(\frac{k_{t,1}^{\alpha_1}}{k_{t,2}^{\alpha_2}}\right)^{\frac{\theta(1-\sigma)}{\sigma}} \qquad (6-24)$$

7.4.2 参数校准

按照单部门模型校准的参数，两部门模型取同样的值：$A = [1; 3]$，$\beta = 0.95$，$\delta = 0.07$，$\rho = 1$，$\xi = 0.005$，$R = 0.03$，$\tau = [0.3; 0.6]$，$n = [0.004; -0.0017]$，$N_0 = [73; 63]$，$\vartheta = [0.13; 0.05]$，$\varpi = [0.18; 0.10]$，$lb = 1$。

7.4.3 收敛性和精度

对两部门模型做数据仿真时发现，$k_{t+1,i} = \Psi(k_{t,i}, a_{t,i}; b)$ 只能在

1 阶多项式的条件下展开，在高阶情况下其中一个运算矩阵无法进行正交化分解，因此这里的两部门模型就仅在 1 阶条件下展开，得到的精度是 1 阶条件下模拟 2000 个点的精度。取前 200 期的模拟数据，人均资本存量 k_1 和 k_2 的时间走势如图 7 – 8 所示。

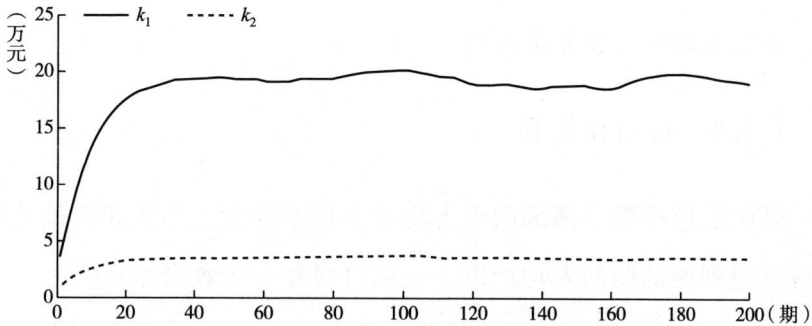

图 7 – 8　两部门模型人均资本的时间走势

可以看出，经济体大约在 50 期进入稳态，稳态时城市部门人均资本约为 19.28 万元，农村部门人均资本约为 3.46 万元。由于受到技术冲击的影响，人均资本围绕稳态值上下波动，城市部门最高可以达到 21.79 万元，农村部门最高可达 4.12 万元。可见技术冲击对两部门经济的影响也非常大。

表 7 – 3 给出了两部门模型在不同阶数上展开的仿真误差。从表中可以看出，在模拟了 2000 个不动点的情况下，误差的均值和最大值都不超过 1，因此可以接受备选对策解为最终的对策解。

表 7 – 3　两部门模型的仿真误差

阶　数	均　值	最大值
1	0.2086	0.6039

比较两部门模型和单部门模型，我们发现：第一，两部门模型进入稳态的时间比单部门长得多（两部门约为 50 期，两个单部门分别约为 20 期和 15 期）；第二，两部门模型的稳态人均资本存量和为 22.74 万元（19.28 + 3.46），两个单部门模型稳态时人均资本存量和为 3.88 万元（3.37 + 0.51）；第三，城市化确实产生了红利，而且城市化红利非常可观。

7.4.4　城市化红利

既然已经模拟了两部门的人均社会资本存量，那么相应地我们也可以得到两部门的人均产出、人均消费和人均效用等变量。

图 7 - 9 中 y_1 表示城市部门的人均产出，y_2 表示农村部门的人均产出。该图表达了如下的含义：（1）从初始状态到稳态的这段时间里，仿真的是 2013 年之后的一段时间；（2）从初始状态开始，城乡的人均产出都在增加，并且城乡差距呈现扩大趋势；（3）这种人均产出增加、差距扩大的趋势表明正处于城市化红利"有益的失衡期"；（4）城市的稳态产出远高于农村部门；（5）随机冲击对城市

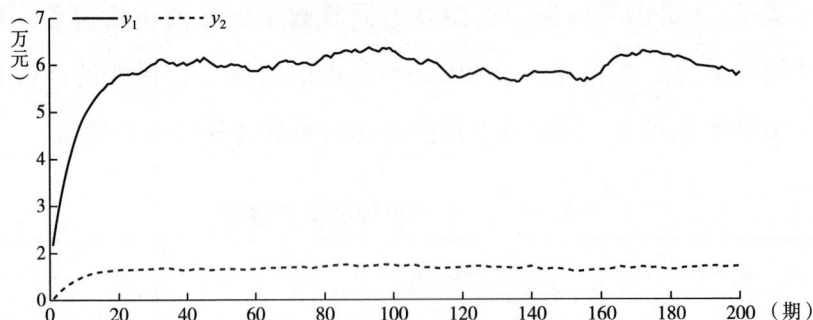

图 7 - 9　两部门的人均产出

部门的影响大于农村部门；（6）由于 $E(y_{t,i}) = E(a_{t,i} k_{t,i}^{\alpha})$，所以随机冲击对产出的影响大于社会资本。

从图 7-9 可以看出，初态以后的一段时间里，城市化都处于"有益的失衡期"；当城乡经济进入稳态以后，城乡差距基本保持不变。该图说明如果一切外在条件都不变化的话，城市化就会维持在"有益的失衡期"，并不会进入"有害的失衡期"。这个信息看似和图 1-2 矛盾，但事实上，图 7-9 仅仅给出了初态以后的 200 期，按照人口增长率来推算的话，也仅仅模拟了 20 年；图 1-2 给出的是红利周期变化，其周期可能是 100 年、200 年甚至更长。另外，要维持图 7-9 的状态，就要求所有外部条件都不变化，连人口增长率都不再变化，这在长期内是不可能实现的。因此，图 7-9 给出的是短期的人均产出，暗含了短期的城市化红利变化，图 1-2 给出的是长期的红利变化，两图并不矛盾。

现在可以仔细分析城市化带来的具体红利。前面提到，在封闭经济中，无技术冲击时，城市部门的稳态人均产出为 2.08 万元，农村的稳态人均产出为 0.78 万元。两部门模型中，无技术冲击时，稳态时城市的人均产出为 5.89 万元，农村的人均产出为 1.64 万元。

在这些数据对比下，我们得到了本书的主要结论。

首先，当前的城市化带来了非常可观的红利。城市化以前，稳态时城乡人均产出和为 2.86 万元；城市化以后，稳态时城乡人均产出和为 7.53 万元；城市化带来总红利最大达到 4.67 万元。

其次，当前的城市化红利分配是失衡的。城市化以前，稳态时城乡人均产出差距为 1.3 万元；城市化以后，稳态时该差距变为 4.25 万元。城市化使得城乡差距发生变化，且随着城市化推进，差距呈扩大趋势，城市化红利分配是失衡的。

再次，当前的城市化位于"有益的失衡期"。伴随城市化的推进，城市红利逐渐增加，城乡人均产出也持续增加，故而城市化位于"有益的失衡期"。

最后，当前的城市化可能处于顺红利的"有益的失衡期"。顺红利时期也可能同时是"有益的失衡期"，逆红利时期也可能同时是"有益的失衡期"，当前的城市化到底处于哪个阶段呢？从图7-9可以看出，城市人均产出远高于农村，可以初步判断，城市化可能处于顺红利的"有益的失衡期"。我们将通过捕捉资源流动情况来佐证这个答案。

7.4.5 人均消费和人均效用

图7-10展示了两部门的人均消费情况，其中c_1表示城市部门人均消费，c_2表示农村部门人均消费。可以看出：（1）城市部门稳态时人均消费高于农村部门，由于设置了消费调整参数，城市人均消费是农村的3倍；（2）随机冲击对城市和农村的影响一致。

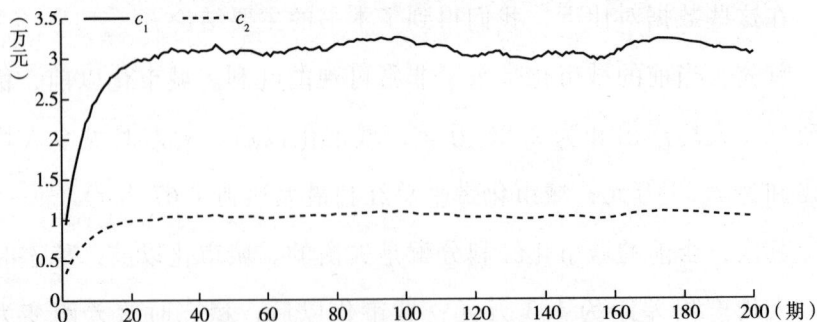

图7-10 两部门的人均消费

图 7 - 11 表示了两部门的消费者效用，其中 u_1 表示城市部门，u_2 表示农村部门。效用是消费的对数函数，当消费量不大于 1 时，效用小于零。从图中可以看出：（1）城市部门的效用无论是在非稳态还是稳态都高于农村；（2）效用的城乡差距没有经济和消费大。

再来分析效用和消费的关系。由于 $u_{t,i} = ln(A_i c_{t,i}) + \theta ln(g_{t,i})$，其中 $A_1 = 1, A_2 = 3$，数值模拟结果显示 $c_{t,1} = 3c_{t,2}$，因此城乡两部门私人消费产生的效用是相同的，公共消费产生的效用差异才是两部门人均效用差异的原因。由于 $g_{t,i} = \bar{\omega}_i E(y_{t,i})$，两部门公共消费不同，一方面是因为公共支出的城市倾向政策：$\bar{\omega}_1 > \bar{\omega}_2$；另一方面是因为城市部门的生产力本就高于农村部门即 $E(y_1) > E(y_2)$，城市政府消费的基础原本就高。

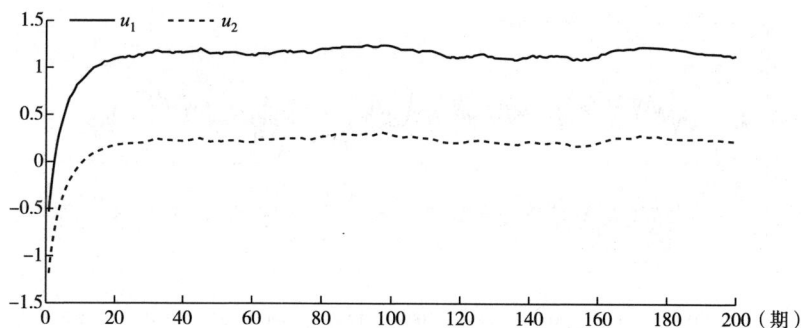

图 7 - 11 两部门的人均效用

7.4.6 资源流动情况

这里我们来验证为什么无法从理论上得到两部门模型稳态时社会资本的精确解，同时解答前文提出的城市化到底位于顺红利的"有益的失衡期"，还是逆红利的"有益的失衡期"。

图 7-12 给出了两部门的资源流动情况，其中 u 表示城市部门的资源流出情况，r 表示农村部门的资源流出情况。$u > 0$ 说明资源从城市净流出，$r > 0$ 说明资源从农村净流出。从图中可以看出，大约在前 10 期，资源都从农村流入城市，15 期以后资源大多从城市流入农村，伴随技术冲击的变化，资源流动情况也出现波动，但大体上不改变城市流出、农村流入的整体态势。在开放的两部门经济中，资源可以自由流动，而且流动的大小和范围并不是前期可以预设的，因此对于两个未知数 k_1 和 k_2，只有 1 个预算约束方程（城市和农村整体是市场出清的），故而无法得到 k_1 和 k_2 的精确解，只有通过数值模拟的方式才能知道 k_1 和 k_2 的具体动向和可能的大小。

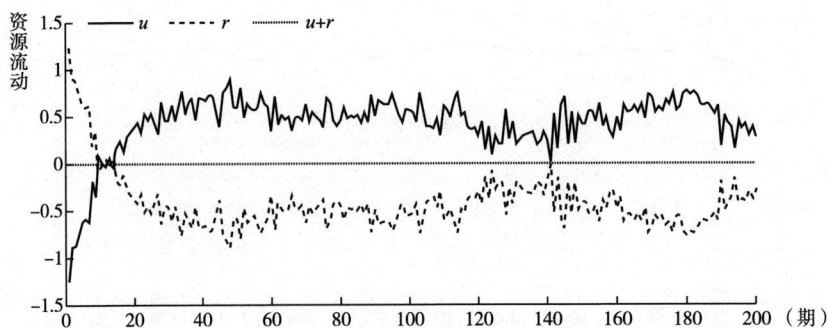

图 7-12 两部门的资源流动

为了排除资源流向受技术冲击影响的可能性，本书也模拟了同参数校准、无技术冲击下的资源流动情况（并未列出），结果显示 1~14 期农村出现资源净流出，城市出现资源净流入，资源流动量随时间增加迅速减少（和图 7-12 一致）；15 期以后城市出现资源净流出，其中 15~50 期，资源流动量随时间增加而增加

（和图 7 - 12 一致），50 期以后经济体进入稳态，资源流动情况也进入稳态。资源流动的模拟结果说明，如果没有外生政策调整的话，经济也会自发进入城市反哺农村的阶段，只是反哺的力度偏弱。

图 7 - 12 中，1 ~ 14 期，资源从农村流入城市，并且出现了城乡人均产出持续增加，城乡差距扩大的趋势，说明当前的城市化的确处于顺红利的"有益的失衡期"。15 期以后，虽然资源从城市流入农村，但是资源流动的结果维持了原来的城乡产出增长趋势和城乡差距扩大趋势，可以认为 15 期以后仍然处于顺红利的"有益的失衡期"。

7.5　城乡差距

现在我们再来看看城市化以后，城乡之间的绝对差距和相对差距。在下文中，根据指标不同，我们用该指标的城乡数值之差表示绝对差距（左轴），用城乡数值之比表示相对差距（右轴）。

图 7 - 13 展示城市化以后城乡人均资本差距的时间走势。从图中可以看出，随着经济慢慢进入稳态，城乡人均资本的绝对差距和相对差距都在不断扩大，稳态时的绝对差距大约为 15 万元，相对差距大约为 5.5 倍。

图 7 - 14 展示城市化以后城乡人均产出差距的时间走势。从图中可以看出，随着经济慢慢进入稳态，城乡人均产出的绝对差距和相对差距都在不断扩大，稳态时的绝对差距大约为 3.8 万元，相对差距大约为 3.5 倍。

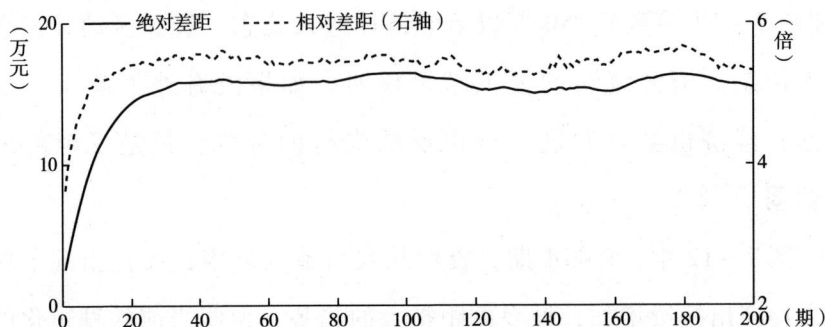

图 7 - 13　人均资本的城乡差距

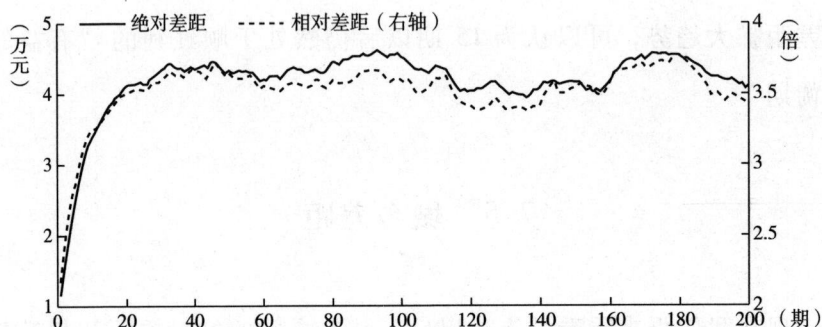

图 7 - 14　人均产出的城乡差距

图 7 - 15 展示城市化以后城乡收入差距的时间走势。f_4 是城市企业占用土地要素付出的地租，令 $f_4 = 0.1$，那么 $w_{t,1} = E(y_{t,1}) - \left(\delta + \dfrac{R}{1-\tau_1}\right)k_{t,1} - f_4$，$w_{t,2} = E(y_{t,2}) - \left(\delta + \dfrac{R}{1-\tau_2}\right)k_{t,2}$。从图中可以看出，随着经济慢慢进入稳态，城乡收入的绝对差距和相对差距都在不断扩大，稳态时的绝对差距大约为 2.5 万元，相对差距大约为 3.2 倍。

图 7 - 16 展示城市化以后城乡人均消费差距的时间走势。由于消费设置了调整参数，故城乡消费的相对差距不随时间变化，一直

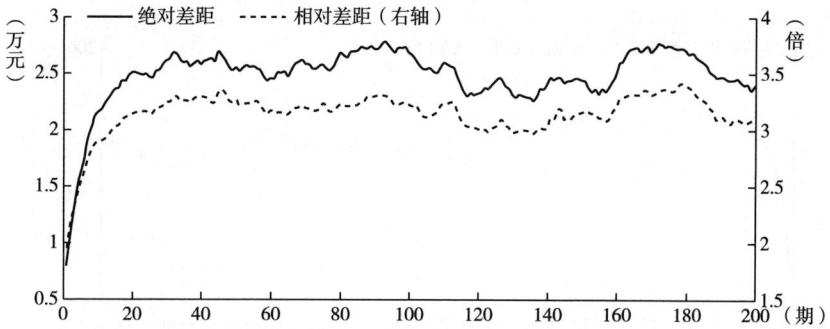

图 7-15　人均收入的城乡差距

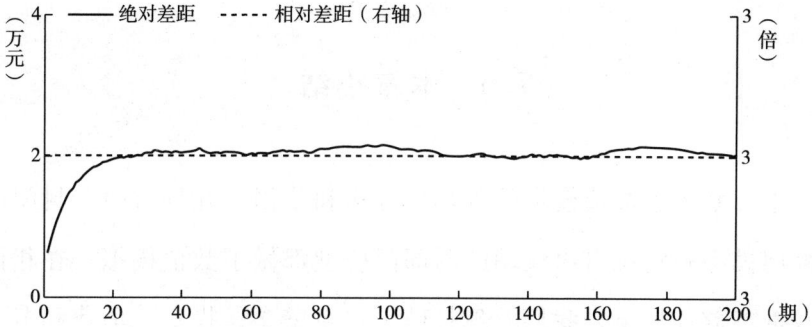

图 7-16　人均消费的城乡差距

保持 3 倍。但随着经济慢慢进入稳态，城乡消费的绝对差距在不断
扩大，稳态时的绝对差距大约为 2 万元。

　　另外，由于效用有正有负，并且农村的消费者效用可能接近 0，
因此在计算相对差距时，出现了几个非常大的奇异点，以致掩盖
了相对差距的时间走势。不过这里还是给出了效用的绝对差距和
相对差距的趋势。除去奇异点以后，从图 7-17 仍可以看出，随
着经济慢慢进入稳态，城乡消费者效用的绝对差距和相对差距是
逐渐扩大的。稳态时，绝对差距大约为 0.85 个单位，相对差距大
约为 5 倍。

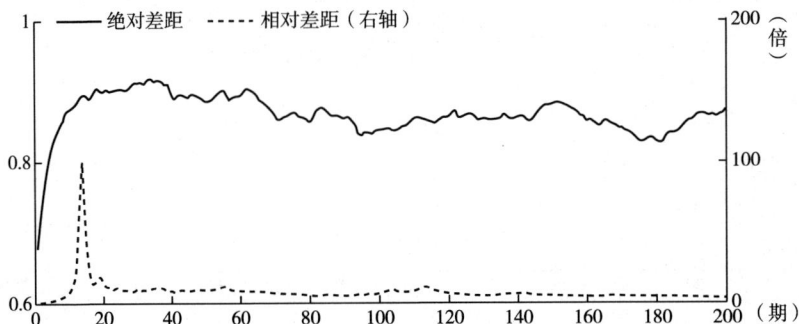

图 7-17　消费者效用的城乡差距

7.6　本章小结

本章阐述了数值模拟的工具、方法和依据，并且对两个封闭的单部门模型和资源自由流动的两部门模型都做了数值模拟。在相同的校准参数选择下，我们发现打破了城乡壁垒，投资、消费和劳动力可以自由流动后，两个部门都获得了长足和稳定的快速发展，两个部门稳态时社会资本要远高于封闭状态下的稳态。资源在城乡的自由流动让两个部门都充分受益，城市化红利确实存在。对比了城市化前后的城乡经济，我们得到如下结论：城市化带来了非常可观的红利；城市化红利分配是失衡的；城市化处于顺红利的"有益的失衡期"。

在比较城市化后城乡之间各方面的差距后发现，人均资本、人均产出、人均收入和消费者效用的绝对差距和相对差距以及人均消费的绝对差距都随着经济慢慢进入稳态而呈现不断扩大的趋势；在经济进入稳态后，受技术冲击，这些指标都围绕稳态值上下波动。

由于消费设置了调整参数，故人均消费的绝对差距不随时间和经济状态的改变而改变。

城市化处于顺红利的"有益的失衡期"，城乡差距扩大有利于获得更高的城市化红利，维持城乡人均产出的增长趋势。虽然这个阶段的城乡差距扩大可以带来巨大的经济利益，但是城乡差距的持续扩大并不利于社会稳定。一个随之而来的问题是，是否有措施可以纠正分配失衡，在不减少城乡产出的前提下，适当缩小城乡差距呢？我们将在下文回答这个问题。

第八章　纠正路径探索：敏感性分析

第七章阐述了城市化红利的存在性，也证明了城市化红利的分配的确是失衡的。城市化红利的分配现状总结来说就是"不够多"和"不断拉大"：与自身相比，农村经济改善的绝对和相对程度都不如城市；城乡的绝对和相对差距也不断拉大。随之而来的问题是：纵向比较的"不够多"和横向的比较"不断拉大"是什么原因造成的呢？是农村经济本身增长不够快，还是打破城乡壁垒后，资源较多地流入城市而遏制了农村发展呢？

如果能够找到红利分配现状的成因，那么有没有可能通过针对性的单一因素调整或者组合因素调整，对红利分配现状做出纠正呢？也就是说，能不能在不损害城市人均产出的前提下，提高农村人均产出呢？

本章围绕"流动失衡"和"增长失衡"，通过敏感性分析，分别从城市和农村两部门寻找城市化红利分配失衡的原因，在此基础上提出改变红利分配格局的单一措施和组合措施。本章的结构安排如下：第一节对红利分配失衡机制做两个可能的假设；第二节、第三节分别从农村经济和城市经济出发寻找红利分配失衡的原因，对其进行敏感性分析，验证第一节提出的两个假设；第四节提出改变红利分配格局的单一措施和组合措施；第五节是本章总结。

8.1　失衡机制假设

城市化红利分配失衡呈现两个特点："不够多"和"不断拉大"。与自身相比，农村经济改善的绝对和相对程度都不如城市；城乡的绝对和相对差距也不断拉大。基于这两个特点，我们对造成城市化红利分配失衡的机制提出如下两个假设。

假设8.1：农村和城市在经济素质、政策倾向上的差距使得农村经济本身的增长空间不如城市，农村经济出现"贫速增长"，从而导致城市化红利在分配时出现"增长失衡"。

假设8.2：农村和城市在经济素质、政策倾向上的差距使得资源在城乡之间的配置失衡，城市不断地从农村汲取优势资源，导致城市化红利在分配时出现"竞速增长"引致的"流动失衡"。

在本章中，我们对两部门 DSGE 模型中各参数做敏感性分析，观察参数变化对城乡两部门人均产出的影响、对绝对差距和相对差距的影响以及对资源流动的影响。

8.2　农村部门

从第五章、第六章的模型可以看出，农村和城市在经济素质和政策倾向上存在很大差异，第七章的政策仿真结果也说明不论资源是否可以自由流动，这种差异导致农村人均产出远远低于城市。那么在城乡资源流动的背景下，是不是农村自身条件限制导致其在红利分配上处于弱势呢？

本节从农村自身找原因，探讨是不是农村的经济素质和政策倾向使农村出现"主动"的"增长失衡"。在模型中，城乡的经济素质差异包括 α_2、τ_2（包含在 j_2 中）、n_2 和土地红利，政策倾向包括 ϑ_2、ω_2，还有三个参数 β、δ、R 在城乡之间并没有差别。由于农村部门不存在土地红利，这里不讨论其影响，待后文检验。本节讨论农村的五个参数 α_2、τ_2、n_2、ϑ_2、ω_2 对城乡人均产出、城市资源净流出、城乡人均产出差距等指标的影响。

在检验影响因素敏感度的时候，为了消除随机因素的特殊影响，首先，本书对所有的验证过程施以同一个随机冲击；其次，在描述参数对两部门人均产出的影响时，捕捉 $t = 150$ 作为比较的依据；最后，在每一次描述参数变化对资源配置、城市化红利分配的影响时，都捕捉稳态中的四个时期：$t = 50$、$t = 100$、$t = 150$ 和 $t = 200$，平均呈现参数变化带来的影响。

8.2.1 资本产出弹性

城市的资本产出弹性为 0.6，农村仅为 0.4。资本产出弹性不仅影响两部门的人均产出和产出间关系，也影响总产出下的资源配置。这里令 α'_2 分别等于 0.2、0.3、0.4、0.5 和 0.6，来看城乡人均产出、城市资源流出、城乡人均产出差距等指标会如何变化。

图 8-1 描述了农村资本产出弹性从 0.2 步进到 0.6 的过程中，城市和农村的人均产出变化。可以看出，农村资本产出弹性越高，农村的人均产出就越高，虽然城市人均产出也发生同向变化，但其变化的幅度远不如农村。农村资本产出弹性从 0.2 上升到 0.6 的过

程中，农村人均产出从 1.3 万元上升到 4.3 万元，上升了 3.0 万元，而城市人均产出大约只上升了 0.2 万元。当两部门的资本产出弹性同为 0.6 时，由于两个部门在其他参数选择上存在差异，农村人均产出仍然低于城市，从图上可以看出大约低 1 个单位。

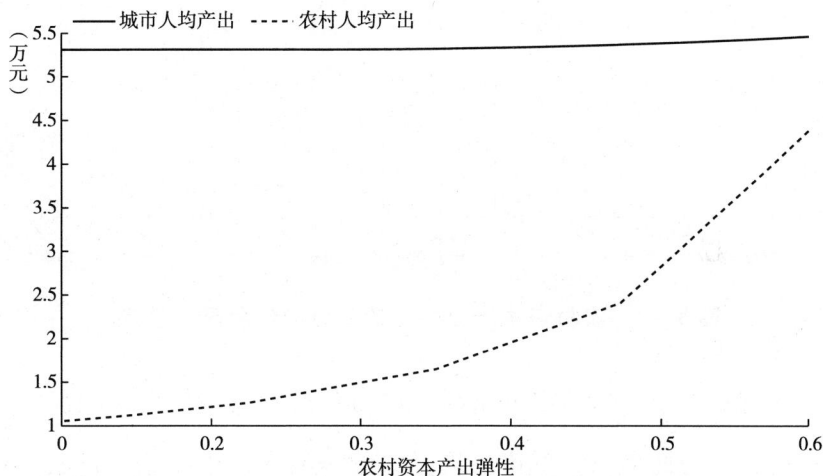

图 8 - 1　农村资本产出弹性和两部门的人均产出

　　清楚了两部门人均产出对农村资本产出弹性变化的响应后，我们来分析资源和红利的配置情况又是如何响应的。图 8 - 2 中，左图的纵坐标是城市资源净流出，从图中可以看出城市资源一开始是净流出的，但当农村资本产出弹性超过 0.3（大于或等于 0.4）时，出现城市资源净流入的情况。中图和右图描述了城乡人均产出的绝对差距和相对差距，从图中可以看出，随着农村资本产出弹性从 0.2 步进到 0.6，绝对差距从 4.6 万元下降到约 1.4 万元（$t = 50$），相对差距从 5.4 倍下降到 1.2 倍左右（$t = 50$）。

　　在其他条件不变的情况下，农村资本产出弹性变化会导致农村人均产出迅速增加，城市人均产出缓慢增加，从而出现城乡的绝对

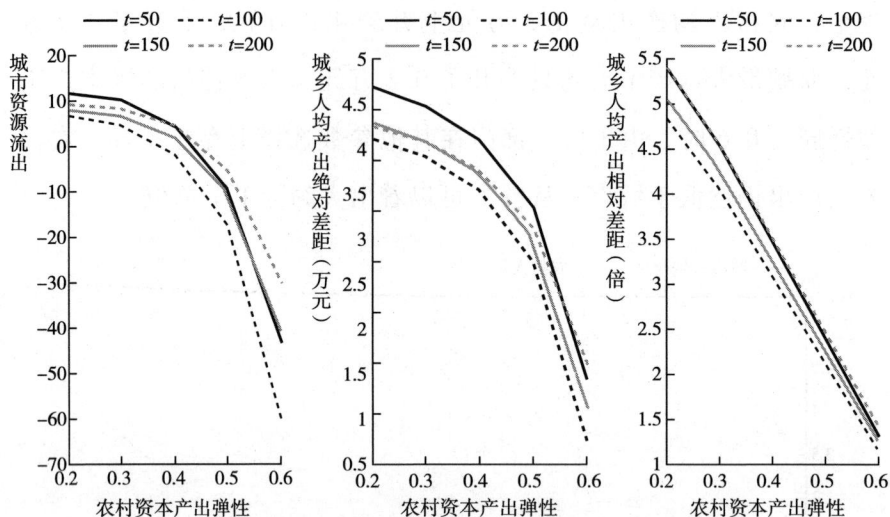

图 8 - 2 农村资本产出弹性的资源和红利配置效应

差距和相对差距迅速下降的情况，城市化红利分配的失衡状况得到很大改善，与此同时，城市出现资源的净流入，相应地农村就出现资源净流出。

8.2.2 资本楔

城乡之间金融市场存在差异，城市资本楔为 0.3，农村为 0.6，这里我们考查农村资本楔变化对城乡人均产出、资源流动和红利分配状况的影响。令 τ'_2 分别等于 0.4、0.5、0.6、0.7 和 0.8，得到图 8 - 3 和图 8 - 4。

图 8 - 3 描述了农村资本楔从 0.4 步进到 0.8 的过程中，两部门人均产出的变化。从图中可以看出，农村资本楔越高，农村的人均产出就越低，虽然城市人均产出也发生同向变化，但其变化的幅度远不如农村。农村资本楔从 0.4 上升到 0.8 的过程中，农村人均

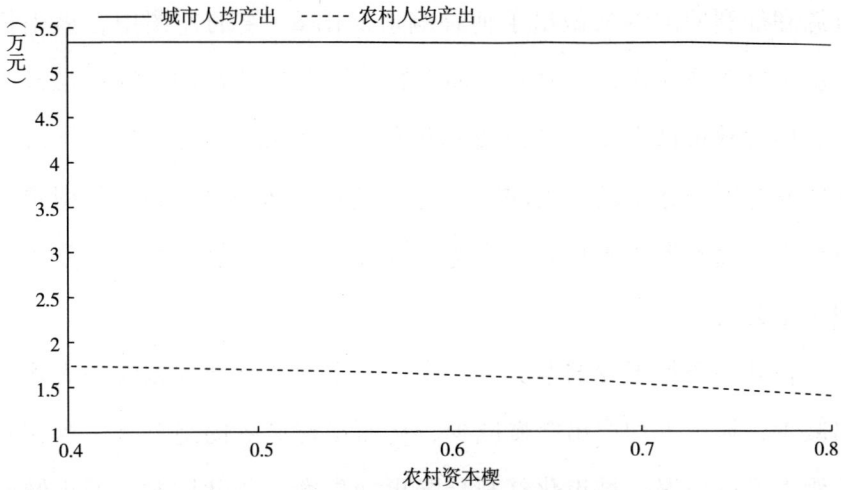

图 8 - 3　农村资本楔和两部门的人均产出

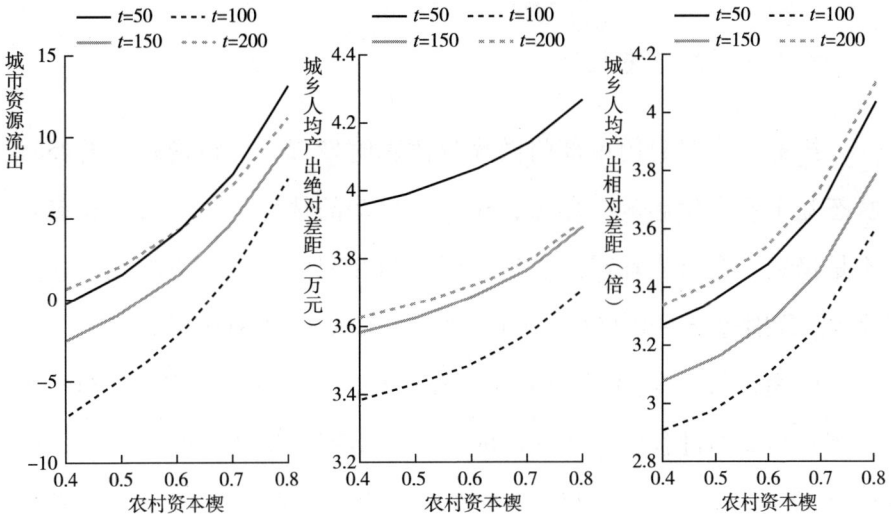

图 8 - 4　农村资本楔的资源和红利配置效应

产出从 1.7 万元下降为 1.4 万元，大约下降了 0.3 万元，而城市人均产出大约只下降了不到 0.1 万元。大致可以判断，如果两部门的资本楔都为 0.3 时，农村人均产出仍然远低于城市。

　　清楚了两部门人均产出对农村资本楔变化的响应后，我们来看资源和红利的配置又做出了何种响应。图 8 - 4 的左图中，纵坐标是城市资源净流出，虽然随机冲击影响了对资源流动方向的准确判断，但大致可以看出，随着资本楔的增加，城市资源向农村流出。中图和右图描述了城乡人均产出的绝对差距和相对差距，从图中可以看出，随着资本楔从 0.4 步进到 0.8，绝对差距和相对差距都出现了上升的趋势。

在其他条件不变的情况下，农村资本楔变化会导致农村人均产出减少，城市人均产出缓慢减少，从而出现城乡的绝对差距和相对差距上升的情况，城市化红利分配更加失衡。与此同时，城市倾向于向农村补给资源，相应地农村就出现资源净流入。

8.2.3 人口增长率

第七章中对封闭单部门做政策仿真时发现，人口增长率对经济状态几乎不产生影响。那么，在资源流动的情况下，人口增长率是不是仍然不会对人均产出、资源配置和红利配置产生影响呢？这里令 n'_2 分别等于 -0.006、-0.004、-0.002、0 和 0.002。

的确，从图 8 - 5 可以看出，在农村的人口增长率从 -0.006 步进到 0.002 的过程中，两部门的人均产出不发生任何变化。但是图 8 - 6 说明，农村人口增长率虽然不影响红利配置，但是会对资源配置产生影响，农村人口增长得越快，城市资源流出越多。

8.2.4 税收和转移支付政策

上文分析了农村自身的经济素质特点对资源配置和红利分配的影响，下面来看城市倾向政策对资源配置和红利分配的影响。

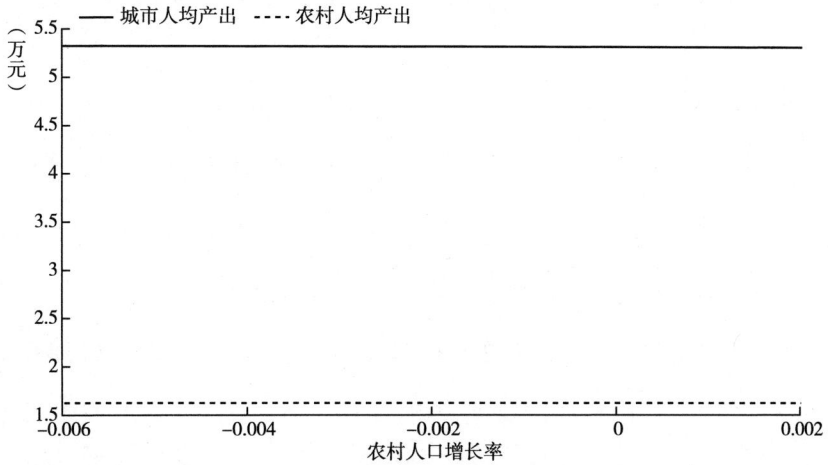

图 8－5 农村人口增长率与两部门人均产出

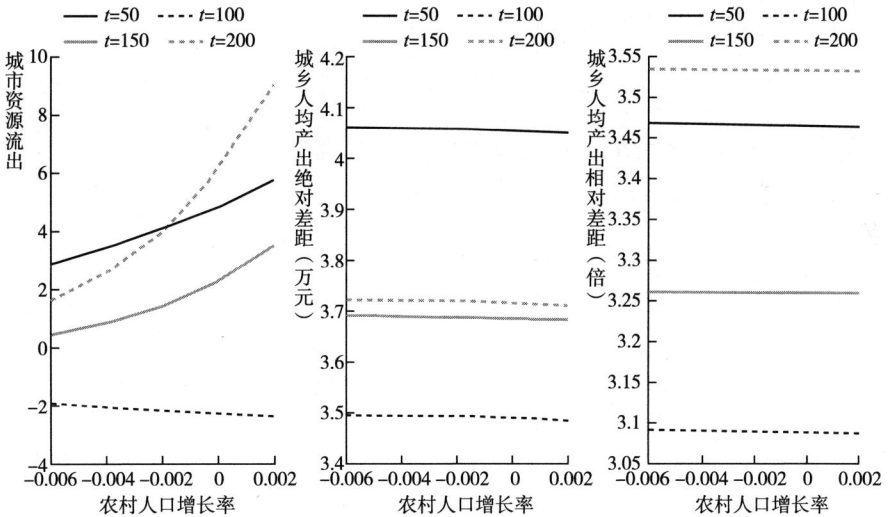

图 8－6 农村人口增长率的资源和红利配置效应

城市税收扣除转移支付后与 GDP 的比值为 0.13，而农村该比值为 0.05。这里我们考虑政府的税收和转移支付政策对稳态的影响。因此，令 ϑ'_2 分别等于 0.05、0.07、0.09、0.11 和 0.13，看看城乡人均产出、城市资源净流出、城乡人均产出差距等指标会如何变化。

一般来说，我们令参数的校准值位于5个数的中值，看看该参数变小和变大的具体影响。但是这里由于 ϑ_2 过小，如果步进值也非常小的话，很难看出参数变化的影响。因此，令 ϑ_2 从0.05步进到0.13，其中0.05是农村值，0.13是城市值。

图8-7描述了农村的税收和转移支付政策从0.05步进到0.13的过程中，城市和农村的人均产出变化。可以看出，农村的 ϑ_2 值越高，农村的人均产出就越低，虽然城市人均产出也发生同向变化，但其变化的幅度不如农村。农村资本产出弹性从0.05上升到0.13的过程中，农村人均产出从1.7万元下降到1.6万元，大约下降了0.1万元，而城市人均产出大约只下降了0.02万元。当两部门的 ϑ_2 同为0.13时，由于两部门在其他参数选择上存在差异，农村人均产出仍然远低于城市人均产出。

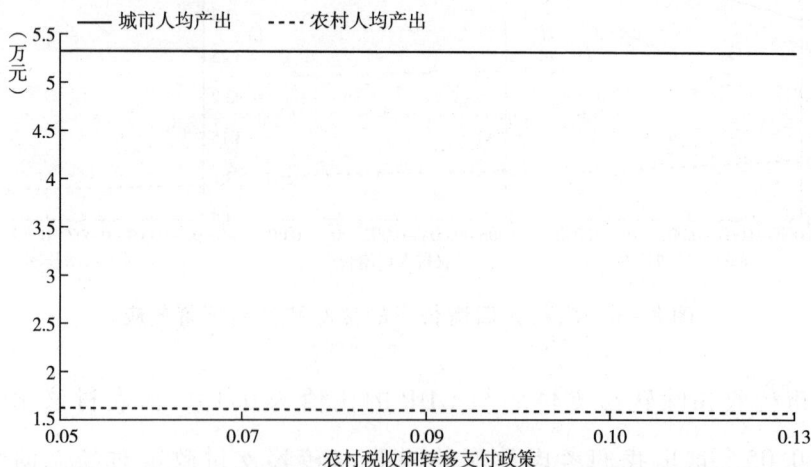

图8-7 农村税收和转移支付政策与两部门的人均产出

明确了两部门人均产出对农村税收和转移支付政策变化的响应后，我们来看资源和红利的配置又做出了何种响应。从图 8-8 的左图可以看出，随着 ϑ_2 变大，资源逐渐从城市向农村流出。中图和右图描述了城乡人均产出的绝对差距和相对差距，从图中可以看出，随着 ϑ_2 从 0.05 步进到 0.13，绝对差距和相对差距都出现了上升的趋势。

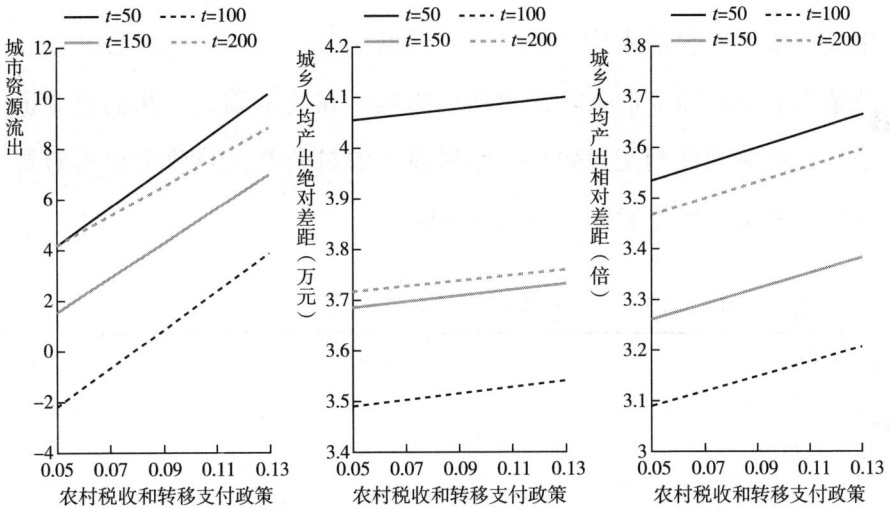

图 8-8　农村税收和转移支付政策的资源和红利配置效应

在其他条件不变的情况下，农村税收和转移支付政策的变化会导致农村人均产出减少，城市人均产出缓慢减少，从而出现城乡的绝对差距和相对差距上升的情况，城市化红利分配更加失衡。与此同时，城市倾向于向农村补给资源，相应地农村就出现资源净流入。

8.2.5　公共消费政策

公共消费政策 $\bar{\omega}_2$ 只出现在 g_2 中，理论上应该只影响消费者效用，并不会对经济状态本身产生作用。为了验证这个猜测，我们也对 $\bar{\omega}_2$ 做了影响分析。城市部门的公共消费与 GDP 的比值为 0.18，农村部门该比值仅为 0.10。这里我们考虑政府的税收和转移支付政策对稳态的影响。因此，分别令 $\bar{\omega}_2'$ 等于 0.06、0.08、0.10、0.12 和 0.14，来看城乡人均产出、城市资源净流出、城乡人均产出差距等指标会如何变化。

图 8-9 描述了农村的公共消费政策从 0.06 步进到 0.14 的过程中，城市和农村的人均产出变化。从图中可以看出，农村公共消费政策果然不对城乡的人均产出产生影响。在此基础上，我们也验证了它的资源和红利配置效应，结果显示农村公共消费政策也不对资源和红利配置产生影响（见图 8-10）。

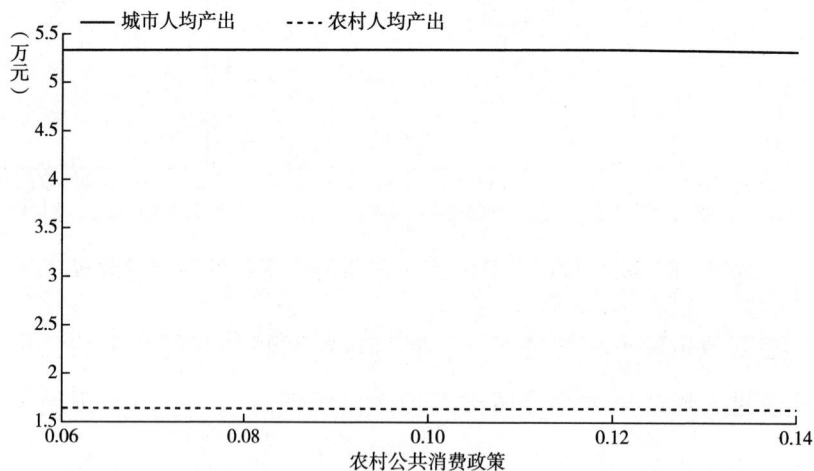

图 8-9　农村公共消费政策和城乡人均产出

8.2.6　小结

本节控制了其他因素不变，逐一改变农村部门的参数，考查城

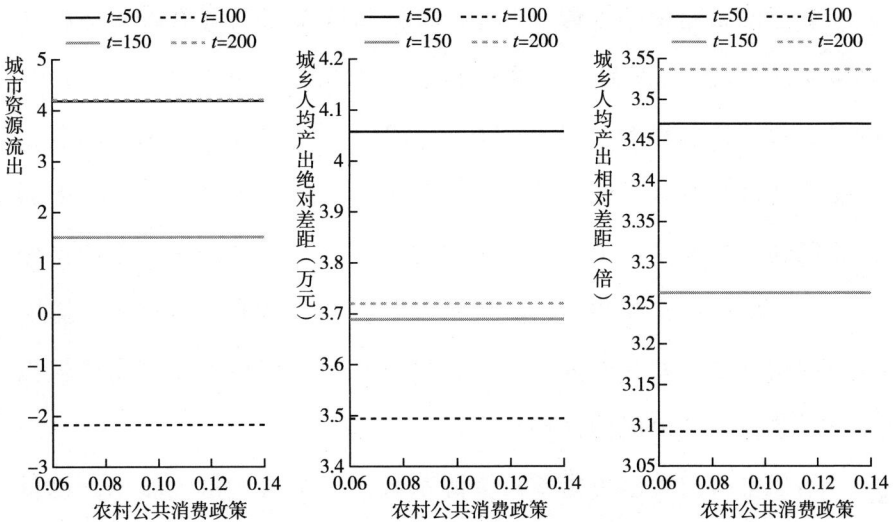

图 8 - 10　农村公共消费政策的资源和红利配置效应

乡人均产出的响应和资源、红利的配置改变。表 8 - 1 列出了数值
模拟的影响结果。从表中可以看出，提高 α_2、降低 τ_2、降低 ϑ_2 都可
以在增加产出的情况下，改善城市化红利分配失衡的情况（缩小绝
对差距和相对差距）；n_2 和 ϖ_2 基本不对城乡经济产生影响。

表 8 - 1　农村部门参数对经济的影响

参数		人均产出		资源流动倾向	绝对差距	相对差距
参数	范围	城市	农村			
α_2	0.2 ~ 0.6	+	+	流入城市	−	−
τ_2	0.4 ~ 0.8	−	−	流入农村	+	+
n_2	− 0.006 ~ 0.002	0	0	流入农村	0	0
ϑ_2	0.05 ~ 0.13	−	−	流入农村	+	+
ϖ_2	0.06 ~ 0.14	0	0	0	0	0

注：关于绝对差距和相对差距，"＋"表示上升，"－"表示降低，"0"表示
不变。

本节的结论证实了假设 8.1，农村和城市在经济素质 α_2、τ_2 和政策倾向 ϑ_2 上的差异，的确使得农村经济的增长空间不如城市，如果能够改变农村的"贫速增长"，的确可以改善城市化红利分配失衡的现状。而且在改善措施中（提高 α_2，降低 τ_2 和 ϑ_2），α_2 对城市化红利分配的影响最大；影响次之的是 τ_2，它对农村人均产出作用大，对城市产出作用小，对改善红利分配失衡有一定作用；影响最小的是 ϑ_2，它对农村人均产出作用较小，对城市产出作用比较微小，对改善红利分配失衡略有作用。

不论实施何种改善措施，资源都倾向于从农村流入城市。也就是说，当城乡人均产出都增长且红利分配改善时，会出现资源从农村流入城市的情况，或者出现流出城市资源减少的情况。城市吸收资源与红利分配改善并不对立，假设 8.2 证伪。

8.3 城市部门

本节从城市方面找原因，探讨城市的经济素质和政策倾向是否使农村出现"被动"的"流动失衡"。在模型中，城乡的经济素质差异包括 α_1、τ_1（包含在 j_1 中）、n_1 和土地红利 lb，政策倾向包括：ϑ_1、ω_1，参数 β、δ、R 在城乡之间并没有差别。这里我们讨论城市的六个参数对城乡人均产出、城市资源净流出、城乡人均产出差距等指标的影响。

在验证影响因素敏感度的时候，为了消除随机因素的特殊影响，本节也对所有的验证过程施以同一个随机冲击（同 8.2 节）；在描述参数对两部门人均产出的影响时，本节也捕捉稳态中 $t = 150$

的时期作为比较的依据；在每一次描述参数变化对资源配置、城市化红利分配的影响时，本节也捕捉稳态中的四个时期即 t 分别等于50、100、150 和 200，平均呈现参数变化带来的影响。

8.3.1 资本产出弹性

城市的资本产出弹性为 0.6，农村仅为 0.4。这里令 α'_1 分别等于 0.4、0.5、0.6、0.7 和 0.8，来看城乡人均产出、城市资源净流出、城乡人均产出差距等指标会如何变化。

图 8-11 描述了城市资本产出弹性从 0.4 步进到 0.8 的过程中，城市和农村的人均产出变化。从图中可以看出，城市资本产出弹性越高，城市的人均产出就越高，虽然农村人均产出也发生同向变化，但其变化的幅度不如城市。当资本产出弹性从 0.7 增加到 0.8 时，城市人均产出迅速上升，从不足 20 万元上升到大约 170 万元，变化幅度非常大。

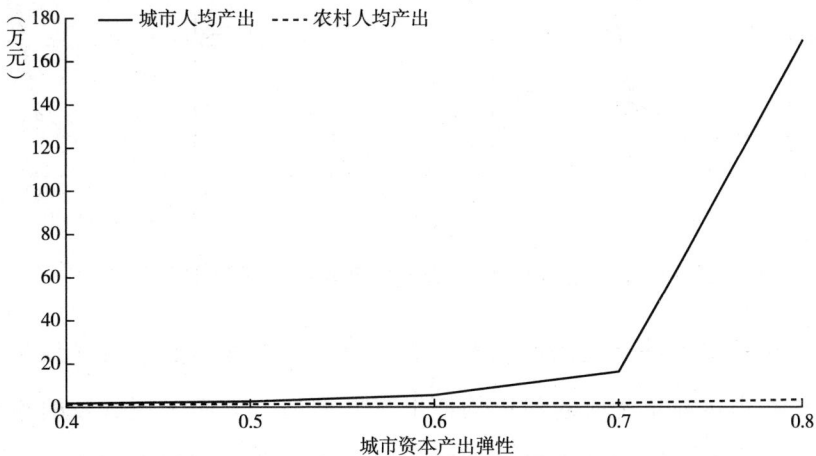

图 8-11　城市资本产出弹性和两部门的人均产出

明确了两部门人均产出对城市资本产出弹性变化的响应后，我们来看资源和红利的配置情况又是如何响应的。图 8 – 12 中，左图的纵坐标是城市资源净流出，从图中可以看出城市资源一开始是净流入的，但当资本产出弹性超过 0.6（大于或等于 0.6）时，出现城市资源净流出的情况。当 $\alpha'_1 = 0.7$ 时，城市资源的净流出为 50 万 ~60 万元，但当 $\alpha'_1 = 0.8$ 时，城市资源的净流出大约为 700 万元。中图和右图描述了城乡人均产出的绝对差距和相对差距，从图中可以看出，随着资本产出弹性从 0.4 步进到 0.8，绝对差距从非常小上升到约 160 万元，相对差距从 2 倍上升到 58 倍左右。

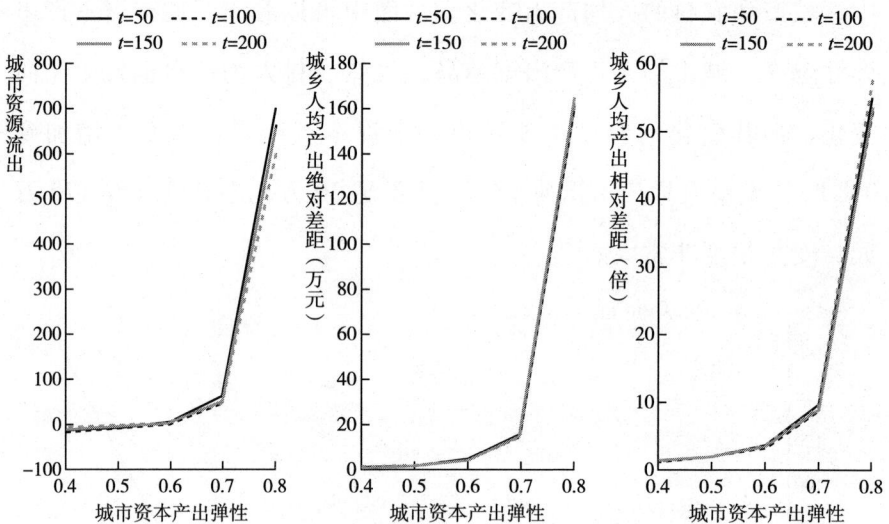

图 8 – 12　城市资本产出弹性的资源和红利配置效应

在其他条件不变的情况下，城市资本产出弹性变化会导致城市人均产出迅速增加，农村人均产出缓慢增加，从而出现城乡的绝对差距和相对差距迅速上升的情况，城市化红利分配的失衡情况恶化得非常快；与此同时，城市出现资源的净流出，相应农村就出现资源净流入。并且我们发现，$\alpha'_1 = 0.7$ 是拐点，在拐点之前产出、资源和红利分配的变化较慢，在拐点之后，产出、资源和红利分配迅速变化。

8.3.2 资本楔

城乡之间金融市场存在差异，城市资本楔为 0.3，农村为 0.6，这里我们考查城市资本楔变化对城乡人均产出、资源流动和红利分配状况的影响。令 τ_1 分别等于 0.1、0.2、0.3、0.4 和 0.5，得到图 8 – 13 和图 8 – 14。

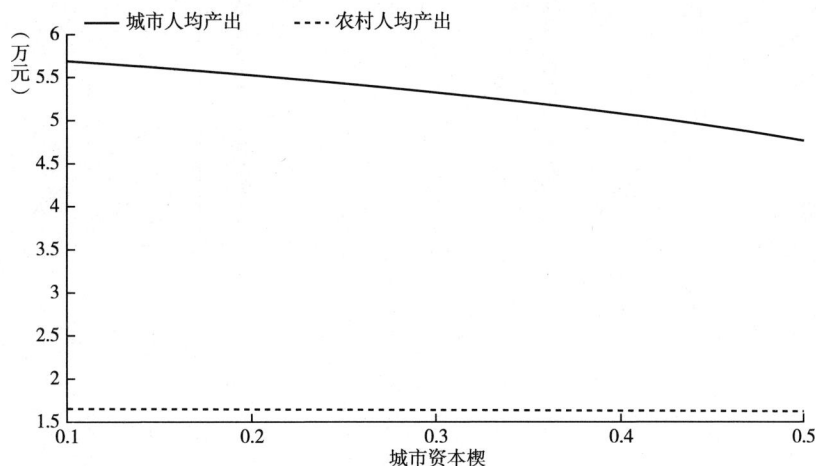

图 8 – 13 城市资本楔和城乡的人均产出

图 8 – 13 描述了城市资本楔从 0.1 步进到 0.5 的过程中，两部门人均产出的变化。从图中可以看出，资本楔越高，城市的人均产出就越低，虽然农村人均产出也发生同向变化，但其变化的幅度远不如城市。资本楔从 0.1 上升到 0.5 的过程中，城市人均产出从 5.7 万元下降为 4.7 万元，大约下降了 1 万元，而农村人均产出大

约只下降了不到0.5万元。从图上大致可以判断，如果两部门的资本楔都为0.6，农村人均产出仍然远低于城市。

明确了两部门人均产出对城市资本楔变化的响应后，我们来看看资源和红利的配置又如何响应。图8-14中，左图的纵坐标是城市资源净流出，随着资本楔的增加，资源逐渐从农村流向城市。中图和右图描述了城乡人均产出的绝对差距和相对差距，从图中可以看出，随着资本楔从0.1步进到0.5，绝对差距和相对差距都出现了下降的趋势。

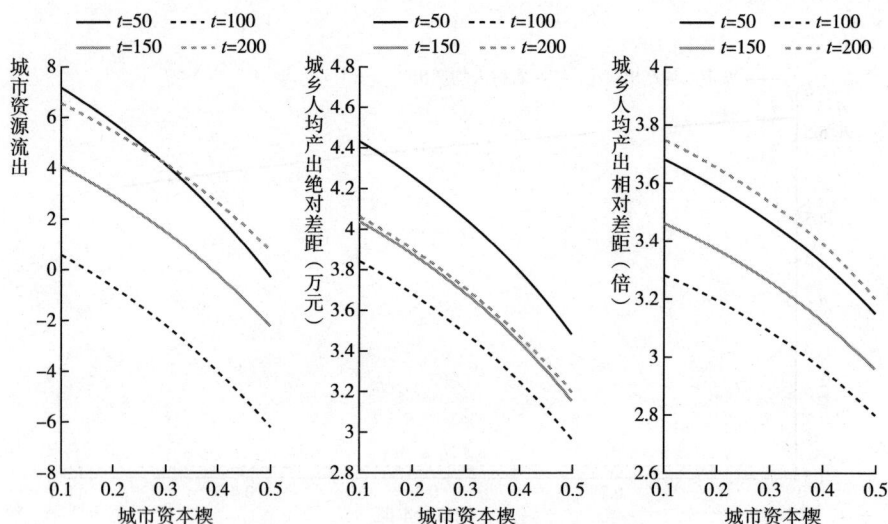

图8-14 城市资本楔的资源和红利配置效应

在其他条件不变的情况下，城市资本楔变化会导致城市人均产出减少，农村人均产出缓慢减少，从而出现城乡的绝对差距和相对差距下降的情况，虽然城市化红利分配失衡有改善，但对城乡经济发展造成伤害。与此同时，农村倾向于向城市补给资源，相应地城市就出现资源净流入。

8.3.3　人口增长率（城市化率）

8.2 节中，农村人口增长率变化不影响城乡人均产出，只影响城乡之间的资源配置，那么城市人口增长率（即城市化率）变化是不是有相同的影响呢？令城市的人口增长率 n'_1 分别等于 0.002、0.003、0.004、0.005 和 0.006，来看城乡人均产出、城市资源流出、城乡人均产出差距等指标会如何变化。

从图 8-15 可以看出，城市人口增长率的变化的确不对城乡人均产出产生影响。

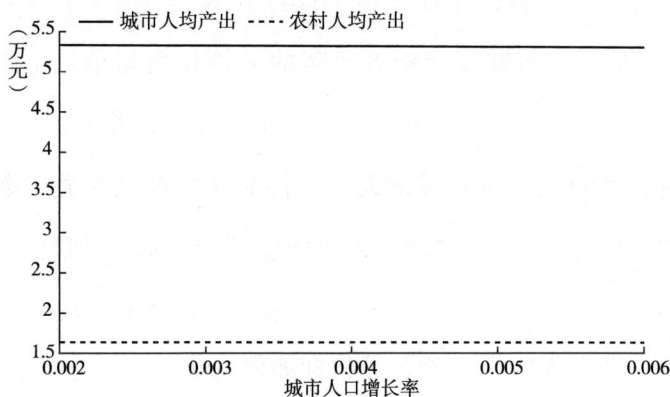

图 8-15　城市人口增长率和两部门的人均产出

同样的，我们也要检查城市人口增长率对资源和红利分配的影响。从图 8-16 可以看出，随着城市人口增长率的提高，城市净流出的资源减少，资源倾向于从农村流入城市。不过，由于人口增长率不影响城乡人均产出，故也不影响城乡人均产出的绝对差距和相对差距。

8.3.4　土地红利

城市和农村在经济素质上有一个最本质的差异——土地红利。

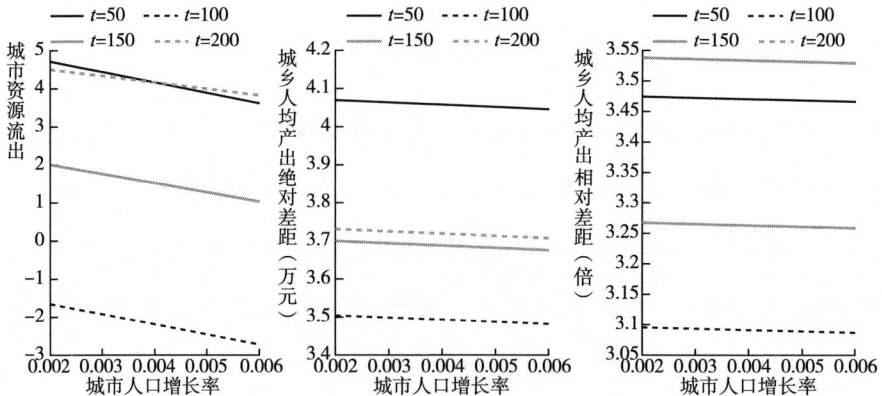

图8-16 城市人口增长率的资源和红利配置效应

城市部门有土地红利，并且人均土地红利 $lb = \varphi f_3 - f_2 + e^{-n_1}(f_1 + f_2 - \varphi f_3)$，是一个与城市消费者每年的人均住房增值 f_1、非城市居民每年的人均安家成本 f_2、失地农民每年的人均补偿 f_3、新增城市居民中失地农民的比例 φ 和城市人口增长率（城市化率增长率）n_1 相关的参数。当 f_1、f_3、φ 增加时，lb 增加；当 f_2、n_1 增加时，lb 减少。令 lb' 分别等于0.6、0.8、1、1.2、1.4，来看城乡人均产出、城市资源流出、城乡人均产出差距等指标如何变化。

图8-17描述了土地红利从0.6万元步进到1.4万元的过程中，两部门人均产出的变化。从图中可以看出，土地红利越高，城市的人均产出就越高，虽然农村人均产出也发生同向变化，但其变化的幅度不如城市。

明确了两部门人均产出对土地红利变化的响应后，我们来看资源和红利的配置情况是如何响应的。图8-18的左图表示，土地红利越高，资源越倾向于从城市流向农村。中图和右图描述了城乡人均产出的绝对差距和相对差距，从图中可以看出，随着土地红利从

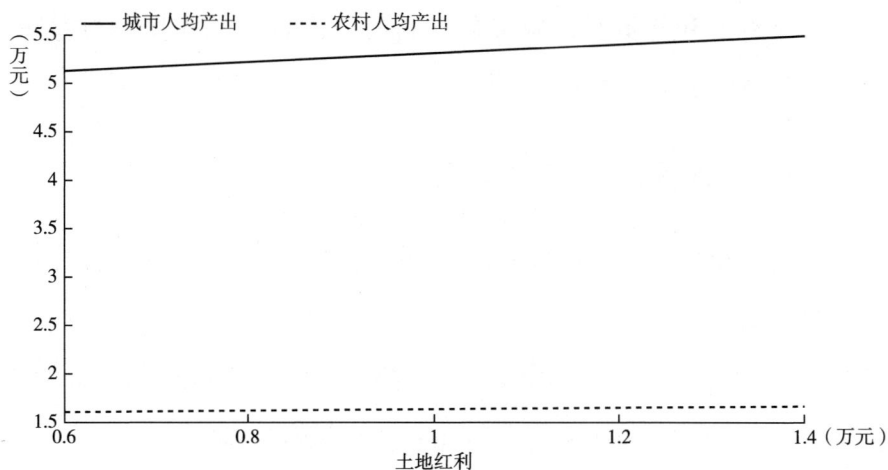

图 8 – 17　土地红利和城乡的人均产出

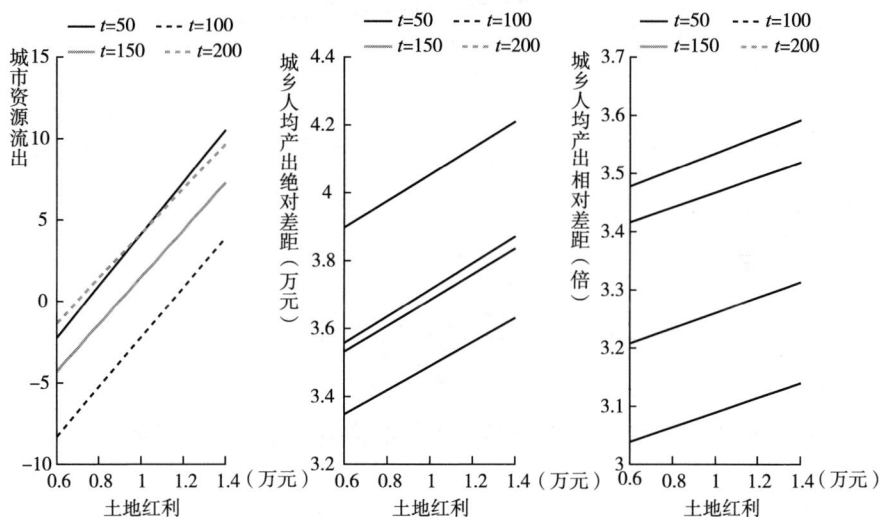

图 8 – 18　土地红利的资源和红利配置效应

0.6 万元步进到 1.4 万元，城乡人均产出的绝对差距和相对差距都上升。

在其他条件不变的情况下，土地红利变化会导致城市人均产出增加，农村人均产出缓慢增加，从而出现城乡人均产出的绝对差距和相对差距上升的情况，城市化红利的分配也愈加失衡；与此同时，城市倾向于资源净流出，相应地农村就出现资源净流入。

8.3.5 税收和转移支付政策

前文中我们发现，农村的税收和转移支付政策对两部门产出、两部门的绝对和相对差距以及资源配置的影响比较小，那么城市的该指标是否也对经济有同样的影响呢？令 ϑ'_1 分别等于 0.09、0.11、0.13、0.15 和 0.17，得到图 8-19 和图 8-20。

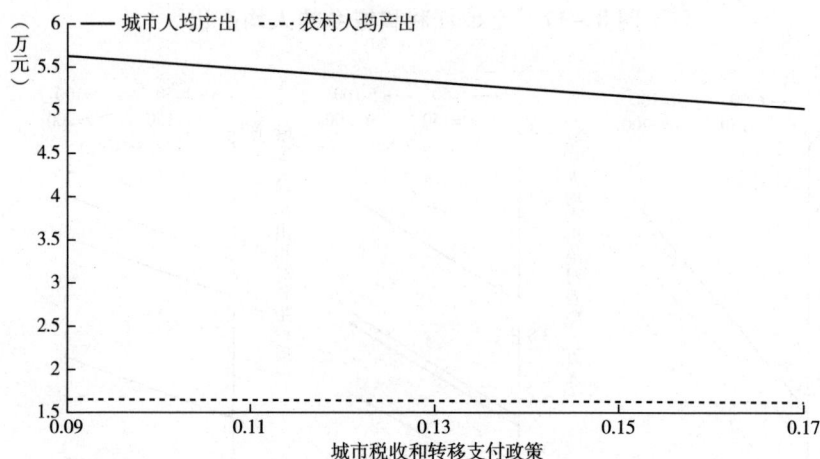

图 8-19　城市税收和转移支付政策与两部门人均产出

从图 8-19 可以看出，随着 ϑ'_1 从 0.09 步进到 0.17，城市部门的人均产出从 5.6 万元下降到 5 万元，农村部门的人均产出也下降了 0.1 万元左右。可见城市的税收和转移支付政策对两部门经济产生负面影响。再来看 ϑ'_1 变化对资源和红利配置的影响。从图 8-20 可以看出，随着 ϑ'_1 从 0.09 步进到 0.17，资源倾向于从农村流入城市，城乡人均产出的绝对差距和相对差距缩小。

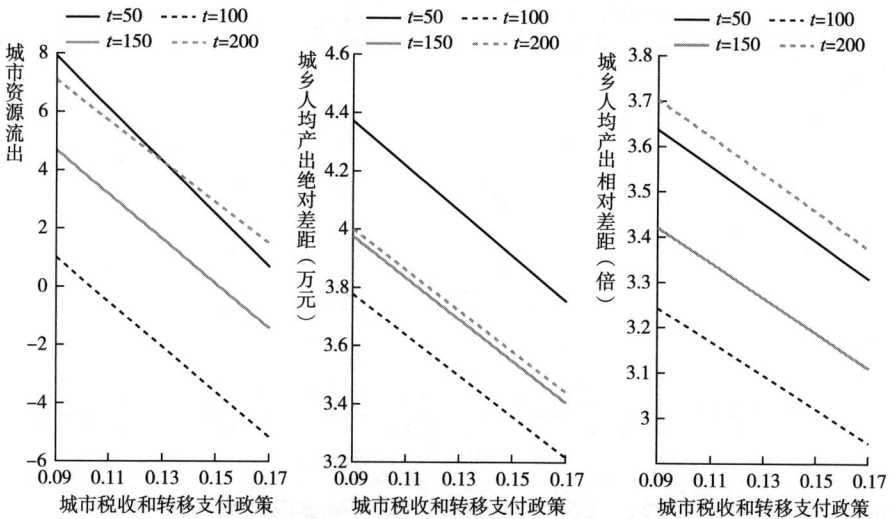

图 8 - 20 城市税收和转移支付政策的资源和红利配置效应

在其他条件不变的情况下，城市的税收和转移支付政策步进会导致城市人均产出下降，农村人均产出缓慢下降，从而出现城乡的绝对差距和相对差距缩小的情况，城市化红利分配失衡的情况也得到改善；与此同时，城市倾向于资源净流入，相应地农村就出现资源净流出。

8.3.6 公共消费政策

前文也指出农村的公共消费政策对两部门的人均产出、两部门产出的绝对和相对差距、资源的配置情况不产生任何影响。这里我们令 ϖ'_1 分别等于 0.14、0.16、0.18、0.20 和 0.22，来看城市公共消费政策的改变对经济的影响。

从图 8 - 21 和 8 - 22 可以看出，城市公共消费政策的改变不对经济产生任何实质性影响。

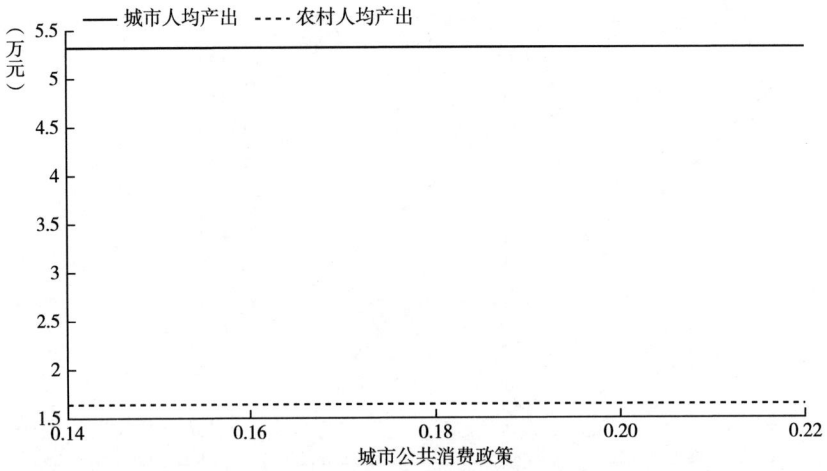

图 8－21　城市公共消费政策与两部门人均产出

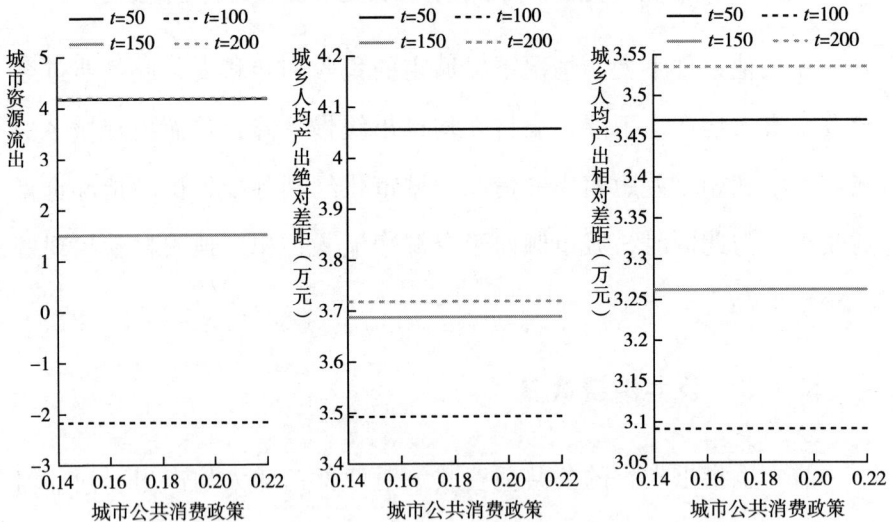

图 8－22　城市公共消费政策的资源和红利配置效应

8.3.7　小结

本节控制其他因素不变，逐一改变城市部门的参数，考查城乡人均产出的响应和资源、红利配置的改变。表 8－1 列出了数值模拟的影响结果。从表中可以看出，提高 α_2、降低 τ_2、降低 ϑ_2 都可以在增加产出的情况下，改善城市化红利分配失衡的情况（缩小绝对差距和相对差距）；n_2 和 $\overline{\omega}_2$ 基本不对城乡经济产生影响。

本节的结论是：在城市部门，不存在既不损害城市人均产出，又能改善红利分配的单一措施。改善红利分配现状（降低城乡的绝对差距和相对差距），势必导致两部门人均产出都下降。

在这些措施中，α_1 对经济影响最大，τ_1、lb 和 ϑ_1 对经济产生一定影响，n_1 和 $\overline{\omega}_1$ 则基本不影响经济。另外，如果采取促进红利分配改善的措施（降低 α_1 和 lb，提高 τ_1、ϑ_1），资源倾向于流入城市。也就是说，在红利分配向农村倾斜的同时，会出现资源从农村流入城市的情况，或出现流入农村资源减少的情况（见表8－2）。从这个意义上说，假设8.2也不成立。

表8－2 城市部门参数对经济的影响

参数		人均产出		资源流动	绝对差距	相对差距
参数	范围	城市	农村			
α_1	0.4～0.8	+	+	流入农村	+	+
τ_1	0.1～0.5	－	－	流入城市	－	－
n_1	0.002～0.006	0	0	流入城市	0	0
lb	0.6～1.4	+	+	流入农村	+	+
ϑ_1	0.09～0.17	－	－	流入城市	－	－
$\overline{\omega}_1$	0.06～0.14	0	0		0	0

注：关于绝对差距和相对差距"＋"表示增加，"－"表示减少，"0"表示不变。

8.4 纠正路径探索

通过前两节的分析，我们发现两部门的人口增长率（n_1、n_2）

和公共消费政策（ϖ_1、ϖ_2）对城乡经济的影响不大；降低 α_1 和 lb、提高 τ_1、ϑ_1 虽然能改善红利分配现状，但是会抑制城乡人均产出；提高 α_2、降低 τ_2 和 ϑ_2 既能够促进城乡经济发展，又能够改善红利分配现状。

8.4.1　单一措施

在不抑制城市产出的前提下，要提高农村在红利分配格局中的地位，可以采取的单一措施包括：提高 α_2、降低 τ_2 和降低 ϑ_2。其中，提高资本产出弹性、降低农村资本楔属于经济素质范畴，不是政府采取单一的针对性政策就可以立刻显现效果的，ϑ_2 属于政府政策倾向范畴，理论上政府调整政策即可实现目标。

1. 提高资本产出弹性，盘活农民资产

提高农村的资本产出弹性，言下之意就是降低劳动收入占产出的份额，看似是违背经济社会发展进程的措施，但是如果农民的资产性收入能够同时提高的话，即使劳动占产出的份额降低了，农民的实际收入仍然是提高的。因此，要提高农村的资本产出弹性，必须要配套实施盘活农民资产的措施。

要提高资本产出弹性，就要改变农村当前的生产方式，加大资本对农村产业的投资力度，增加对农村产业的技术投入，走农业产业化之路。农民唯一的共性资产就是土地。要盘活农民的资产，就是要盘活农民可使用土地的市场价值。第四章中提到，农村土地价值偏低是因为缺乏活跃的二级市场，因此要盘活农村土地的价值，就要给予农村土地流转的空间，规范土地二级市场交易。

2. 降低农村资本楔，改善农村金融抑制

我国农村当前面临较强的供给型金融抑制，因此应积极推动农村金融机构改革。首先，要增加正规金融机构支农资金的投放力度，建立农村资金回流机制，还要积极进行民间金融创新和支农金融产品创新，确保农村金融供给的增加。其次，宏观经济部门不仅要增加农村金融供给，还要积极调整农村金融需求结构，努力增加与供给相适应的有效需求，以避免需求型金融抑制给我国农村经济发展带来的不利冲击，这里可以尝试调整农村经济结构，提高农民收入；加大对农民的技能培训，提高农民的文化水平；完善农村社会保障制度。

3. 降低农村税收，提高农村转移支付

虽然已经取消了农业税，但农村依然面临品类繁多的其他税种：农业特产税、牧业税、耕地占用税，还有和农民生活密切相关的车辆购置税、车船使用税、印花税、契税、营业税、增值税和个人所得税，等等。可以考虑取消或者减免某些征税成本比较高、税源较窄的税种，考虑对与生活相关的税收给予适当减免。进一步提高农村的转移支付，包括一般性转移支付和专项转移支付。税收和转移支付是非常专业和精细的领域，因此本书仅提出建议方向。

8.4.2 组合措施

除了单一措施外，本书还对改变红利分配格局提出了组合措施建议。前文提到，降低 α_1 和 lb、提高 τ_1 和 ϑ_1 虽然能改善红利分配现状，但是会抑制城乡人均产出；提高 α_2、降低 τ_2 和 ϑ_2 既能够

促进城乡经济发展，又能够改善红利分配现状。其中，资本产出弹性的改变需要大量人力物力的投入，是一个长期、综合的过程，因此本书只在"组合措施三"提到了资本产出弹性。另外需要说明的一点是，本书给出的组合措施和措施力度只是一种可能性的建议。

由于随机技术冲击对产出影响比较大，故本节对三组措施和措施前的基础状态施加了同一组冲击。

（1）组合措施一：$lb' = 1.2$，$\tau'_2 = 0.4$，$\vartheta'_2 = 0.01$。

提高土地红利是提高城乡人均产出的有效方式，但是提高土地红利也会恶化红利分配格局。因此，如果希望通过提高土地红利来实现公平的增长，那么必须要辅以改善红利分配格局的措施，本书建议的配套措施是降低农村资本楔、提高农村转移支付。

图 8-23 给出了措施采取前后的城乡人均产出对比，从图中可以看出，组合措施一的实施显著提高了城乡人均产出。

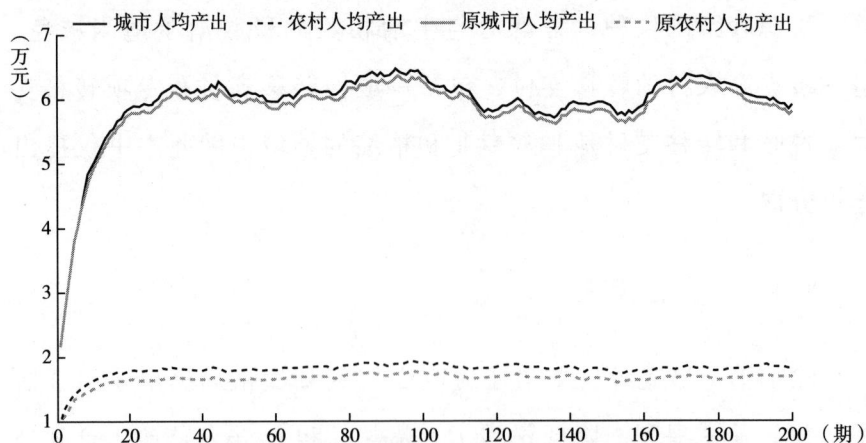

图 8-23 采取组合措施一前后的城乡人均产出对比

图 8 - 24 给出了采取措施前后的资源和红利分配情况，从图中可以看出采取组合措施一以后，资源倾向于流入城市，就是说会出现资源从农村流入城市的情况，或者出现流出城市资源减少的情况。中图和右图分别表示城乡人均产出的绝对和相对差距，从图中可以看出采取了组合措施一，城乡的绝对差距和相对差距都减小了，而且相对差距减小的幅度比较大，红利分配现状的确得到改善。

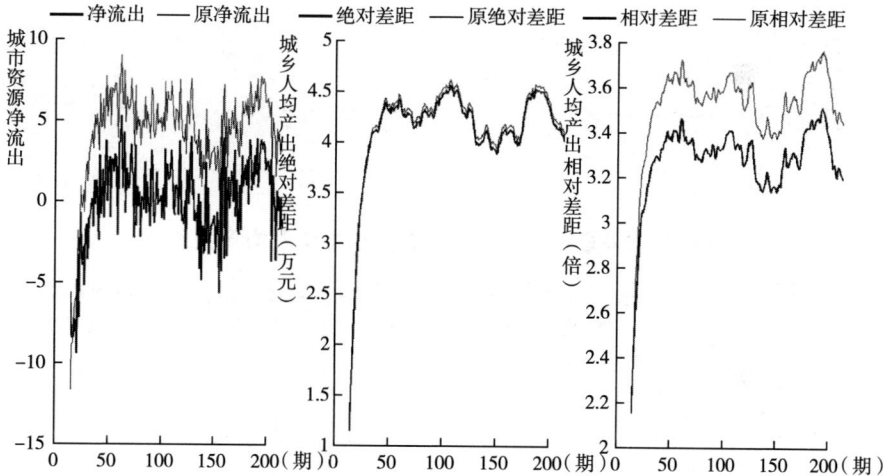

图 8 - 24　采取组合措施一前后的资源和红利配置对比

（2）组合措施二：$lb' = 1.2$，$\tau'_2 = 0.3$，$\vartheta'_1 = 0.12$，$\vartheta'_2 = -0.02$。

组合措施一包括土地红利、农村资本楔和农村的税收和转移支付政策。这里我们在组合措施一的基础上，改变城乡的税收和转移支付政策，将城市的 ϑ_1 从 0.13 降为 0.12，将农村的 ϑ_2 从 0.05 降为 -0.02，也就是说，在降低城市税收或者提高城市转移支付力度的同时，大幅提高农村的转移支付力度或税收返还力度，使得农村成为税收资金的净流入方。与此同时，再次降低农村的资本楔，使

191

得农村金融市场的抑制程度和城市相同。

图 8 - 25 给出了采取组合措施二前后的城乡人均产出对比。从图中可以看出，组合措施二的确使得城乡两部门的产出都增加了。

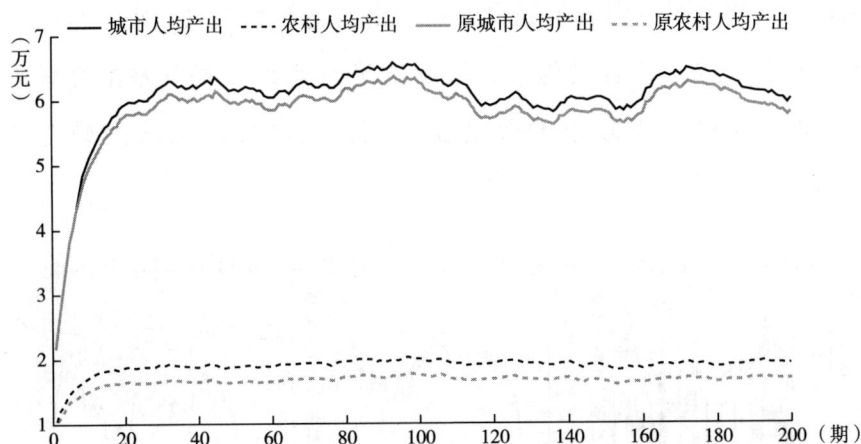

图 8 - 25 采取组合措施二前后的城乡人均产出对比

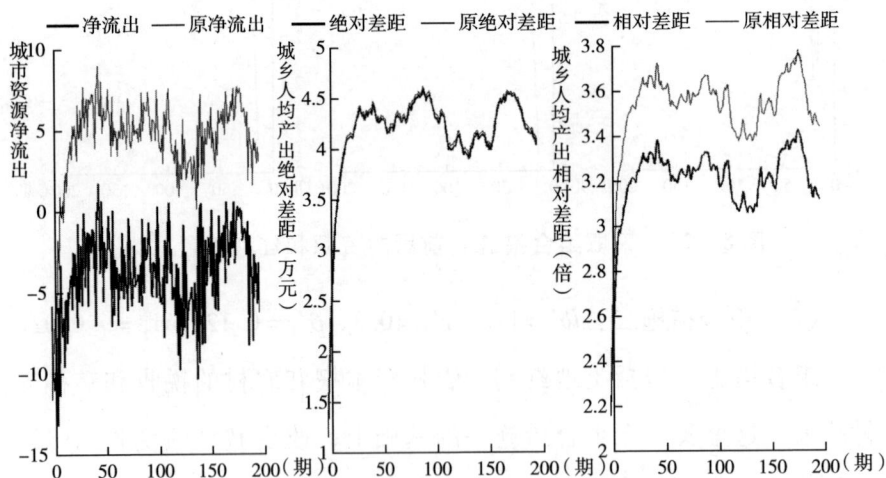

图 8 - 26 采取组合措施二前后的资源和红利配置

再来看组合措施二对资源配置和红利分配能力的影响。从图 8 - 26 可以看出，采取组合措施二以后，资源倾向于流入城市，也就是说会出现资源从农村流入城市的情况，或出现流出城市资源减少的情况。中图和右图说明虽然绝对差距改变不是很明显，但是相对差距减小得非常明确。也就是说，城市化红利分配开始向农村倾斜。

（3）组合措施三：$\alpha'_2 = 0.5$，$lb' = 1.2$，$\tau'_2 = 0.3$，$\vartheta'_1 = 0.12$，$\vartheta'_2 = 0.01$。

现在我们在组合措施二的基础上，改变农村资本产出弹性，来看组合措施三会产生怎样的效果。这里我们将农村的税收和转移支付政策还原至实施组合措施一时的情况，农村不再是财政资金的净流入方。

从图 8 - 27 可以看出，此时城乡人均产出都提高了，而且农村提高的幅度非常大。在图 8 - 28 中，资源从农村流入城市，城市化红利分配格局改变非常大，城乡之间的绝对差距缩小了 1 万元以上，城乡相对差距从 3 倍多缩小到 2 倍多。组合措施三是三项措施中对城市化红利分配状况改善最多的措施。

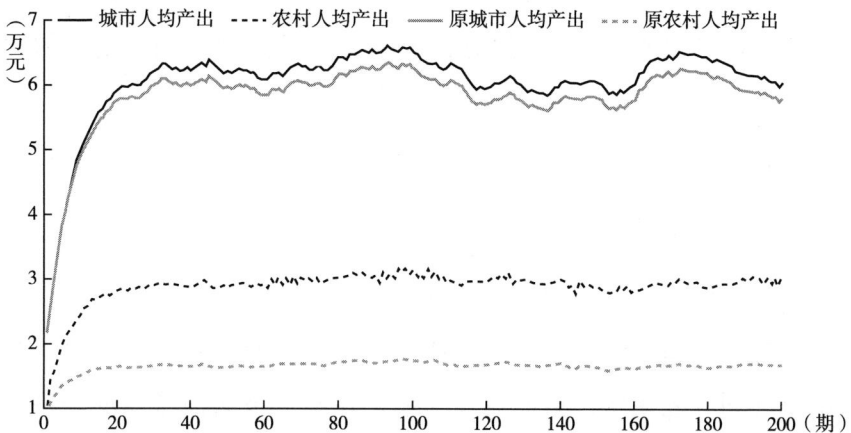

图 8 - 27　采取组合措施三前后的城乡人均产出对比

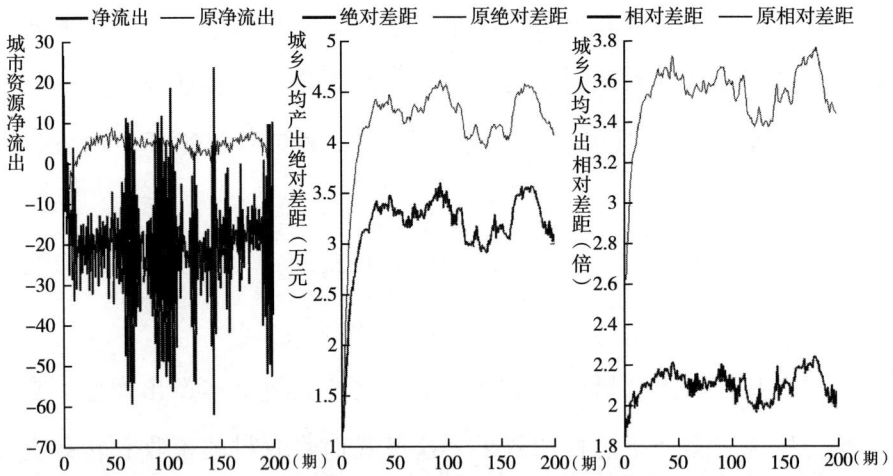

图 8−28　采取组合措施三前后的资源和红利配置

8.5　本章小结

本章通过对各参数进行敏感性分析，证明了假设 8.1 的成立，农村和城市在经济素质、政策倾向上的差距使得农村经济本身的增长空间不如城市，农村经济出现"贫速增长"，导致城市化红利在分配时出现"增长失衡"。同时也说明，资源流动是经济增长的结果，资源流动并不会导致红利分配失衡，假设 8.2 不成立。

改善红利分配现状且不会抑制城市经济的单一措施包括：提高 α_2、降低 τ_2 和 ϑ_2。采取其他改善红利分配现状的措施（降低 α_1 和 lb，提高 τ_1 和 ϑ_1）都会导致城乡经济受抑制。

对单一措施做组合，不仅能促进城乡经济发展，而且可以改善城市化红利分配现状，更能兼顾其他未在本书范畴内考虑的经济社会问题。而且措施的组合方式多种多样，采取措施的幅度也多种多样，相较于单一措施，组合措施在多样性和灵活性方面非常有优势。在各种组合措施里，本书仅考查了三个可供考虑的措施建议：(1) $lb' = 1.2, \tau'_2 = 0.4, \vartheta'_2 = 0.01$；(2) $lb' = 1.2, \tau'_2 = 0.3, \vartheta'_1 = 0.12, \vartheta'_2 = -0.02$；(3) $\alpha'_2 = 0.5, lb' = 1.2, \tau'_2 = 0.3, \vartheta'_1 = 0.12, \vartheta'_2 = 0.01$。

第九章　总结与展望

9.1　总结

本书以城市化红利、红利分配现状和新城市化阶段论为背景，以土地、资本、政策与城市化红利的关系为逻辑起点，紧紧围绕城市化红利，构建红利的测度及红利分配模型，并在此基础上进行实证分析，考查当前城市化红利分配现状和所处城市化阶段，最后，以协调城乡发展、纠正红利分配失衡为目的，探索城市化红利分配的返利路径体系，全文主要结论如下。

9.1.1　城市化与城市化红利

在绪论中，本书讨论了城市化、城市化红利、红利随时间的变化、红利的方向与城市化阶段、红利分配的失衡和新城市化阶段论，得到如下几个结论。

对城市化的再定义：城市化是城乡壁垒被打破后，各要素按照市场规律自发地向收益递增的空间不断集聚的过程。

对城市化红利的定义：城市化红利就是在资源自由流动的背景下，要素自发地向收益递增的空间不断集聚产生的积极经济后果。

根据城市化和城市化红利的定义，基于要素流向的空间不同，存在顺红利和逆红利。如果要素从农村流向城市，产生的城市化红利即为顺红利，经历的发展阶段即为"正城市化"阶段；如果要素从城市流向农村，产生的城市化红利即为逆红利，经历的发展阶段即为"逆城市化"阶段。

根据城市化阶段和城市化红利的变动方向，本书得出了新城市化阶段论：城市化红利推动城市化进程；一个完整的城市化进程依次经历顺红利的"有益的失衡期"，顺红利的"有害的失衡期"，逆红利的"有益的失衡期"，逆红利的"有害的失衡期"，循环往复直至城市化红利消亡，整个城市化过程才算结束。

9.1.2　城市化红利分配的现实结论

本书分析了我国城市化的发展历史和特点，以及城乡的投资、收入和消费差距，本书认为，从现实数据来看，城市化红利分配是失衡的，而且当前的城市化位于"有益的失衡期"。可以判断，在接下来的一段时期内，伴随城市化的推进，城乡差距会进一步扩大，城乡经济都会出现增长。

9.1.3　城市化红利分配的理论结论

本书构建了理论模型，并对模型做了数值模拟，在理论上得到如下结论：城市化带来了非常可观的红利；城市化红利分配是失衡的；城市化处于顺红利的"有益的失衡期"。

9.1.4 纠正路径的结论

本书探索了纠正的路径，提出了单一措施和组合措施的建议。单一措施建议包括：提高农村资本产出弹性，降低农村资本楔，调整农村的税收和转移支付政策。这三项措施单独实施都可以促进经济增长，改善当前的红利分配格局。

组合措施建议包括：（1）适当提高土地红利，降低农村资本楔，降低农村的税收或提高农村转移支付比例；（2）适当提高土地红利，降低农村资本楔，适当降低城市的税收或提高城市的转移支付比例，同时降低农村税收，提高农村转移支付比例，使得农村成为财政资金净流入地区；（3）提高农村资本产出弹性，提高土地红利，降低农村资本楔，适当降低农村和城市的税收，或提高农村和城市的转移支付比例。

9.2 展望

城市化红利是本书研究的核心，虽然本书从理论和实证模型角度证明了它的存在性和合理性，但是其基础仍然比较薄弱，需要从多角度、多方面予以证实。

首先，本书仅仅从理论视角捕捉了城市化红利的静态值和理论值，如果能够在时间维度上捕捉其动态值和实际值，结论将会非常具有说服力，也会找到切实解释当前城市化进程中某些问题的新视角。

其次，新城市化阶段论也是一个新的研究结论。本书仅从中国角度验证了新城市化阶段论的合理性，还需要通过其他国家的城市化进程来验证该理论是否合理。

最后，本书在 DSGE 模型中扩展了中国元素，构建了两个封闭的单部门模型和一个两部门模型，将其用于对城市化的分析。这些模型中虽然有不少创新，能较好地拟合经济现实，但是仍然有很多不足之处。

（1）模型中可以引入货币、价格、通货膨胀期望等因素，将模型从"资本"概念扩展到"资金"概念，完善金融市场对城市化的影响，有可能会改变模型的结论。

（2）模型在模拟中使用的各参数都是不变的，这是一个缺憾。可以考虑将众多参数动态化，模拟动态参数下的城市化红利和红利分配格局。

（3）本书的时间偏好选择是一个常数。从 20 世纪 60 年代开始，经济学家和行为学家就开始研究人类的时间偏好。人类的时间偏好不仅不是常数，而且跨期和跨际的偏好也很不一样。

（4）GSSA 方法虽好，但是容易在程序运行时出现复数状态，从而使得模拟的解不稳定。虽然这个状态在本书的模拟中并未出现，但的确是该方法运用中常常出现的情况。虽然本书采用"类单位化"方法彻底解决了"病态解"的问题，但并没有完全解决复数解问题。

笔者在接下来的研究中将在这些方面做进一步探索，尽己所能使城市化红利理论、两部门 DSGE 模型和模拟方法更加完善。

附　录

附录1　求解跨时约束条件

原约束方程：$L_t f + T_t + (1 + R)^{-1} B_{t+1} = G_t + TR_t + B_t$

令 $L_t f + T_t - G_t - TR_t = a_t$，则原式可化为：$B_t - R^{-1} B_{t+1} = a_t$

当 $t = 0, 1, 2, \cdots, n, \cdots$ 时，

$$B_0 - (1 + R)^{-1} B_1 = a_0 \tag{1}$$

$$B_1 - (1 + R)^{-1} B_2 = a_1 \tag{2}$$

$$B_2 - (1 + R)^{-1} B_3 = a_2 \tag{3}$$

$$\cdots$$

$$B_{n-1} - (1 + R)^{-1} B_n = a_{n-1} \tag{n}$$

$$B_n - (1 + R)^{-1} B_{n+1} = a_n \tag{n+1}$$

$$\cdots$$

令 $(1) + (2) \cdot (1 + R)^{-1} + (3) \cdot (1 + R)^{-1} + \cdots + (n + 1) \cdot (1 + R)^{-n}$，

左边 $= B_0 - R^{-(n+1)} B_{n+1}$

右边 $= a_0 + R^{-1} a_1 + \cdots + R^{-n} a_n = \sum_{i=0}^{n} R^{-i} a_i$

即：$B_0 - R^{-(n+1)} B_{n+1} = \sum_{i=0}^{n} R^{-i} a_i \tag{*}$

令 $(1) + (2) \cdot (1 + R)^{-1} + (3) \cdot (1 + R)^{-1} + \cdots + (n + 1) \cdot$

$(1 + R)^{-n} + \cdots$，由于 $R > 0$，

故无限式加总后：$B_0 = \sum_{i=0}^{\infty} (1 + R)^{-i} a_i$ 　　　　（ ＊＊ ）

求解（ ＊ ）和（ ＊＊ ）式，可得：

$$B_n = \sum_{j=0}^{\infty} (1 + R)^{-j} a_{n+j}$$

同理可以解得消费者的跨时预算约束条件为：

$$A_t = \frac{1}{1 - \delta} \sum_{j=0}^{\infty} (1 + R)^{-j} (C_{t+j} + T_{t+j} - w_{t+j} L_{t+j} - TR_{t+j} - lb L_{t+j})_{\circ}$$

附录 2 效用函数的性质

消费者效用函数为 CRRA：$u_t = \begin{cases} \dfrac{(Ac_t g_t^\theta)^{1-\sigma} - 1}{1 - \sigma}, \sigma > 0 \text{ 且 } \sigma \neq 1 & ① \\ ln(Ac_t) + \theta ln(g_t), \sigma = 1 \end{cases}$，

其中 $\sigma > 0, 0 < \theta < 1, A > 0$。下面来证明该函数的各项性质。

2.1 效用函数连续

当 σ 趋近于 1 时，

$$\lim_{\sigma \to 1} u_t = \lim_{\sigma \to 1} \frac{(Ac_t g_t^\theta)^{1-\sigma} - 1}{1 - \sigma} = \lim_{\sigma \to 1} \frac{(Ac_t g_t^\theta)^{1-\sigma} ln(Ac_t g_t^\theta)(-1)}{-1} =$$

$ln(Ac_t) + \theta ln(g_t)$，

而 $\lim_{\sigma \to 1} u_t = ln(Ac_t) + \theta ln(g_t)$，故 $u(c_t)$ 在 $\theta = 1$ 处连续。

2.2 边际效用递减

u_t 关于 c_t 一阶偏导为：$u'_c = A^{1-\sigma} c^{-\sigma} g^{\theta(1-\sigma)} > 0$，

---

① 此时 $u(c_t)$ 是个连续函数。

二阶偏导为：$u''_{cc} = -\sigma A^{1-\sigma} c^{-\sigma-1} g^{\theta(1-\sigma)} < 0$，

u_t 关于 g_t 的一阶偏导为：$u'_g = \theta A^{1-\sigma} c^{1-\sigma} g^{\theta(1-\sigma)-1} > 0$，

二阶偏导为：$u''_{gg} = \theta(\theta - \theta\sigma - 1) A^{1-\sigma} c^{1-\sigma} g^{\theta(1-\sigma)-2} < 0$。

因此，u_t 关于 c_t 和 g_t 都是边际效用递减的。

2.3　保守型消费者

$$R_c = -\frac{u''_{cc} \cdot c}{u'_c} = \sigma > 0$$，因此消费者关于私人消费是相对风险

厌恶的，并且厌恶程度为常数。又 u_t 关于私人消费 c 的弹性 $\varepsilon_c =$

$-\dfrac{du'(c)/u'(c)}{dc/c} = \sigma$，这意味着 σ 越小，随着消费 c 的增加，边际效

用下降得越慢，因此消费者也就越愿意允许私人消费随时间变化。

$$R_g = -\frac{u''_{gg} \cdot g}{u'_g} = 1 - \theta(1-\sigma) > 0$$，因此消费者关于公共消费

也是相对风险厌恶的，并且厌恶程度为常数。

2.4　跨期替代弹性为常数

私人消费的跨期替代弹性 $\varepsilon_c = -\dfrac{d(c_s/c_t)}{c_s/c_t} \Big/ \dfrac{d[u'(c_s)/u'(c_t)]}{u'(c_s)/u'(c_t)}$，

是 c_s/c_t 比例变动造成无差异曲线斜率的相对变动比例。

当 $s \to t$ 时，$d(c_s/c_t) = \dfrac{dc_s}{c_t} \Rightarrow \dfrac{d(c_s/c_t)}{c_s/c_t} = \dfrac{dc_s}{c_s}$；

$d\Big[\dfrac{u'(c_s)}{u'(c_t)}\Big] = \dfrac{du'(c_s)}{u'(c_t)} \Rightarrow \dfrac{u'(c_s)/u'(c_t)}{d[u'(c_s)/u'(c_t)]} = \dfrac{u'(c_s)/u'(c_t)}{d[u'(c_s)]/u'(c_t)} =$

$$\frac{u'(c_s)}{d[u'(c_s)]};$$

因此： $\varepsilon_c = -\dfrac{d(c_s/c_t)}{d[u'(c_s)/u'(c_t)]} \cdot \dfrac{u'(c_s)/u'(c_t)}{c_s/c_t}$

$$= -\frac{d(c_s/c_t)}{c_s/c_t} \cdot \frac{u'(c_s)/u'(c_t)}{d[u'(c_s)/u'(c_t)]}$$

$$\Rightarrow \varepsilon_c = -\frac{dc_s}{c_s} \cdot \frac{u'(c_s)}{du'(c_s)} = -\frac{1}{c_s} \cdot \frac{u'(c_s)}{du'(c_s)/dc_s} = \frac{1}{\sigma} \circ$$

所以，σ 越小，跨期替代弹性越大，不同时期私人消费间的替代越容易；当 σ 趋近于 0 时，效用几乎是关于 c 的线性函数，不同时期的私人消费可完全替代。

同上，公共消费的跨期替代弹性 $\varepsilon_g = \dfrac{1}{1-\theta(1-\sigma)}$，$\theta$ 和 σ 越趋近于 1，ε_g 就越大，不同时期公共消费间的替代越容易。

2.5 私人消费和政府消费的互补和替代性

$u''_{gc} = u''_{cg} = \theta(1-\sigma)A^{1-\sigma}c^{-\sigma}g^{\theta-\theta\sigma-1}$。当 $0 < \sigma < 1$ 时，$u''_{gc} = u''_{cg} > 0$，c_t 和 g_t 是埃奇沃思互补的；当 $\sigma > 1$ 时，$u''_{gc} = u''_{cg} < 0$，c_t 和 g_t 是埃奇沃思替代的。

2.6 消费者对私人消费更加敏感

私人消费的效用弹性为：$E_c = \left| \dfrac{\partial u/u}{\partial c/c} \right| \rightarrow 1-\sigma$，公共消费的效用

弹性为：$E_g = \left| \dfrac{\partial u/u}{\partial g/g} \right| \to (1-\sigma)\theta$。由于 $0 < \theta < 1$，故 $E_c > E_g$，所以消费者对私人消费更加敏感。

2.7   效用函数的稻田条件成立

$$\lim_{c \to 0} u'_c = \lim_{c \to 0} A^{1-\sigma} c^{-\sigma} g^{\theta(1-\sigma)} = \infty, \ \lim_{c \to \infty} u'_c = \lim_{c \to \infty} A^{1-\sigma} c^{-\sigma} g^{\theta(1-\sigma)} = 0$$

$$\lim_{g \to 0} u'_g = \lim_{g \to 0} \theta A^{1-\sigma} c^{1-\sigma} g^{\theta(1-\sigma)-1} = \infty, \ \lim_{g \to \infty} u'_g = \lim_{g \to \infty} \theta A^{1-\sigma} c^{1-\sigma} g^{\theta(1-\sigma)-1} = 0$$

从稻田条件可知，当私人消费品充分多时，它的边际效用就会充分小，当公共消费品充分多时，它的边际效用也会充分小；当私人消费品充分少时，它的边际效用就会充分大，当公共消费品充分少时，它的边际效用也会充分大。这个条件保证了消费函数的平滑性。

2.8   单调变换

对于 $\forall \sigma \in R^+$，令：$f(c,g) = u(c, g/\sigma = 1)$，$h(c,g) = u(c, g/\sigma \in R^+, \sigma \neq 1)$，

显然 $f(c,g)$ 和 $h(c,g)$ 关于 cg^θ 的单调性是一致的，因此 $h(c_1, g_1) > h(c_2, g_2)$ 和 $f(c_1, g_1) > f(c_2, g_2)$ 是等价的。

附录3　凹凸性和互补性

已知两个函数 $y_1 = \dfrac{x^{1-\sigma}}{1-\sigma} - A\dfrac{n_t^{1+\gamma}}{1+\gamma}$ 和 $y_2 = \dfrac{x^{1-\sigma}}{1-\sigma} + \psi ln(1-n_t)$，

其中 y_1 中，$x = c_t^{\theta_1} g_t^{\theta_2}$，$y_2$ 中 $x = \dfrac{\left[\varphi c_t^{(v-1)/v} + (1-\varphi) g_t^{(v-1)/v}\right]^{v/(v-1)}}{\left[\varphi c_{t-1}^{(v-1)/v} + (1-\varphi) g_{t-1}^{(v-1)/v}\right]^{\gamma v/(v-1)}}$。

3.1　y_1 和 y_2 关于 n_t、c_t 和 g_t 的凹凸性

3.1.1　y_1 和 y_2 关于 n_t 的凹凸性

$$\frac{\partial y_1}{\partial n_t} = -An_t^{\gamma} < 0, \frac{\partial y_1^2}{\partial^2 n_t} = -A\gamma n_t^{\gamma-1} < 0;$$

$$\frac{\partial y_2}{\partial n_t} = -\frac{\psi}{1-n_t} < 0, \frac{\partial^2 y_2}{\partial n_t^2} = -\frac{\psi}{(1-n_t)^2} < 0$$

因此，y_1 和 y_2 都是关于 n_t 的凹函数。

3.1.2　y_1 关于 c_t 和 g_t 的凹凸性

由于：$\dfrac{\partial y_1}{\partial c_t} = \dfrac{\partial y_1}{\partial x} \cdot \dfrac{\partial x}{\partial c_t} = x^{-\sigma} \cdot \theta_1 \cdot c_t^{\theta_1-1} \cdot g_t^{\theta_2} = \theta_1 c_t^{\theta_1-1-\sigma\theta_1} g_t^{(1-\sigma)\theta_2} > 0$，

$$\frac{\partial^2 y_1}{\partial c_t^2} = \theta_1(\theta_1 - 1 - \sigma\theta_1) c_t^{\theta_1(1-\sigma)-2} g_t^{(1-\sigma)\theta_2}$$

$\because \sigma > 0, \sigma \neq 1, \theta_1 > 0, \theta_2 > 0$

$\therefore$ 当 $0 < \theta_1 < 1$ 时，$\dfrac{\partial^2 y_1}{\partial c_t^2} < 0$，$y_1$ 是关于 c_t 的凹函数；当 $\theta_1 > 1$

时，$\dfrac{\partial^2 y_1}{\partial c_t^2} > 0$，$y_1$ 是关于 c_t 的凸函数。

同样的，$\dfrac{\partial y_1}{\partial g_t} = \dfrac{\partial y_1}{\partial x} \cdot \dfrac{\partial x}{\partial g_t} = x^{-\sigma} \cdot \theta_2 \cdot c_t^{\theta_1} \cdot g_t^{\theta_2-1} = \theta_1 c_t^{(1-\sigma)\theta_1} g_t^{\theta_2 - \sigma\theta_2 - 1} > 0,$

$$\frac{\partial^2 y_1}{\partial g_t^2} = \theta_2(\theta_2 - 1 - \sigma\theta_2) c_t^{(1-\sigma)\theta_1} g_t^{(1-\sigma)\theta_2 - 1},$$

由于 $\because \sigma > 0, \sigma \neq 1, \theta_1 > 0, \theta_2 > 0$，所以当 $0 < \theta_2 < 1$ 时，

$\dfrac{\partial^2 y_1}{\partial g_t^2} < 0$，$y_1$ 是关于 g_t 的凹函数；当 $\theta_2 > 1$ 时，$\dfrac{\partial^2 y_1}{\partial g_t^2} > 0$，$y_1$ 是关

于 g_t 的凸函数。

3.1.3　y_2 关于 c_t 和 g_t 的凹凸性

设 y_2 中 $x = \dfrac{\left[\varphi c_t^\alpha + (1-\varphi) g_t^\alpha\right]^{1/\alpha}}{M}$，其中 $\alpha = \dfrac{v-1}{v}$，把原分母换

成 M。

$$\frac{\partial y_2}{\partial c_t} = \frac{\partial y_2}{\partial x} \cdot \frac{\partial x}{\partial c_t} = x^{-\sigma} \cdot \frac{1}{M} \cdot \frac{1}{\alpha} \cdot \left[\varphi c_t^\alpha + (1-\varphi) g_t^\alpha\right]^{1/\alpha - 1} \cdot \varphi\alpha c_t^{\alpha-1},$$

把 x 代入前式，化简后可得：

$$\frac{\partial y_2}{\partial c_t} = \frac{\varphi\left[\varphi c_t^\alpha + (1-\varphi) g_t^\alpha\right]^{1/\alpha - 1 - \sigma/\alpha} \cdot c_t^{\alpha-1}}{M^{1-\sigma}} > 0;$$

$$\frac{\partial^2 y_2}{\partial c_t^2} = \frac{\varphi}{M^{1-\sigma}}\left\{\left(\frac{1}{\alpha}-1-\frac{\sigma}{\alpha}\right)\left[\varphi c_t^\alpha + (1-\varphi)g_t^\alpha\right]^{\frac{1-\sigma}{\alpha}-2}\varphi\alpha c_t^{2(\alpha-1)} + \right.$$

$$\left.(\alpha-1)\left[\varphi c_t^\alpha + (1-\varphi)g_t^\alpha\right]^{\frac{1-\sigma}{\alpha}-1}c_t^{\alpha-2}\right\}$$

$$= \frac{\varphi}{M^{1-\sigma}}\left[\varphi c_t^\alpha + (1-\varphi)g_t^\alpha\right]^{\frac{1-\sigma}{\alpha}-2}c_t^{\alpha-2}\cdot\left\{\varphi(1-\alpha-\sigma)c_t^\alpha + \right.$$

$$\left.(\alpha-1)\left[\varphi c_t^\alpha + (1-\varphi)g_t^\alpha\right]\right\}$$

$$= \frac{\varphi}{M^{1-\sigma}}\left[\varphi c_t^\alpha + (1-\varphi)g_t^\alpha\right]^{\frac{1-\sigma}{\alpha}-2}c_t^{\alpha-2}\left[-\varphi\sigma c_t^\alpha + \right.$$

$$\left.(\alpha-1)(1-\varphi)g_t^\alpha\right]$$

由于 $\varphi \in (0,1)$，$\sigma > 0$，$\alpha - 1 = \dfrac{v-1}{v} - 1 = -\dfrac{1}{v} < 0$，从而

$-\varphi\sigma c_t^\alpha + (\alpha-1)(1-\varphi)g_t^\alpha < 0$ 恒成立，因此 y_2 是关于 c_t 的凹函数。

同样的，$\dfrac{\partial y_2}{\partial c_t} = \dfrac{\partial y_2}{\partial x}\cdot\dfrac{\partial x}{\partial c_t}$

$$= x^{-\sigma}\cdot\frac{1}{\alpha M}\cdot\left[\varphi c_t^\alpha + (1-\varphi)g_t^\alpha\right]^{1/\alpha-1}\cdot(1-\varphi)\alpha g_t^{\alpha-1}$$

$$= \frac{(1-\varphi)\left[\varphi c_t^\alpha + (1-\varphi)g_t^\alpha\right]^{1/\alpha-1-\sigma/\alpha}\cdot g_t^{\alpha-1}}{M^{1-\sigma}} > 0;$$

$$\frac{\partial^2 y_2}{\partial c_t^2} = \frac{1-\varphi}{M^{1-\sigma}}\left\{\left(\frac{1-\sigma}{\alpha}-1\right)\left[\varphi c_t^\alpha + (1-\varphi)g_t^\alpha\right]^{\frac{1-\sigma}{\alpha}-2}(1-\right.$$

$$\left.\varphi)\alpha g_t^{2(\alpha-1)} + (\alpha-1)\left[\varphi c_t^\alpha + (1-\varphi)g_t^\alpha\right]^{\frac{1-\sigma}{\alpha}-1}g_t^{\alpha-2}\right\}$$

$$= \frac{1-\varphi}{M^{1-\sigma}}\left[\varphi c_t^\alpha + (1-\varphi)g_t^\alpha\right]^{\frac{1-\sigma}{\alpha}-2}g_t^{\alpha-2}\cdot\left\{(1-\varphi)\right.$$

$$\left.(1-\alpha-\sigma)g_t^\alpha + (\alpha-1)\left[\varphi c_t^\alpha + (1-\varphi)g_t^\alpha\right]\right\}$$

$$= \frac{1 - \varphi}{M^{1-\sigma}} \left[\varphi c_t^\alpha + (1 - \varphi) g_t^\alpha \right]^{\frac{1-\sigma}{\alpha} - 2} g_t^{\alpha - 2} \left[(\alpha - 1) \varphi c_t^\alpha - \right.$$

$$\left. \sigma (1 - \varphi) g_t^\alpha \right]$$

由于 $\varphi \in (0, 1)$, $\sigma > 0$, $\alpha - 1 < 0$, 因此 $\frac{\partial^2 y_2}{\partial c_t^2} < 0$ 恒成立, 因此 y_2 是关于 g_t 的凹函数。

综上所述, 当 $0 < \theta_1 < 1$ 时, y_1 和 y_2 都是关于 c_t 的凹函数; 当 $0 < \theta_2 < 1$ 时, y_1 和 y_2 都是关于 g_t 的凹函数。当 $\theta_1 > 1$ 时, y_1 是关于 c_t 的凸函数, y_2 是关于 c_t 的凹函数; 当 $\theta_2 > 1$ 时, y_1 是关于 g_t 的凸函数, y_2 是关于 g_t 的凹函数。

3.2　y_1 和 y_2 关于 c_t 和 g_t 互补性与替代性

由上可知: $\dfrac{\partial y_1}{\partial c_t} = \dfrac{\partial y_1}{\partial x} \cdot \dfrac{\partial x}{\partial c_t} = x^{-\sigma} \cdot \theta_1 \cdot c_t^{\theta_1 - 1} \cdot g_t^{\theta_2} = \theta_1 c_t^{\theta_1 - 1 - \sigma \theta_1} g_t^{(1-\sigma)\theta_2}$,

故 $\dfrac{\partial^2 y_1}{\partial c_t \cdot \partial g_t} = (1 - \sigma) \theta_1 \theta_2 c_t^{\theta_1 - 1 - \sigma \theta_1} g_t^{(1-\sigma)\theta_2 - 1}$。

由于 $\sigma > 0$, $\sigma \neq 1$, $\theta_1 > 0$, $\theta_2 > 0$, 当 $0 < \sigma < 1$ 时, $\dfrac{\partial^2 y_1}{\partial c_t \cdot \partial g_t} > 0$, c_t 和 g_t 是埃奇沃思互补的; 当 $\sigma > 1$ 时, $\dfrac{\partial^2 y_1}{\partial c_t \cdot \partial g_t} < 0$, c_t 和 g_t 是埃奇沃思替代的。

因为: $\dfrac{\partial y_2}{\partial c_t} = \dfrac{\varphi \left[\varphi c_t^\alpha + (1 - \varphi) g_t^\alpha \right]^{1/\alpha - 1 - \sigma/\alpha} \cdot c_t^{\alpha - 1}}{M^{1-\sigma}}$, 故

$$\frac{\partial^2 y_2}{\partial c_t \cdot \partial g_t} = \frac{(1 - \varphi) \varphi (1 - \alpha - \sigma) c_t^{\alpha - 1} g_t^{\alpha - 1} \left[\varphi c_t^\alpha + (1 - \varphi) g_t^\alpha \right]^{(1-\sigma)/\alpha - 2}}{M^{1-\sigma}},$$

由于 $\varphi \in (0,1)$, $\sigma > 0$, $1 - \alpha = \dfrac{1}{v} > 0$, 当 $1 - \alpha - \sigma > 0$, 即

$0 < \sigma v < 1$ 时, $\dfrac{\partial^2 y_2}{\partial c_t \cdot \partial g_t} > 0$, c_t 和 g_t 是埃奇沃思互补的；当 $\sigma v > 1$

时, c_t 和 g_t 是埃奇沃思替代的。

附录 4　包含土地收入的巴罗 - 李嘉图等价

假设消费者的行为满足跨时约束条件，并且 $\{\overline{C_t}, \overline{A_t}\}$ 和 $\{\overline{G_t},$ $\overline{f_5 L_{t,1}}, \overline{T_t}, \overline{TR_t}, \overline{B_{t+1}}\}$ 为一组宏观均衡。假设存在另外的税收政策 $\{\hat{T_t}, \hat{TR_t}\}$ 满足：

$$\sum_{t=0}^{\infty} R^{-t}(\hat{T_t} - \hat{TR_t}) = \sum_{t=0}^{\infty} R^{-t}(\overline{T_t} - \overline{TR_t})$$

那么 $\{\overline{C_t}, \hat{A_t}\}$ 和 $\{\overline{G_t}, \overline{f_5 L_{t,1}}, \hat{T_t}, \hat{TR_t}, \hat{B_{t+1}}\}$ 也是一组宏观均衡，其中：

$$\hat{A_t} = \sum_{j=0}^{\infty} R^{-j}(\overline{C_{t+j}} + \hat{T}_{t+j} - w_{t+j}L_{t+j} - \hat{TR}_{t+j})$$

$$\hat{B}_{t+1} = \sum_{t=0}^{\infty} R^{-j}(f_5 L_{t+j,1} + \hat{T}_{t+j} - \overline{G_{t+j}} - \hat{TR}_{t+j})$$

证明：自然资产水平的约束下，消费者面临的跨时预算约束条件为

$$A_t = \sum_{t=0}^{\infty} R^{-j}(C_{t+j} + T_{t+j} - w_{t+j}L_{t+j} - TR_{t+j})$$

考虑到政府的预算约束，上面的方程可以改写为：

$$A_t = \sum_{t=0}^{\infty} R^{-j}(C_{t+j} + T_{t+j} - w_{t+j}L_{t+j} - TR_{t+j}) + B_{t+j}$$

由此可见，消费者的预算约束条件 $\{A_t\}$ 不依赖政府不同时期下的税收政策 $\{T_t, TR_t\}$。因此最优解 $\{C_t\}$ 也不依赖税收。政府税收政策的改变没有影响消费者的预算约束条件，因此原来的消费水平仍然是消费者的最优解。改变后的税收政策同样满足政府的预算约束 B_{t+1}，因此也是可行的。所以 $\{\overline{C_t}, \hat{A_t}\}$ 和 $\{\overline{G_t}, \overline{f_5 L_{t,1}}, \hat{T_t}, \hat{TR_t}, \hat{B_{t+1}}\}$ 也是一组宏观均衡。

附录5　稳态解及其稳定性

5.1　城市部门

在稳态时，$c_{t+1} = c_t$，$g_{t+1} = g_t$ 且 $k_{t+1} = k_t$。为方便起见，下文在求解过程中用 k、c、g 表示稳态时的参数。

把 $u'_c = c^{-\sigma} g^{\theta(1-\sigma)}$，$u'_g = \theta c^{1-\sigma} g^{\theta-\theta\sigma-1}$ 代入欧拉方程，化简得：

$$\beta[(1-\vartheta_1)f'(k) + j] + \beta\theta\varpi_1 cg^{-1}f'(k) = 1 \tag{1}$$

由于 $g = \overline{\omega}f(k)$、$f(k) = k^\alpha$，代入上式，化简得：

$$\beta[\alpha_1(1-\vartheta_1)k^{\alpha-1} + j_1] + \alpha_1\beta\theta ck^{-1} = 1 \tag{2}$$

由于稳态时，各变量仍满足资源预算约束式：

$$c + (n_1 + 1)k = (1-\vartheta_1)k^{\alpha_1} + j_1 k + lb \tag{3}$$

由式（2）、式（3）可以解得：

$$\alpha_1\beta(1-\vartheta_1)(1+\theta)k^{\alpha_1} + [\beta j_1 - 1 + \alpha_1\beta\theta(j_1 - n - 1)]k + \alpha_1\beta\theta f = 0 \tag{4}$$

显然，由式（4）不能解得 k 的具体表达式，现在考虑 k 的存在性问题。令：

$$g(k) = \alpha_1\beta(1-\vartheta_1)(1+\theta)k^\alpha + [\beta j_1 - 1 + \alpha_1\beta\theta(j_1 - n_1 - 1)]k + \alpha_1\beta\theta lb \quad (5)$$

由于 $\alpha_1, \vartheta_1, \beta, \delta, \tau_1 \in (0,1)$，$n \in (0,1)$，$R > 1$，$\theta > 1$，$f \in R$，那么：

$$j_1 = (1-\delta)(1+R) - \delta - \frac{R}{1-\tau_1} < (1-\delta)(1+R) - \delta - R < 1 - \delta R - 2\delta < 1$$

又令 $A_1 = \alpha_1\beta(1-\vartheta_1)(1+\theta) > 0$，$B_1 = 1 - \beta j_1 + \alpha_1\beta\theta(n_1 + 1 - j_1) > 0$，$C_1 = \alpha_1\beta\theta lb$，

所以式（5）可写为：

$$g(k) = A_1 k^{\alpha_1} - B_1 k + C_1 \quad (6)$$

由于 $k \in (0, +\infty)$，那么 $g(0) = C_1$，$g(+\infty) \to -\infty$。

而 $g'(k) = \alpha_1 A_1 k^{\alpha_1-1} - B_1$，$g''(k) = \alpha_1(\alpha_1-1)A_1 k^{\alpha_1-2} < 0$，故 $g(k)$ 必在 $g'(k) = 0$，即 $k = \left(\frac{B_1}{\alpha_1 A_1}\right)^{\frac{1}{\alpha_1-1}}$ 取得最大值 $g_{max} = (1 - \alpha_1)\alpha_1^{\frac{\alpha_1}{1-\alpha_1}}A_1^{\frac{1}{1-\alpha_1}}B_1^{\frac{\alpha_1}{\alpha_1-1}} + C_1$。

5.1.1　$lb \geqslant 0$

当 $lb \geqslant 0$ 时，$g_{max} = (1-\alpha_1)\alpha_1^{\frac{\alpha_1}{1-\alpha_1}}A_1^{\frac{1}{1-\alpha_1}}B_1^{\frac{\alpha_1}{\alpha_1-1}} + C_1 > 0$，$g(k) = 0$ 在 $(0, +\infty)$ 上只有 1 个正解，即城市部门只存在正稳态解 $k*$。

5.1.2　$lb < 0$

当 $lb < 0$ 时，$C_1 < 0$，g_{max} 的正负情况不确定。

当 $g_{max} > 0$ 时，$g(k) = A_1 k^{\alpha_1} - B_1 k + C_1$ 如附图 5-1 中 g1 所示，曲线 $g(k)$ 与横轴有两个交点，即 $g(k) = 0$ 有两个实数解，$0 < k*$

$< k < k**$；当 $g_{max} = 0$ 时，$g(k)$ 如附图 5 - 1 中 g2 所示，曲线 $g(k)$ 与横轴有一个交点，即 $g(k) = 0$ 有唯一实数解 $k_1* = k$；当 $g_{max} < 0$ 时，$g(k)$ 如附图 5 - 1 中 g3 所示，曲线 $g(k)$ 与横轴无交点，此时式（5）无解。

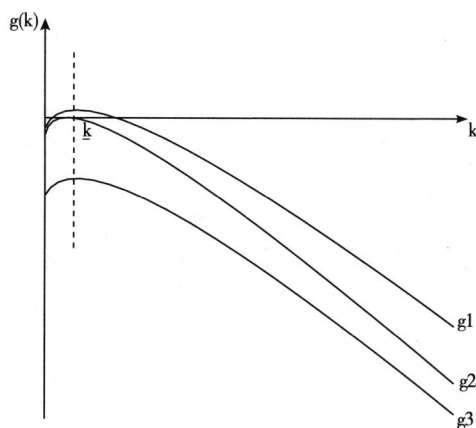

附图 5 - 1 g（k）=0 解的情况

如果各参数值如正文 5.7 所示，$\alpha_1 = 0.6$，$\beta = 0.95$，$\delta = 0.07$，$\theta = 0.5$，$R = 0.03$，$\tau_1 = 0.3$，$\vartheta_1 = 0.13$，$\overline{\omega}_1 = 0.18$；那么 $g_{max} = 1.6769 - 1.425f$，取 f 分别等于 0.1、1 和 1.13 时，那么稳态解分别为：$k* \approx 0.015$，$k** \approx 8.665$、$k* \approx 1.185$，$k** \approx 4.306$、$k* \approx k** \approx 2.407$。必须要说明的是：由于精确的稳态解都是复数，因此上述三组解是由两组 0 左右的 $g(k)$ 值的 k 值再做插值法大致推得。

5.1.3 小结

总之，当 $lb \geqslant \dfrac{(\alpha_1 - 1)}{\beta\theta}\alpha_1^{\frac{2\alpha_1 - 1}{1 - \alpha_1}}A_1^{\frac{1}{1 - \alpha_1}}B_1^{\frac{\alpha_1}{\alpha_1 - 1}}$ 时，城市部门存在稳态解 $k*$。

此时，人均私人消费 $c* = \dfrac{1 - \beta j_1}{\alpha_1 \beta \theta} k* - \left(\dfrac{1 - \vartheta_1}{\theta}\right) k*^{\alpha_1}$。

5.2 农村部门

由于农村部门不存在地租，那么农村部门的稳态 k 满足：

$$g(k) = A_2 k^{\alpha_2} - B_2 k = 0 \tag{7}$$

其中 $A_2 = \alpha_2\beta(1 - \vartheta_2)(1 + \theta) > 0$，$B_2 = 1 - \beta j_2 + \alpha_2\beta\theta(n_2 + 1 - j_2) > 0$。因此农村部门一定存在两个稳态解：$k_1 = 0$ 和 $k_2 = \left(\dfrac{A_2}{B_2}\right)^{\frac{1}{1-\alpha_2}}$。

因此，农村部门存在唯一正稳态解 $k* = \left[\dfrac{\alpha_2\beta(1 - \vartheta_2)(1 + \theta)}{1 - \beta j_2 + \alpha_2\beta\theta(n_2 + 1 - j_2)}\right]^{\frac{1}{1-\alpha_2}}$。

稳态时，农村部门人均私人消费为：$c* = \dfrac{1 - \beta j_2}{\alpha_2 \beta \theta} k* - \left(\dfrac{1 - \vartheta_2}{\theta}\right) k*^{\alpha_2}$。

5.3 稳态解的稳定性

证明城市和农村两个单一部门解的稳定性的方法非常类似，故这里仅以城市部门为例，说明稳态解的稳定性，并且在表述时这里也去掉了下标。

假定在均衡处，人均资本存量、人均私人消费和人均公共消费分别为：k、c 和 g。

当 $lb \geqslant \dfrac{(\alpha - 1)}{\beta\theta} \alpha^{\frac{2\alpha-1}{1-\alpha}} A^{\frac{1}{1-\alpha}} B^{\frac{\alpha}{\alpha-1}}$ 时，城市部门存在稳态解 k。此时，人

均私人消费 $c = \dfrac{1 - \beta j}{\alpha\beta\theta} k - \left(\dfrac{1 - \vartheta}{\theta}\right) k^{\alpha}$，人均公共消费 $g = \overline{\omega} k^{\alpha}$。其中，

$A = \alpha\beta(1 - \vartheta)(1 + \theta) > 0$，$B = 1 - \beta j + \alpha\beta\theta(n + 1 - j) > 0$，

$C = \alpha\beta\theta lb$。

现在考虑均衡点的稳定性，把欧拉方程在均衡点附近展开

得到：

$$\beta[u'_c(c,g) + u''_{cc}(c,g)(c_{t+1} - c) + u''_{cg}(c,g)(g_{t+1} - g)] \cdot [(1 - \vartheta)f'(k) +$$

$$f''(k)(k_{t+1} - k) + j] + \overline{\omega}\beta[u'_g(c,g) + u''_{gc}(c_{t+1} - c) + u''_{gg}(g_{t+1} - g)] \cdot$$

$$[f'(k) + f''(k)(k_{t+1} - k)] = u'_c(c) + u''_{cc}(c,g)(c_t - c) + u''_{cg}(g_t - g)$$

即：

$$\beta u'_f f'(k)(k_{t+1} - k) + \beta[u''_{cc}(c_{t+1} - c) + u''_{cg}(g_{t+1} - g)][(1 - \vartheta)f'(k) + j] +$$

$$\overline{\omega}\beta u'_g f'(k)(k_{t+1} - k) + \overline{\omega}\beta[u''_{cg}(g_{t+1} - g) + u''_g(g_{t+1} - g)]f'(k)$$

$$= u''_{cc}(c_t - c) + u''_{cg}(g_t - g)$$

又因为：

$$c_t = (1 - \vartheta)f(k_t) + jk_t + lb - (n + 1)k_{t+1}$$

从而：

$$c_t - c = (1 - \vartheta)f'(k)(k_t - k) + j(k_t - k) - (n + 1)(k_{t+1} - k)$$

$$= [(1 + \vartheta)f'(k) + j](k_t - k) - (n + 1)(k_{t+1} - k)$$

又因为：$\overline{\omega}f(k_t) = g_t$

从而：$g_t - g = \overline{\omega}f(k_t) - \overline{\omega}f(k) = \overline{\omega}f'(k)(k_t - k)$

那么

$$- \{\beta[(1-\vartheta)f'(k)+j]u''_{cc}+\varpi\beta f'(k)u''_{gc}\}(n+1)(k_{t+2}-k)+\{\beta u'_{c}f''(k)$$

$$+\varpi\beta u'_{g}f''(k)+\beta[(1-\vartheta)f'(k)+j]^2u''_{cc}+\varpi\beta f'(k)u''_{gc}[(1-\vartheta)f'(k)+j]$$

$$+\varpi\beta u''_{cg}[(1-\vartheta)f'(k)+j]f'(k)+\varpi^2\beta f'(k)u''_{gg}f'(k)$$

$$+(n+1)^2u''_{cc}\}(k_{t+1}-k)=\{[(1+\vartheta)f'(k)+j]u''_{cc}+\varpi u''_{cg}f'(k)\}(k_t-k)$$

令 $Z_t=k_t-k$，那么上式可化为：$A_{t+2}Z_{t+2}=A_{t+1}Z_{t+1}-A_tZ_t$

其中
$$\begin{cases} A_t=\dfrac{(n+1)^2u''_{cc}}{\beta} \\[2mm] A_{t+1}=\beta(u'_c+\varpi u'_g)f''(k)+\left(\dfrac{1}{\beta}+1\right)(n+1)^2u''_{cc} \\[2mm] A_{t+2}=(n+1)u''_{cc} \end{cases}$$

上式又可写为

$$\begin{pmatrix} Z_{t+2} \\ Z_{t+1} \end{pmatrix}=\begin{pmatrix} \dfrac{A_{t+1}}{A_{t+2}} & -\dfrac{A_t}{A_{t+2}} \\ 1 & 0 \end{pmatrix}\begin{pmatrix} Z_{t+1} \\ Z_t \end{pmatrix}$$

此时，特征方程为：

$$g(\lambda)=\lambda^2-\frac{A_{t+1}}{A_{t+2}}\lambda+\frac{A_t}{A_{t+2}}=0$$

因为 $g(0)=\dfrac{A_t}{A_{t+2}}=\dfrac{1}{\beta}>0$，$g(1)=-\dfrac{\beta(u'_c+\varpi u'_g)f''(k)}{(n+1)u''_{cc}}<0$，

因此至少存在一个根在 $(0,1)$。又因为 $\tau'=1-\dfrac{R}{r'}>\tau$，$g(1)<0$，

因此至少存在一个根在 $(1,\infty)$。我们证明了 $g(\lambda)$ 存在两个根 λ_1 和

λ_2，满足 $\lambda_1\in(0,1)$，$\lambda_2\in(1,\infty)$。因此均衡点是鞍点稳定的。

附录6 稳态解的变化

这里我们来考查各参数变化对两部门稳态的具体影响。

6.1 城市部门

当 $lb \geqslant \dfrac{\alpha_1 - 1}{\beta\theta}\alpha_1^{\frac{2\alpha_1-1}{1-\alpha_1}}A^{\frac{1}{\alpha_1-1}}B^{\frac{\alpha_1}{\alpha_1-1}}$ 时，$g(k) = A_1 k^{\alpha_1} - B_1 k + C_1$，其中：

$$A_1 = \alpha_1\beta(1 + \vartheta_1)(1 + \theta) > 0, B_1 = 1 - \beta j + \alpha_1\beta\theta(1 + n_1 - j) > 0$$

$$C_1 = \alpha_1\beta\theta lb > 0, j_1 = (1 - \delta)(1 + R) - \delta - \frac{R}{1 - \tau_1}, j_1 \in (0,1)$$

此时，$g(k) = 0$ 存在一个或两个实数解 $k* \in (0, +\infty)$。稳态时，消费为 $c* = \dfrac{1 - \beta j}{\alpha_1\beta\theta}k* - \dfrac{1 - \vartheta_1}{\theta}k*^{\alpha_1}$。

6.1.1 τ_1 对稳态的影响

由于 $\dfrac{\partial j_1}{\partial \tau_1} = -R(1 - \tau_1)^2 < 0$，那么对城市部门来说，虽然不能求得 k_1^* 的具体表达式，但可以通过对附录4的隐函数式（4）求偏

导，得到 $\dfrac{\partial k}{\partial \tau_1}$。为了简洁表述，本附录里推导过程中两部门的稳态都

用 k 来表示，在每段小结里会明确 k_1^* 或者 k_2^*。

对 $A_1 k^{\alpha_1} - [1 - \beta j_1 + \alpha_1 \beta \theta (n_1 + 1 - j)] k + C_1 = 0$ 两边关于 j_1 求

偏导，得：

$$(\alpha_1 A_1 k^{\alpha_1 - 1} - B_1) \frac{\partial k}{\partial j_1} = -(\beta + \alpha_1 \beta \theta) k$$

整理得： $\dfrac{\partial k}{\partial j_1} = \dfrac{(\beta + \alpha_1 \beta \theta) k}{B_1 - \alpha_1 A_1 k^{\alpha_1 - 1}}$

令 $h(k) = B_1 - \alpha_1 A_1 k^{\alpha_1 - 1}$，则 $h'(k) = \alpha_1 A_1 (1 - \alpha_1) k^{\alpha_1 - 2} > 0$，

而 $h(0) = B_1 > 0$，那么对 $\forall k \in (0, +\infty)$，都有 $h(k) = B_1 -$

$\alpha_1 A_1 k^{\alpha_1 - 1} > 0$。

故对 $\forall k \in (0, +\infty)$，都有 $\dfrac{\partial k}{\partial j_1} > 0$，因此，$\dfrac{\partial k}{\partial \tau_1} = \dfrac{\partial k}{\partial j} \dfrac{\partial j}{\partial \tau_1} < 0$，即

τ_1 越大，k_1^* 越小。

6.1.2 ϑ_1 对稳态的影响

对 $\alpha_1 \beta (1 - \vartheta_1)(1 + \theta) k^{\alpha_1} - B_1 k + C_1 = 0$ 两边关于 ϑ_1 求导得：

$$-\alpha_1 \beta (1 + \theta) k^{\alpha_1} + \alpha_1 A_1 k^{\alpha_1 - 1} \frac{\partial k}{\partial \vartheta_1} - B_1 \frac{\partial k}{\partial \vartheta_1} = 0$$

整理得： $\dfrac{\partial k}{\partial \vartheta_1} = -\dfrac{\alpha_1 \beta (1 + \theta) k^{\alpha_1}}{B_1 - \alpha_1 A_1 k^{\alpha_1 - 1}}$

前文已证，对 $\forall k \in (0, +\infty)$，都有 $h(k) = B_1 - \alpha_1 A_1 k^{\alpha_1 - 1} > 0$；

故对 $\forall k \in (0, +\infty)$，$\dfrac{\partial k}{\partial \vartheta_1} < 0$，即 ϑ_1 越大，k_1^* 越小。

6.1.3　ϖ_1 对 k_1^* 无影响

6.1.4　人口变化率 n_1 对稳态解的影响

对 $A_1 k^{\alpha_1} - [1 - \beta j + \alpha_1 \beta \theta (n_1 + 1 - j)] k + C_1 = 0$ 两边关于 n 求偏导，得：

$$\alpha_1 A_1 k^{\alpha_1 - 1} \frac{\partial k}{\partial n_1} - \alpha_1 \beta \theta k - B_1 \frac{\partial k}{\partial n_1} = 0$$

整理得：$\dfrac{\partial k}{\partial n_1} = \dfrac{-\alpha_1 \beta \theta k}{B_1 - \alpha_1 A_1 k^{\alpha_1 - 1}}$

前文已证，对 $\forall k \in (0, +\infty)$，都有 $h(k) = B_1 - \alpha_1 A_1 k^{\alpha_1 - 1} > 0$；故对 $\forall k \in (0, +\infty)$，$\dfrac{\partial k}{\partial n_1} < 0$，即 n_1 越大，k_1^* 越小。

6.1.5　lb 对稳态解的影响

对 $A_1 k^{\alpha_1} - B_1 k + \alpha_1 \beta \theta lb = 0$ 两边关于 lb 求偏导，得：

$$\alpha_1 A_1 k^{\alpha_1 - 1} \frac{\partial k}{\partial lb} - B_1 \frac{\partial k}{\partial lb} + \alpha_1 \beta \theta = 0$$

整理得：$(\alpha_1 A_1 k^{\alpha_1 - 1} - B_1) \dfrac{\partial k}{\partial lb} = -\alpha_1 \beta \theta$，即 $\dfrac{\partial k}{\partial lb} = \dfrac{\alpha_1 \beta \theta}{B_1 - \alpha_1 A_1 k^{\alpha_1 - 1}}$。

前文已证，对 $\forall k \in (0, +\infty)$，都有 $h(k) = B_1 - \alpha_1 A_1 k^{\alpha_1 - 1} > 0$；故对 $\forall k \in (0, +\infty)$，$\dfrac{\partial k}{\partial lb} > 0$，即 lb 越大，$k*$ 越大。

6.2　农村部门稳态解的变化

由于农村部门不存在地租，那么农村部门的稳态 k 满足：

$$A_2 k^{\alpha_2} - B_2 k = 0, \text{其中} : A_2 = \alpha_2 \beta (1 - \vartheta_2)(1 + \theta) > 0,$$

$B_2 = 1 - \beta j + \alpha_2 \beta \theta (n_2 + 1 - j) > 0。$因此农村部门存在唯一非零

稳态解 $k_2^{**} = \left(\dfrac{B_2}{A_2} \right)^{\frac{1}{\alpha_2 - 1}} = \left[\dfrac{\alpha_2 \beta (1 - \vartheta_2)(1 + \theta)}{1 - \beta j + \alpha_2 \beta \theta (n_2 + 1 - j)} \right]^{\frac{1}{1 - \alpha_2}}$，其中稳态时，

私人消费：

$$c_2^{**} = \frac{1 - \beta j}{\alpha_2 \beta \theta} k_2^{**} - \frac{1 - \vartheta_2}{\theta} k_2^{** \, \alpha_2}。$$

6.2.1　τ_2 对稳态的影响

由于 $\dfrac{\partial k}{\partial j_2} = \dfrac{1}{\alpha_2 - 1} \left(\dfrac{B_2}{A_2} \right)^{\frac{2 - \alpha_2}{\alpha_2 - 1}} \dfrac{1}{A_2} (- \beta - \alpha_2 \beta \theta) = \dfrac{1}{1 - \alpha_2} \left(\dfrac{B_2}{A_2} \right)^{\frac{2 - \alpha_2}{\alpha_2 - 1}} \dfrac{1}{A_2} (\beta +$

$\alpha_2 \beta \theta) > 0,$

且 $\dfrac{\partial j_2}{\partial \tau_2} = - R (1 - \tau_2)^2 < 0,$ 故 $\dfrac{\partial k}{\partial \tau_2} = \dfrac{\partial k}{\partial j_2} \dfrac{\partial j_2}{\partial \tau_2} < 0,$ 即 τ_2 越大，k_2^{**}

越小。

6.2.2　ϑ_2 对稳态的影响

$$\frac{\partial k}{\partial \vartheta_2} = - \frac{1}{1 - \alpha_2} \left(\frac{A_2}{B_2} \right)^{\frac{\alpha_2}{1 - \alpha_2}} \frac{1}{B_2} \alpha_2 \beta (1 + \theta) < 0, \text{即} \vartheta_2 \text{越大}，k_2^{**} \text{越小}。$$

6.2.3　ϖ_2 对稳态无影响

6.2.4　人口变化率 n_2 对稳态解的影响

$$\frac{\partial k}{\partial n_2} = \frac{1}{\alpha_2 - 1} \left(\frac{B_2}{A_2} \right)^{\frac{2 - \alpha_2}{\alpha_2 - 1}} \frac{1}{A_2} \alpha_2 \beta \theta < 0, \text{即} n_2 \text{越大}，k_2^{**} \text{越小}。$$

附录 7 RLS – TSVD 方法

当解回归方程 $y = Xb$ 时，一般的方法是用标准最小二乘法（LS Method）转化为求解最优化问题：

$$\min_b \| y - Xb \|_2^2 = \min_b [y - Xb]^T [y - Xb],\qquad(1)$$

式（1）的解可表示为：

$$\hat{b} = (X^T X)^{-1} X^T y.\qquad(2)$$

但是在随机模拟过程中，矩阵 X 在大部分情况下是奇异或接近奇异阵，因此用式（2）去求解 $\hat{b}$ 时误差较大。因此，我们考虑针对奇异矩阵的 SVD 分解。

对任意矩阵 $X \in R^{T \times n}$，$(T > n)$，令 $X = USV^T$，其中 $U \in R^{T \times n}$，$V \in R^{n \times n}$ 是正交阵，$S \in R^{n \times n}$ 是对角阵，对角线上的元素 $s_1 \geqslant s_2 \geqslant \cdots \geqslant s_n \geqslant 0$ 是矩阵 X 的奇异值［即若记 $X^T X$ 的特征值为 $\lambda_i(X^T X)$，则 $s_i = \sqrt{\lambda_i(X^T X)}$］。利用矩阵的 SVD 分解可将式（2）转化为

$$\hat{b} = VS^{-1}U^T y.\qquad(3)$$

在无穷维精度下，式（2）和式（3）给出相同的估计 $\hat{b}$。

在 SVD 分解的基础上，我们进一步考虑截断 SVD 分解（Truncated SVD Method），令 $X^r \in R^{T \times n}$ 满足：$X^r = U^r S^r (V^r)^T$，其中 $U^r \in R^{T \times r}$，$V^r \in R^{n \times r}$ 分别是 U 和 V 的前 r 列构成的矩阵，$S^r \in R^{r \times r}$ 是 r 阶对角阵，对角线元素为 X 的前 r 个最大奇异值。由于 $X^r b(r) = X^r V^r (V^r)^{-1} b(r) = X^r V^r v^r = U^r S^r v^r$，其中 $v^r := (V^r)^{-1} b(r) \in R^n$，此时，回归方程变为：$y = X^r b(r) = U^r S^r v^r$.

然后利用 SVD 分解可求解：

$$\dot{b}(r) = V^r (S^r)^{-1} U^r y. \qquad (4)$$

式（4）称为基于截断 SVD 分解的正则化最小二乘法。如果 $r = n$，则该方法与经典的基于 SVD 分解的最小二乘法等价。

附录 8　程序里的类单位化方法

用 matlab2013a 模拟数值解的过程中，常常会因为参数选择的原因，矩阵无法正交化分解，从而不能继续迭代方程的运算。因此，本书扩展了一个类单位化的方法来处理这样的病态条件。之所以称为"类单位化"，是因为无法通过理论推导得到两部门模型的稳态解，从而无法实现 k_t 的"单位化"，因此我们只能寻找同质参数来替代稳态 k，从而迭代方程可以运用类单位化方法来处理病态条件。

8.1　单部门

在 GSSA 方法里用了两个方程来模拟控制变量 $\{c_t\}$，这里我们以城市部门为例，介绍类单位化方法。

预算约束方程：

$$E_t\left[(1-\vartheta)y_t + jk_t - f - c_t - (n+1)k_{t+1}\right] = 0 \tag{1}$$

和欧拉方程：

$$E_t\left\{\beta\frac{u'_{c_{t+1}}}{u'_{c_t}}[(1-\vartheta)f'(k_t)+j]+\varpi\beta\frac{u'_{g_{t+1}}}{u'_{c_t}}f'(k_t)\right\}=1 \tag{2}$$

现在来考虑一个标准化参数 $A^{\frac{1}{1-\alpha}}$，此时：$\tilde{k}_t=A^{\frac{1}{1-\alpha}}k_t$，$\tilde{c}_t=A^{\frac{1}{1-\alpha}}c_t$，$\tilde{f}=A^{\frac{1}{1-\alpha}}f$，$\tilde{k}_{t+1}=A^{\frac{1}{1-\alpha}}k_{t+1}$。由于 $(\tilde{k}_t)^\alpha=A^{\frac{\alpha}{1-\alpha}}k_t^\alpha=A^{\frac{\alpha}{1-\alpha}}y_t$，故 $\tilde{y}_t=A^{\frac{\alpha}{1-\alpha}}y_t$。那么式（1）可以化为：

$$E_t[(1-\vartheta)A^{\frac{\alpha}{1-\alpha}}\tilde{y}_t+jA^{\frac{1}{\alpha-1}}\tilde{k}_t-A^{\frac{1}{1-\alpha}}\tilde{f}-A^{\frac{1}{\alpha-1}}\tilde{c}_t-(n+1)A^{\frac{1}{\alpha-1}}\tilde{k}_{t+1}]=0$$

化简后：

$$E_t[(1-\vartheta)A\tilde{y}_t+j\tilde{k}_t-\tilde{f}-\tilde{c}_t-(n+1)\tilde{k}_{t+1}]=0 \tag{3}$$

对式（2）来说，由于：

$$u'_{c_t}=c_t^{-\sigma}g_t^{\theta(1-\sigma)}=\varpi^{\theta(1-\sigma)}c_t^{-\sigma}k_t^{\alpha\theta(1-\sigma)},$$

$$u'_{g_t}=\theta c_t^{1-\sigma}g_t^{\theta(1-\sigma)-1}=\theta\varpi_t^{\theta(1-\sigma)-1}k_t^{\alpha\theta(1-\sigma)-\alpha},$$

$$f'(k_t)=\alpha k_t^{\alpha-1},$$

那么：

$$u'_{c_t}=\varpi^{\theta(1-\sigma)}\left(\frac{1}{A^{\alpha-1}\tilde{c}_t}\right)^{-\sigma}\left(\frac{1}{A^{\alpha-1}\tilde{k}_t}\right)^{\alpha\theta(1-\sigma)}=A^{\frac{\alpha\theta(1-\sigma)-\sigma}{\alpha-1}}\varpi^{\theta(1-\sigma)}\tilde{c}_t^{-\sigma}\tilde{k}_t^{\alpha\theta(1-\sigma)}=A^{\frac{\alpha\theta(1-\sigma)-\sigma}{\alpha-1}}\tilde{u}'_{c_t}$$

$$u'_{c_{t+1}}=A^{\frac{\alpha\theta(1-\sigma)-\sigma}{\alpha-1}}\varpi^{\theta(1-\sigma)}\tilde{c}_{t+1}^{-\sigma}\tilde{k}_{t+1}^{\alpha\theta(1-\sigma)}=A^{\frac{\alpha\theta(1-\sigma)-\sigma}{\alpha-1}}\tilde{u}'_{c_{t+1}}$$

$$u'_{g_t}=\theta\varpi^{\theta(1-\sigma)-1}(A^{\frac{1}{\alpha-1}}\tilde{c}_t)^{1-\sigma}(A^{\frac{1}{\alpha-1}}\tilde{k}_t)^{\alpha\theta(1-\sigma)-\alpha}=A^{\frac{1-\sigma+\alpha\theta(1-\sigma)-\alpha}{\alpha-1}}\theta\varpi^{\theta(1-\sigma)-1}\tilde{c}_t^{1-\sigma}\tilde{k}_t^{\alpha\theta(1-\sigma)-\alpha}$$

$$=A^{\frac{1-\sigma+\alpha\theta(1-\sigma)-\alpha}{\alpha-1}}\tilde{u}'_{g_t}$$

$$u'_{g_{t+1}}=A^{\frac{1-\sigma+\alpha\theta(1-\sigma)-\alpha}{\alpha-1}}\theta\varpi^{\theta(1-\sigma)-1}\tilde{c}_{t+1}^{1-\sigma}\tilde{k}_{t+1}^{\alpha\theta(1-\sigma)-\alpha}=A^{\frac{1-\sigma+\alpha\theta(1-\sigma)-\alpha}{\alpha-1}}\tilde{u}'_{g_{t+1}}$$

$$f'(k_t)=\alpha(A^{\frac{1}{\alpha-1}}\tilde{k}_t)^{\alpha-1}=\alpha A\tilde{k}_t^{\alpha-1}=A\tilde{f}'(k_t)$$

故式（2）可化为：

$$E_t\left\{\beta\frac{\tilde{u}'_{c_{t+1}}}{\tilde{u}'_{c_t}}[(1-\vartheta)A\tilde{f}'(k_t)+j]+\varpi\beta\frac{\tilde{u}'_{g_{t+1}}}{\tilde{u}'_{c_t}}\tilde{f}'(k_t)\right\}=1 \tag{4}$$

因此，在一个标准化的 GSSA 方法中，可以将式（3）、式（4）作为式（1）、式（2）的替代式，且 $f = A^{\frac{1}{1-\alpha}} f$，那么迭代出来的结果分别为 k_t，y_t，c_t，那么还原成为标准化的结果：

$$k_t = k_t / A^{\frac{1}{1-\alpha}}$$

$$c_t = c_t / A^{\frac{1}{1-\alpha}}$$

$$y_t = y_t / A^{\frac{\alpha}{1-\alpha}}$$

8.2　两部门

在两部门模型中，假定 $i = 1$，2 分别为城市和农村，那么 GSSA 方法中运用到预算约束和欧拉方程分别为：

$$E_t\{[(1-\vartheta_1)a_{t,1}f(k_{t,1})+j_1k_{t,1}-f-c_{t,1}-(n_1+1)k_{t+1,1}]\cdot L_{t,1}+$$

$$[(1-\vartheta_2)a_{t,2}f(k_{t,2})+j_2k_{t,2}-c_{t,2}-(n_2+1)k_{t+1,2}]\cdot L_{t,2}\}=0 \qquad (5)$$

$$E_t\left\{\beta\frac{u'_{c_{t+1,i}}}{u'_{c_{t,i}}}[(1-\vartheta_i)a_{t+1,i}f'(k_{t+1,i})+j_i]+\varpi\beta\frac{u'_{g_{t+1,i}}}{u'_{c_{t,i}}}a_{t+1,i}f'(k_{t+1,i})\right\}=1 \qquad (6)$$

同样的，假定两部门的标准化参数为 $A^{\frac{1}{1-\alpha_i}}$，那么式（5）可改写为：

$$E_t\{[(1-\vartheta_1)Aa_{t,1}(k_{t,1})^{\alpha_1}+j_1k_{t,1}-f-c_{t,1}-(n+1)k_{t+1,1}]\cdot A^{\frac{1}{\alpha_1-1}}\cdot L_{t,1}+$$

$$[(1-\vartheta_2)A^{\frac{\alpha_2-1}{\alpha_1-1}}a_{t,2}f(k_{t,2})+j_2k_{t,2}-c_{t,2}-(n_2+1)k_{t+1,2}]\cdot A^{\frac{1}{\alpha_1-1}}\cdot L_{t,2}\}=0 \qquad (7)$$

那么式（6）可改写成：

$$E_t\left\{\beta\frac{u'_{c_{t+1,1}}}{u'_{c_{t,1}}}[(1-\vartheta_1)Aa_{t+1,1}f'(k_{t+1,1})+j_1]+\varpi_1\beta\frac{u'_{g_{t+1,1}}}{u'_{c_{t,1}}}a_{t+1,1}f'(k_{t+1,1})\right\}=1 \qquad (8)$$

$$E_t\left\{\beta\frac{u'_{c_{t+1,2}}}{u'_{c_{t,2}}}\left[(1-\vartheta_2)A^{\frac{\alpha_2-1}{\alpha_1-1}}a_{t+1,2}f'(k_{t+1,2})+j_2\right]+\varpi_2\beta\frac{u'_{g_{t+1,2}}}{u'_{c_{t,2}}}a_{t+1,2}f'(k_{t+1,2})\right\}=1$$

（9）

此时：$k_{t,1}=k_{t,1}/A^{\frac{1}{1-\alpha_1}}$，$c_{t,1}=c_{t,1}/A^{\frac{1}{1-\alpha_1}}$，$y_{t,1}=y_{t,1}/A^{\frac{\alpha_1}{1-\alpha_1}}$；$k_{t,2}=k_{t,2}/A^{\frac{1}{1-\alpha_1}}$，$c_{t,2}=c_{t,2}/A^{\frac{1}{1-\alpha_1}}$，$y_{t,2}=y_{t,2}/A^{\frac{\alpha_1}{1-\alpha_1}}$。

参考文献

[1] 曹广喜、夏建伟、冯跃：《区域金融发展与城乡收入差距关系的经验分析》，《经济地理》2007 年第 5 期。

[2] 曹裕、陈晓红、马跃如：《城市化，城乡收入差距与经济增长》，《统计研究》2010 年第 3 期，第 29 ~ 36 页。

[3] 车裕斌、张安录：《中国农地产权的利益集团及其形成》，《农业经济问题》2004 年第 2 期，第 22 ~ 25 页。

[4] 陈锋：《改革开放三十年我国城镇化进程和城市发展的历史回顾和展望》，《规划师》2009 年第 1 期，第 10 ~ 12 页。

[5] 陈迅、童华建：《城市化与城乡收入差距变动的实证研究——基于 1985 年 ~ 2003 年中国数据》，《生产力研究》2007 年第 10 期，第 64 ~ 65 页。

[6] 陈彦斌、陈伟泽、陈军等：《中国通货膨胀对财产不平等的影响》，《经济研究》2013 年第 8 期，第 4 ~ 15 页。

[7] 陈彦斌、邱哲圣、李方星：《宏观经济学新发展：Bewley 模型》，《经济研究》2010 年第 7 期，第 141 ~ 151 页。

[8] 陈彦光：《城市化与经济发展水平关系的三种模型及其动力学分析》，《地理科学》2011 年第 1 期。

[9] 陈彦光、罗静：《城市化水平与城市化速度的关系探讨——中国城市化速度和城市化水平饱和值的初步推断》，2006。

[10] 陈彦光、周一星：《城市化 Logistic 过程的阶段划分及其空间解释——对 Northam 曲线的修正与发展》，2005。

[11] 陈莹、张安录：《农地转用过程中农民的认知与福利变化分析——基于武汉市城乡结合部农户与村级问卷调查》，《中国农村观察》2007 年第 5 期，第 11~21 页。

[12] 陈宗胜、周云波：《城镇居民收入差别及制约其变动的某些因素——就天津市城镇居民家户特征的影响进行了一些讨论》，《经济学》2002 年第 3 期，第 563~574 页。

[13] 成德宁：《城市化与经济发展——理论、模式与政策》，科学出版社，2004。

[14] 程开明、李金昌：《城市偏向，城市化与城乡收入差距的作用机制及动态分析》，《数量经济技术经济研究》2007 年第 7 期，第 116~125 页。

[15] 王建：《用城市化创造中国经济增长新动力》，《中国经贸导刊》2010 年第 2 期，第 11~14 页。

[16] 冯应斌、杨庆媛、董世琳等：《基于农户收入的农村土地流转绩效分析》，《西南大学学报（自然科学版）》2008 年第 4 期，第 179~183 页。

[17] 高进云、乔荣锋、张安录：《农地城市流转前后农户福利变化的模糊评价——基于森的可行能力理论》，《管理世界》2007 年第 6 期，第 45~55 页。

[18] 郭军华：《中国城市化对城乡收入差距的阈值效应——基于我

国省际面板数据的实证研究》,《山西财经大学学报》2009 年第 11 期, 第 23 ~ 29 页。

[19] 胡鞍钢:《城市化是今后中国经济发展的主要推动力》,《中国人口科学》2004 年第 6 期, 第 1 ~ 8 页。

[20] 胡动刚、闫广超、彭开丽:《武汉城市圈农地城市流转微观福利效应研究》,《中国土地科学》2013 年第 5 期, 第 20 ~ 26 页。

[21] 胡宗义、刘亦文:《金融非均衡发展与城乡收入差距的库兹涅茨效应研究——基于中国县域截面数据的实证分析》,《统计研究》2010 年第 5 期, 第 25 ~ 31 页。

[22] 黄烈佳:《城乡生态经济交错区农地城市流转决策博弈研究》,《长江流域资源与环境》,2006 年第 6 期, 第 718 ~ 722 页。

[23] 金乐琴:《中国国家发展战略:30 年变迁及成就》,《中共长春市委党校学报》2008 年第 5 期。

[24] 李成、马文涛、王彬:《通货膨胀预期与宏观经济稳定:1995 ~ 2008——基于动态随机一般均衡模型的分析》,《南开经济研究》2009 年第 6 期, 第 30 ~ 53 页。

[25] 李成、马文涛、王彬:《通货膨胀预期、货币政策工具选择与宏观经济稳定》,《经济学》2010 年第 4 期, 第 51 ~ 82 页。

[26] 李家美:《我国农村消费需求不足的成因与对策:金融抑制的视角》,《消费经济》2006 年第 5 期, 第 89 ~ 91 页。

[27] 李佳莹:《城市化与城乡收入差距》,《经济研究导刊》2008 年第 1 期, 第 183 ~ 184 页。

[28] 李锐、朱喜:《农户金融抑制及其福利损失的计量分析》,《经

济研究》2007 年第 3 期。

[29] Lin J Y、蔡昉、李周：《中国的奇迹：发展战略与经济改革》，
上海三联书店，1994。

[30] 刘敏楼：《金融发展的收入分配效应——基于中国地区截面数
据的分析》，《上海金融》2006 年第 1 期，第 8～11 页。

[31] 刘尧成、徐晓萍：《供求冲击与我国经济外部失衡——基于
DSGE 两国模型的模拟分析》，《财经研究》2010 年第 3 期，
第 102～112 页。

[32] 刘尧成：《供求冲击与人民币汇率的波动：基于 DSGE 两国模
型的模拟分析》，《南方经济》2010 年第 9 期，第 29～39 页。

[33] 刘志仁、黎翠梅：《金融非均衡性发展与城乡居民消费差距研
究》，《消费经济》2007 年第 6 期，第 50～53 页。

[34] 路易斯、芒福德：《城市发展史——起源、演变与前
景》，2005。

[35] 陆大道、姚士谋、李国平等：《基于我国国情的城镇化过程综
合分析》，《经济地理》2007 第 6 期，第 883～887 页。

[36] 陆铭、陈钊：《城市化、城市倾向的经济政策与城乡收入差
距》，《经济研究》2004 年第 6 期，第 50～58 页。

[37] 鲁钊阳：《中国区域城乡金融非均衡发展水平的度量及变动趋
势——基于区域层面城乡金融发展的视角》，《经济问题探索》
2013 年第 4 期，第 86～94 页。

[38] 鲁钊阳、黄津：《城乡金融发展非均衡化与城乡居民消费差
距》，《当代经济研究》2012 年第 7 期，第 40～44 页。

[39] 吕健：《城市化驱动经济增长的空间计量分析：2000～2009》，

《上海经济研究》2011 年第 5 期，第 3~15 页。

[40] 马草原：《金融双重门槛效应与城乡收入差距——基于风险预期的理论模型与实证检验》，《经济科学》2009 年第 3 期，第 59~73 页。

[41] 毛其淋：《经济开放》，《城市化水平与城乡收入差距——基于中国省际面板数据的经验研究》，《浙江社会科学》2011 年第 1 期，第 11~22 页。

[42] 彭开丽、张鹏、张安录：《农地城市流转中不同权利主体的福利均衡分析》，《中国人口资源与环境》2009 年第 2 期，第 137~142 页。

[43] 钱忠好：《土地征用：均衡与非均衡——对现行中国土地征用制度的经济分析》，《管理世界》2005 年第 12 期，第 50~59 页。

[44] 秦润新：《农村城市化的理论与实践》，中国经济出版社，2000。

[45] 邱爱军、郑明媚、白玮等：《中国快速城镇化过程中的问题及其消解》，《工程研究：跨学科视野中的工程》2011 年第 3 期，第 211~221 页。

[46] 曲福田、陈江龙、陈雯：《农地非农化经济驱动机制的理论分析与实证研究》，《自然资源学报》2005 年第 2 期，第 2 页。

[47] 沈飞、朱道林、毕继业：《我国土地征用制度对农村集体经济福利的影响》，《农村经济》2004 年第 9 期，第 23~25 页。

[48] 孙海兵：《农地城市流转的博弈分析》，《农村经济》2006 年第 3 期，第 37~39 页。

［49］孙稳存、彭彩霞：《中国消费函数的分析与估计》，《经济科学》2002 年第 6 期。

［50］隋建利：《动态随机一般均衡模型的研究与应用》，吉林大学，2010。

［51］万广华：《中国的反贫困：仅有高经济增长够吗?》，联合国发展经济学研究院政策简报，2008。

［52］万广华：《城市化与中国的减贫和不平等》，《比较》2008 年第 36 期。

［53］万广华：《不平等的度量与分解》，《经济学（季刊）》2008 年第 1 期，第 347～359 页。

［54］王培刚：《当前农地征用中的利益主体博弈路径分析》，《农业经济问题》2007 年第 10 期，第 34～40 页。

［55］王小鲁：《关于中国经济增长率的几点讨论》，《经济学（季刊)》2002 年第 1 期，第 63～76 页。

［56］王小鲁、夏小林：《优化城市规模 推动经济增长》，《经济研究》1999 年第 4 期，第 668～697 页。

［57］王小鲁：《城市化与经济增长》，《经济社会体制比较》2002 年第 1 期，第 23～32 页。

［58］王小映、贺明玉、高永：《我国农地转用中的土地收益分配实证研究》，《管理世界》2006 年第 5 期，第 62～68 页。

［59］王新：《中国农村劳动力转移的非城市化模式研究》，《经济学动态》2009 年第 7 期，第 63～68 页。

［60］王永龙：《城乡金融的非均衡性及其后续效应》，《改革》2009 年第 10 期，第 94～98 页。

[61] 王永龙：《城乡金融统筹的制度抑制与对策分析》，《经济学家》2009 年第 10 期，第 87～91 页。

[62] 王子敏：《我国城市化与城乡收入差距关系再检验》，《经济地理》2011 年第 8 期，第 1289～1293 页。

[63] 魏玲、张安录、望晓东：《农地城市流转中福利变化研究进展综述》，《中国土地科学》2011 年第 3 期，第 25 页。

[64] 吴福象、刘志彪：《城市化群落驱动经济增长的机制研究——来自长三角 16 个城市的经验证据》，《经济研究》2009 年第 11 期，第 126～136 页。

[65] 吴群、李永乐：《土地征收利用过程中福利与效率分析》，《农村经济》2008 年第 1 期，第 18～20 页。

[66] 吴郁玲、曲福田、冯忠垒：《论我国农地发展权定位与农地增值收益的合理分配》，《农村经济》2006 年第 7 期，第 21～23 页。

[67] 相伟、千庆兰、盛科荣等：《"西部大开发"与"振兴东北老工业基地"战略的比较与思考》，《经济地理》2006 年第 26 期，第 6 页。

[68] 肖卫：《工业化和城市化过程中的城乡收入差距研究——基于中国改革 30 年的实证分析》，《产经评论》2010 年第 3 期，第 33～40 页。

[69] 徐小钦、袁凯华：《城市化驱动经济增长的机制与特点研究——来自省际面板数据的经验证据》，《经济问题探索》2013 年第 5 期，第 134～140 页。

[70] 徐璋勇、王红莉：《基于农户金融需求视角的金融抑制问题研

究——来自陕西 2098 户农户调研的实证研究》，《西北大学学报（哲学社会科学版）》2009 年第 5 期，第 47 ~ 54 页。

[71] 姚耀军：《金融发展与城乡收入差距关系的经验分析》，《财经研究》2005 年第 2 期，第 49 ~ 59 页。

[72] 姚耀军：《金融发展、城市化与城乡收入差距——协整分析及其 Granger 因果检验》，《中国农村观察》2005 年第 2 期，第 2 ~ 8 页。

[73] 姚耀军、刘华华：《金融非均衡发展及其经济后果的经验分析》，《华中科技大学学报（社会科学版）》2005 年第 4 期，第 75 ~ 78 页。

[74] 杨缅昆：《社会福利指数构造的理论和方法初探》，《统计研究》2009 年第 7 期，第 37 ~ 42 页。

[75] 游士兵、刘志杰、黄炳南等：《3G – GDP 国民经济核算理论初探》，《中国工业经济》2010 年第 6 期，第 15 ~ 24 页。

[76] 余永定、李军：《中国居民消费函数的理论与验证》，《中国社会科学》2000 年第 12 期，第 1 ~ 3 页。

[77] 岳意定、胡愈、陈伯军：《中国农村金融组织架构的帕累托最优状态分析》，《系统工程》2007 年第 12 期，第 56 ~ 59 页。

[78] 张鹏、梁辉：《城乡金融资源非均衡对我国城乡收入差距影响的实证分析》，《大连理工大学学报（社会科学版）》2011 年第 2 期，第 17 ~ 21 页。

[79] 张松：《短缺还是过剩——有关中国城市化问题的探讨》，《城市规划学刊》2011 年第 1 期，第 8 ~ 17 页。

[80] 章奇、刘明兴、陶然等：《中国的金融中介增长与城乡收入差

距》，《中国金融学》2003 年第 11 期，第 71～99 页。

[81] 章振华：《中国城市化研究的一部有价值的新著——简评〈明清时期杭嘉湖市镇史研究〉》，《中国社会经济史研究》1995年第 1 期。

[82] 章征涛、李世龙：《城市化的虚荣——对我国城市化现状的认识》，《城市发展研究》2011 年第 12 期，第 1～6 页。

[83] 赵红军：《交易效率、城市化与经济发展——一个城市化经济学分析框架及其在中国的应用》，上海人民出版社，2005。

[84] 赵先立：《二元人口、产业结构和人民币实际汇率波动》，《国际商务（对外经济贸易大学学报）》2013 年第 3 期，第 44～55 页。

[85]《城市地理学》，高等教育出版社，1997。

[86] 周英：《以市场化为导向解决西部农村金融抑制问题》，《生产力研究》2009 年第 5 期，第 37～40 页。

[87] 诸培新、曲福田：《农地非农化配置中的土地收益分配研究——以江苏省 N 市为例》，《京农业大学学报（社会科学版）》2006 年第 3 期，第 1～6 页。

[88] 艾伯特·赫希曼：《经济发展战略》，潘照东、曹征海译，经济科学出版社，1991。

[89] D. Acemoglu, M. Golosov, A. Tsyvinski, "Political Economy of Ramsey Taxation", *Journal of Public Economics*, 2011, 95 (7): 467 –475.

[90] AFT, *Farmland and the Tax Bill: The Cost of Community Services in Three Minnesota Cities*, Washington D. C. : American Farmland

Trust, 1994.

[91] AFT, *The Cost of Community Services in Madison Village and Township*, Lake County, Ohio, Washington, D. C. : American Farmland Trust, 1994.

[92] Aghion, P. , Bolton P. A theory of trickle – down growth and development, The Review of Economic Studies, 1997, 64 （2）: 151 – 172.

[93] Aiyagari, S. R, "Uninsured Idiosyncratic Risk and Aggregate Saving", *The Quarterly Journal of Economics*, 1994, 109 （3）: 659 – 684.

[94] Bakshi, G. S. , Chen, Z. , "The Spirit of Capitalism and Stock – market Prices", *The American Economic Review*, 1996: 133 – 157.

[95] Bairoch P. , Batou J. , Chevre P. , The population of European cities. Data bank and short summary of results: 800 – 1850, 1988.

[96] Banerjee A. V. , Contracting constraints, credit markets and economic development, 2001.

[97] Banerjee A . V. , Newman A. F. , "Information, the Dual Economy, and Development", *The Review of Economic Studies*, 1998, 65 （4）: 631 – 653.

[98] Barbar R. , Barinci J. P. , Consumption externalities in a Ramsey model, Document de Recherche EPEE, 2010, 11.

[99] Beck T. , Demirgüç – Kunt A. , "Access to Finance: An Unfinished Agenda", *The World Bank Economic Review*, 2008, 22 （3）: 383 – 396.

［100］Beck T. , Demirgüç – Kunt A. , Levine R. , "Finance, Inequality and the Poor", *Journal of Economic Growth*, 2007, 12（1）: 27 – 49.

［101］Beck T. , Demirguc – Kunt A, Levine R. Finance, "Inequality, and Poverty: Cross – country Evidence", *National Bureau of Economic Research*, 2004.

［102］Beck T. , Levine R. , Demirgüç – Kunt A. , Financial institutions and markets across countries and over time: Data and analysis, 2009.

［103］Bewley T. , "A Difficulty With the Optimum Quantity of Money", *Econometric: Journal of the Econometric Society*, 1983: 1485 – 1504.

［104］Bewley T. , "The Permanent Income Hypothesis: A Theoretical Formulation", *Journal of Economic Theory*, 1977, 16（2）: 252 – 292.

［105］Beasley S. D. , Workman W G. Amenity values of farmland, Agro borealis, 1986, 18（1）: 52 – 54.

［106］Bergstrom J. C. , Dillman B. L. , Stoll J. R. , "Public Environmental Amenity Benefits of Private Land: The Case of Prime Agricultural Land", *Southern Journal of Agricultural Economics*, 1985, 17（1）: 139 – 149.

［107］Bittencourt M. , Mwabutwa C. , Viegi N. , Financial reforms and consumption behaviour in Malawi, 2014.

［108］Bosi S, Seegmuller T. , "Can Heterogeneous Preferences Stabilize Endogenous Fluctuations?", *Journal of Economic Dynamics and Control*, 2008, 32 (2): 624 – 647.

[109] Buiter W. , "The Unfortunate Uselessness of Most 'State of the art' Academic Monetary Economics", *Financial Times*, 2009, 3.

[110] Cagetti M. , "De Nardi M. Entrepreneurship, Frictions, and Wealth", *Journal of Political Economy*, 2006, 114 (5): 835 – 870.

[111] Cass D. , "Optimum Growth in an Aggregative Model of Capital Accumulation", *The Review of Economic Studies*, 1965: 233 – 240.

[112] Ciccone A. , "Agglomeration Effects in Europe", *European Economic Review*, 2002, 46 (2): 213 – 227.

[113] Cole H. L. , Mailath G. J. , Postlewaite A. , "Social Norms, Savings Behavior, and Growth", *Journal of Political economy*, 1992: 1092 – 1125.

[114] Cuberes D. , "A Model of Sequential City Growth", *The BE Journal of Macroeconomics*, 2009, 9 (1).

[115] Dollar D. , Kraay A. , "Growth is Good for the Poor", *Journal of Economic Growth*, 2002, 7 (3): 195 – 225.

[116] Duranton G. , Puga D. , "Micro – foundations of Urban Agglomeration Economies", *Handbook of Regional and Urban Economics*, 2004, 4: 2063 – 2117.

[117] Erwin D. E. , Dicks M. R. , "Cropland Diversion for Conservation and Environmental Improvement: An Economic Welfare Analysis", *Land Economics*, 1988, 64 (3).

[118] *Financial Development and Economic Growth: Theory and Experiences*

from Developing Countries, Rutledge, 2013.

[119] Fujita M. , Thisse J. F. , "Economics of Agglomeration", *Journal of the Japanese and International Economies*, 1996, 10 (4): 339 – 378.

[120] Galbis V. , "Financial Intermediation and Economic Growth in Less – developed Countries: A Theoretical Approach", *The Journal of Development Studies*, 1977, 13 (2): 58 – 72.

[121] Galbis V. , Sequencing of financial sector reforms – a review (EPub), International Monetary Fund, 1994.

[122] García – Peñalosa C. , Turnovsky S. J. , "Consumption Externalities: A Representative Consumer Model When Agents Are Heterogeneous", *Economic Theory*, 2008, 37 (3): 439 – 467.

[123] Girardin E. , Sarno L. , "Taylor M P. Private Consumption Behavior, Liquidity Constraints and Financial Deregulation in France: A Nonlinear Analysis", *Empirical Economics*, 2000, 25 (2): 351 – 368.

[124] Goldsmith R. W. , *Financial Structure and Development*, Yale University Press, 1969.

[125] Greenwood J, Sanchez J M, Wang C. , "Quantifying the Impact of Financial Development on Economic Development", *Review of Economic Dynamics*, 2013, 16 (1): 194 – 215.

[126] Gowdy J. M. , "The Revolution in Welfare Economics and its Implications for Environmental Valuation and Policy", *Land Economics*, 2004, 80 (2): 239 – 257.

[127] Halstead J. M. , "Measuring the Nonmarket Value of Massachu-setts Agricultural Land: A Case Study", *Journal of the Northeastern Agricultural Economics Council*, 1984, 13 (1): 12 – 19.

[128] Henderson J. V. , "The Effects of Urban Concentration on Eco-nomic Growth", National Bureau of Economic Research, 2000.

[129] Honohan P. , Yoder S. , "Financial Transactions Tax: Panacea, Threat, or Damp Squib?", *The World Bank Research Observer*, 2011, 26 (1): 138 – 161.

[130] Hryshko D. , José Luengo – Prado M. , Sørensen B. E. , "House Prices and Risk Sharing", *Journal of Monetary Economics*, 2010, 57 (8): 975 – 987.

[131] Jalilian H. , Kirkpatrick C. , "Does Financial Development Con-tribute to Poverty Reduction?", *Journal of Development Studies*, 2005, 41 (4): 636 – 656.

[132] Jalilian H. , Kirkpatrick C. , "Financial Development and Pover-ty Reduction in Developing Countries", *International Journal of Finance & Economics*, 2002, 7 (2): 97 – 108.

[133] Jalilian H. , Kirkpatrick C. , Parker D. , "The Impact of Regula-tion on Economic Growth in Developing Countries: A Cross – country Analysis ", *World Development*, 2007, 35 (1): 87 – 103.

[134] Jha S. K. , Wang P. , "Yip C K. Dynamics in a Transactions – based Monetary Growth Model", *Journal of Economic Dynamics and Control*, 2002, 26 (4): 611 – 635.

[135] Jones L. E. , Manuelli R. E. , Rossi P. E. , "Optimal Taxation in Models of Endogenous Growth", *Journal of Political economy*, 1993: 485 – 517.

[136] Jones L. E. , Manuelli R. E. , Rossi P. E. , "On the Optimal Taxation of Capital Income", *Journal of Economic Theory*, 1997, 73 (1): 93 – 117.

[137] Kamihigashi T. , "A Simple Proof of the Necessity of the Transversality Condition", *Economic Theory*, 2002, 20 (2): 427 – 433.

[138] Khan A. R. , Riskin C. , "Inequality and Poverty in China in the Age of Globalization", OUP Catalogue, 2001.

[139] King R. G. , Levine R. , "Capital Fundamentalism, Economic Development, and Economic growth", Carnegie – Rochester Conference Series on Public Policy. North – Holland, 1994, 40: 259 – 292.

[140] King R. G. , Levine R. , "Finance, Entrepreneurship and Growth", *Journal of Monetary economics*, 1993, 32 (3): 513 – 542.

[141] Knox P. L. , Marston S. A. , *Places and Regions in Global Context: Human Geography*, New Jersey: Prentice Hall, 2004.

[142] Kocherlakota N. , "Modern Macroeconomic Models as Tools for Economic Policy", The Region, Federal Reserve Bank of Minneapolis, 2010, 2010: 5 – 21.

[143] Krusell P. , Smith, S. , "Income and Wealth Heterogeneity in the Macro economy", *Journal of Political Economy*, 1998, 106

(5)：867 – 896.

[144] Levine R. ，"Financial Development and Economic Growth：Views and Agenda"，*Journal of Economic Literature*，1997：688 – 726.

[145] Levine R. ，"Law，Finance，and Economic Growth"，*Journal of Financial Intermediation*，1999，8（1）：8 – 35.

[146] Lewis W. A. ，*Theory of Economic Growth*，Routledge，2013.

[147] Liu S. ，Li X. ，Zhang M. ，"Scenario Analysis on Urbanization and Rural – urban Migration in China"，International Institute for Applied Systems Analysis，Vienna，2003.

[148] Lopez R. A. ，Shah F. A. ，Altobello M. A. ，"Amenity Benefits and the Optimal Allocation of Land"，*Land Economics*，1994，70（1）.

[149] Lu Chui，Chen Blon，"Optimal Capital Taxation in a Neoclassical Growth Model"，*Journal of Public Economic Theory*，2013.

[150] Lucas J. M. ，Saccucci M. S. ，"Exponentially Weighted Moving Average Control Schemes：Properties and Enhancements"，*Technometrics*，1990，32（1）：1 – 12.

[151] Mankiw N. G. ，"The Macroeconomist as Scientist and Engineer"，National Bureau of Economic Research，2006.

[152] Mino K. ，Nakamoto Y. ，"Consumption Externalities and Wealth Distribution in a Neoclassical Growth Model"，KIER Discussion Paper，2009，683.

[153] Mino K. ，Nakamoto Y. ，"Progressive Taxation，Wealth Distri-

bution, and Macroeconomic Stability", Graduate School of Economics and Osaka School of International Public Policy, Discussion Paper, 2008: 08 – 22.

[154] Myrdal G. , Sitohang P. , Economic theory and under – developed regions, 1957.

[155] Nelson A. C. , "Preserving Prime Farmland in the Face of Urbanization: Lessons from Oregon", *Journal of the American Planning Association*, 1992, 58 (4): 467 – 488.

[156] Noah Smith, "The Most Damning Critique of DSGE", Noahopinion blog, January 10th, 2014.

[157] Obstfeld M. , Rogoff K. , "Global Implications of Self – oriented National Monetary Rules", *The Quarterly Journal of Economics*, 2002, 117 (2): 503 – 535.

[158] Obstfeld M. , Rogoff K. , "New Directions for Stochastic Open Economy Models", *Journal of International Economics*, 2000, 50 (1): 117 – 153.

[159] Obstfeld M. , Rogoff K. , "Risk and Exchange Rates", National Bureau of Economic Research, 1998.

[160] Obstfeld M. , Rogoff K. , "The Mirage of Fixed Exchange Rates", National Bureau of Economic Research, 1995.

[161] Obstfeld M. , Rogoff K. , "The Intertemporal Approach to the Current Account", National Bureau of Economic Research, 1996.

[162] Pedersen P. O. , "Innovation Diffusion Within and Between National Urban Systems", *Geographical Analysis*, 1970, 2 (3):

203 - 254.

[163] Polèse M. , "Cities and National Economic Growth: a Reappraisal", *Urban Studies*, 2005, 42 (8): 1429 - 1451.

[164] Pond B. , Yeates M. , "Rural/urban Land Conversion Ⅱ: Identifying Land in Transition to Urban use", *Urban Geography*, 1994, 15 (1): 25 - 44.

[165] Prud' Homme R. Urban transport and economic development, Region et Development No. 5 1997 Croissance Regional et Urbane Modifications: Economies Soulerraine, 1997: 39.

[166] Rajan R. G. , Zingales L. , "Which Capitalism? Lessons from the East Asian Crisis", *Journal of Applied Corporate Finance*, 1998, 11 (3): 40 - 48.

[167] Ranis G. , Fei J C. H. , "A Theory of Economic Development", 1961.

[168] Ram R. , "Financial Development and Economic Growth: Additional Evidence", 1999.

[169] Ramsey F. P. , "A Mathematical Theory of Saving", *The Economic Journal*, 1928: 543 - 559.

[170] Roe B. , Irwin E. G. , Morrow - Jones H. A. , "The Effects of Farmland, Farmland Preservation, and Other Neighborhood Amenities on Housing Values and Residential Growth", *Land Economics*, 2004, 80 (1): 55 - 75.

[171] Romer D. , Chow C. , *Advanced Macroeconomic Theory*, McGraw - hill, 1996.

［172］McKinnon, *Money and Capital in Economic Development*, Brookings Institution Press, 1973.

［173］Sorger G. , "On the Long – run Distribution of Capital in the Ramsey Model", *Journal of Economic Theory*, 2002, 105 (1): 226 – 243.

［174］Swait J. , Adamowicz W. , "Bueren M. Choice and Temporal Welfare Impacts: Incorporating History Into Discrete Choice Models", *Journal of Environmental Economics and Management*, 2004, 47 (1): 94 – 116.

［175］Thorsnes P. , Simons G. P. W. , "Letting the Market Preserve Land: the Case for a Market – driven Transfer of Development Rights Program", *Contemporary Economic Policy*, 1999, 17 (2): 256 – 266.

［176］Tovar C. E. , "DSGE Models and Central Banks", *Economics: The Open – Access*, Open – Assessment E – Journal, 2009, 3 (2009 – 16): 1 – 31.

［177］Townsend R. M. , Ueda K. , "Financial Deepening, Inequality, and Growth: A Model – based Quantitative Evaluation", International Monetary Fund, 2003.

［178］Townsend R. M. , Ueda K. , "Financial Deepening, Inequality, and Growth: a Model – based Quantitative Evaluation", *The Review of Economic Studies*, 2006, 73 (1): 251 – 293.

［179］Townsend R. M. , Ueda K. , "Welfare Gains from Financial Liberalization", *International Economic Review*, 2010, 51 (3): 553 – 597.

［180］Uzawa H. , "Time Preference, the Consumption Function, and

Optimum Asset Holdings", *Value, Capital and Growth*, 1968: 485 – 504.

[181] Van Kooten G. C. *Land Resource Economics and Sustainable Development: Economic Policies and the Common good*, UBC Press, 2011.

[182] Wan G. , Lu M. , Chen Z. , "Globalization and Regional Income Inequality: Empirical Evidence from Within China", *Review of Income and Wealth*, 2007, 53（1）: 35 – 59.

[183] Woodford M. , "Convergence in Macroeconomics: Elements of the New Synthesis", *American Economic Journal: Macroeconomics*, 2009, 1（1）: 267 – 279.

[184] Woodford M. , Walsh C E. , "Interest and Prices: Foundations of a Theory of Monetary Policy", 2005.

[185] World Bank Staff, "Urban Policy and Economic Development: An Agenda for the 1990s", World Bank Publications, 1995.

[186] Zou H. , "The Spirit of Capitalism'and Long – run Growth", *European Journal of Political Economy*, 1994, 10（2）: 279 – 293.

[187] Fang C. , Zhang X. , Fan S. , "Emergence of Urban Poverty and Inequality in China: Evidence from Household Survey", *China Economic Review*, 2002, 13（4）, 430 – 443.

后　记

　　我生于江苏、长于江苏，直到十年前才从江苏来到云南读书、生活。此后有机会深入云南十余个地州，深深地感受和震惊于城乡之间的分割和巨大差别。云南地处西南边陲，山区多、平原少，多民族混居，农村发展远不如城市。在农村，依然有孩子盛夏七月穿着薄棉衣，上学只能光脚穿塑料拖鞋；依然有房子用破木板垒、用泥土糊，矮小潮湿，屋外下大雨、屋内下小雨；依然有家庭生育十多个孩子，全家只有几床被子，连衣服都是谁出门谁穿。然而，云南的城市在这十年间经历着快速城市化，高楼大厦拔地而起，房价也跃上几个台阶。这种巨大的城乡差距一次次敲打着我，作为一个学术人总想为此做些努力，哪怕仅仅是"纸上谈兵"。在这样懵懂的念头下，我开始思考城乡差距，最终写成此书。

　　呈现给读者的这本书是在我博士学位论文的基础上修改而成的。在本书交付出版之际，我真诚感谢导师汪戎教授对我的谆谆教诲和悉心关怀。在写作过程中，从思路设计到撰写与修改，每一个环节无不凝聚着恩师的心血。恩师工作异常繁忙，却总能拨出时间与我讨论问题、指点思路。记得有一次与恩师讨论得异常激烈，错过了吃饭时间，最后只能捧着外卖凑合一餐。每当恩师与我想法有出入的时候，他总是支持我、鼓励我；每当我有难题无法解决的时候，他总是帮助我一起想、一起讨论。恩师国际化的视野、前沿而精进的学术造诣、宽广而深厚的知识结构、严谨而勤奋的治学风格以及从容、乐观、豁达、亲和、立身行己的风格深深地影响了我。恩师给予我无微不至的关心和帮助，借此机会向恩师表示我最诚挚的谢意。

我要感谢宾夕法尼亚州立大学的李小娥教授，本书所用的方法和技术很多都是在李老师的指导下学习的。感谢宾夕法尼亚州立大学的 Rusell Cooper 教授。在建模之初，很多问题困扰着我，思路比较混乱，Cooper 教授耐心地听我陈述问题，悉心地教导，是他建议我将土地红利设置为一个常数，技术性地解决了很多问题。还要感谢宾夕法尼亚州立大学数学系的朋友们。我全无计算机基础，更不会编程，许金兰帮助我读程序，教我改程序；张冬梅一点一滴地给我讲解 GSSA 方法。没有她们无私的帮助，此文无法顺利完成。

最后我要把谢意留给我的家人。父母无私的关爱与付出陪伴我的成长；丈夫的理解支持让我可以全身心投入学习和工作。我将继续努力、踏实工作，以更大的成绩回报家人以及所有关心过我成长的亲人们。

图书在版编目（CIP）数据

城市化红利：分配失衡及纠正机制探索／李帆著
．--北京：社会科学文献出版社，2018.5
（云南财经大学前沿研究丛书）
ISBN 978 - 7 - 5201 - 2703 - 5

Ⅰ.①城…　Ⅱ.①李…　Ⅲ.①城市经济 - 分配（经济
）- 研究 - 中国　Ⅳ.①F299.2

中国版本图书馆 CIP 数据核字（2018）第 092332 号

·云南财经大学前沿研究丛书·

城市化红利：分配失衡及纠正机制探索

著　　者／李　帆

出 版 人／谢寿光
项目统筹／恽　薇　陈　欣
责任编辑／陈　欣

出　　版／社会科学文献出版社·经济与管理分社（010）59367226
　　　　　　地址：北京市北三环中路甲 29 号院华龙大厦　邮编：100029
　　　　　　网址：www.ssap.com.cn
发　　行／市场营销中心（010）59367081　59367018
印　　装／三河市龙林印务有限公司

规　　格／开本：787mm×1092mm　1/16
　　　　　　印张：16.25　字数：188 千字
版　　次／2018 年 5 月第 1 版　2018 年 5 月第 1 次印刷
书　　号／ISBN 978 - 7 - 5201 - 2703 - 5
定　　价／79.00 元